TOTALIDAD E INFINITO

HERMENEIA
8

Colección dirigida por
Miguel García-Baró

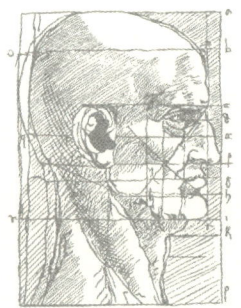

EMMANUEL LEVINAS

TOTALIDAD E INFINITO

Ensayo sobre la exterioridad

Edición y traducción de
Miguel García-Baró López

quinta edición

EDICIONES SÍGUEME
SALAMANCA
2024

Para Marcelle y Jean Wahl

Tradujo Miguel García-Baró López sobre el original francés
Totalité et infini. Essai sur l'extériorité

© Martinus Nijhoff's Boekhandel en Uitgeversmaatschappy ⁴1971
© Ediciones Sígueme S.A.U., 1977
C/ García Tejado, 23-27 - E-37007 Salamanca / España
Tlf.: (+34) 923 218 203 - ediciones@sigueme.es
www.sigueme.es

ISBN: 978-84-301-1820-5
Depósito legal: S. 243-2020
Impreso en España / Unión Europea
Imprenta Kadmos, Salamanca

CONTENIDO

Presentación, de Miguel García-Baró 7
PREFACIO 13

Sección I. MISMO Y OTRO 25
   A. Metafísica y trascendencia 27
   B. Separación y discurso 51
   C. Verdad y justicia 85
   D. Separación y absoluto 109

Sección II. INTERIORIDAD Y ECONOMÍA 113
   A. La separación como vida 115
   B. Disfrute y representación 130
   C. Yo y dependencia 157
   D. La morada 167
   E. El mundo de los fenómenos y la expresión 194

Sección III. EL ROSTRO Y LA EXTERIORIDAD 205
   A. Rostro y sensibilidad 207
   B. Rostro y ética 215
   C. La relación ética y el tiempo 246

Sección IV. MÁS ALLÁ DEL ROSTRO 283
   [Introducción] 285
   A. La ambigüedad del amor 347
   B. Fenomenología del Eros 290
   C. La fecundidad 302
   D. La subjetividad en el Eros 306

E. La trascendencia y la fecundidad	310
F. Filialidad y fraternidad	314
G. Lo infinito del tiempo	317

CONCLUSIONES ... 323
1. De lo semejante a lo Mismo ... 325
2. El ser es exterioridad ... 326
3. Lo finito y lo infinito ... 328
4. La creación ... 329
5. Exterioridad y lenguaje ... 331
6. Expresión e imagen ... 334
7. Contra la filosofía de lo Neutro ... 336
8. La subjetividad ... 337
9. Mantenimiento de la subjetividad. Realidad de la vida interior y realidad del Estado. El sentido de la subjetividad ... 338
10. Más allá del ser ... 340
11. La libertad investida ... 340
12. El ser como bondad. El Yo. El pluralismo. La Paz ... 344

Índice general ... 349

PRESENTACIÓN

Miguel García-Baró

En la convicción de quien lo ha traducido ahora de nuevo, este sorprendente libro se ha escrito, fundamentalmente, con el designio de abrir los tesoros espirituales del pensamiento judío talmúdico a Occidente, a la vista del desastre inmenso que la Segunda Guerra Mundial y, sobre todo, la Shoá, el antimundo de los campos de exterminio, había producido.

Nació no sólo desde la necesidad filosófica personal de su autor, sino también de la necesidad política, justiciera y caritativa de ayudar a reparar el mundo, a sabiendas de la dificultad infinita que esto supone, una vez que han pasado las cosas que han pasado.

Como en otro lugar escribió Levinas, el presente es apropiado para traducir el Talmud a la lingua franca universal, como el siglo I a.c. fue el momento de traducir la Biblia a la lengua común de la cultura. Sólo que el Talmud, en Levinas, como en Rosenzweig cuarenta años antes, habla con el acento de un portavoz individual, de un herido por la historia, y no en el unísono de una escuela rabínica.

La situación original de la redacción de este libro puede describirse de la siguiente manera: un filósofo lituano de habla rusa, estudiante en Francia y en Alemania, discípulo entusiasta de Martin Heidegger, se encuentra en plena juventud con la persecución racial, la derrota de Francia, la amenaza de la liquidación de la cultura inspirada –directa o indirectamente– en la Biblia y en Platón. Y ha de reconocer que su admiradísimo maestro en filosofía colabora con la barbarie.

¿Cómo no convertirá el joven Levinas en tarea central de su vida la superación de cuanto en las doctrinas de ese maestro se pueda vincular con tantos horrores? Pero el tiempo dedicado a la refutación es tiempo perdido si no va acompañado de otro, mucho más largo y trabajoso, consagrado a la nueva construcción, en la que, por otra parte, urge que se vean las viejas raíces venerables de lo que otros han querido destruir. No se puede retroceder en filosofía a antes de Heidegger; sin embargo, sí que cabe aprovechar para la nueva filosofía imprescindible lo que él no logró integrar sabiamente en su enseñanza, pero que continúa vivo y lleno de porvenir en Platón, en Descartes, en Husserl y, desde luego, en el monoteísmo bíblico, entendido no como fe religiosa al modo habitual, sino como fuente de sentido para la razón.

Lo primero que hay que recuperar es el nombre mismo del tema central del pensamiento (y, en fin, de la vida espiritual entera), es decir, el ser humano, el hombre (no el *Dasein* o el Ultrahombre). Porque la razón debe continuar definiéndonos, aunque, desde luego, tomada en el sentido que recibe en la filosofía fenomenológica, y no en el positivismo, que es el lugar desde el que han crecido tantas plantas malignas. La razón es la responsabilidad lúcida y consecuente, capaz de mover toda la existencia.

Pero sucede que la responsabilidad y el afán por pensar sólo son comprensibles desde un acontecimiento que no ha terminado nunca de describir y analizar adecuadamente la corriente más numerosa en la filosofía occidental, demasiado deudora del estoicismo, o sea, del panteísmo (aunque a veces esta deuda se exprese en la defensa de su aparente contrario, el materialismo). Ese acontecimiento es el trascender, la trascendencia, que se experimenta como deseo: deseo de lo otro, de lo absolutamente otro; anhelo activo de salir de la monotonía de uno mismo para ascender locamente a la paz, al bien perfecto, a aquellos lugares y aquella dicha que nunca conocimos.

La trascendencia no apunta a ser más, cada vez más; no es el empeño por satisfacer las necesidades hasta ahogarlas de satisfacción; no es tampoco la plena realización de sí mismo. Más bien, es la inversión de nuestra actividad en una pasividad que otro, Otro, busca, ataca, saca de sus quicios. La trascendencia es la bondad; pero la bondad no brota espontáneamente de mí (Mismo), sino que viene santamente ordenada por el mandamiento, y el mandamiento es la presencia (la expresión directa, más evidente que la evidencia) del otro (Otro).

Para que la trascendencia se establezca, no basta con mi mirada hacia fuera, ni con mis aspiraciones; tengo yo que ser el perseguido, el reclamado. A esta reclamación que procede de la expresión directa de Otro, que se oye y se obedece, aunque en seguida pueda ser violentada, la llama Levinas *visage*, o sea, rostro, pero en el doble sentido que se incluye en que mi apuntar a lo exterior se dice en francés *visée*, punto de mira del cazador, mientras que mi ser apuntado por otro es la inversión de la *visée* en *visage*.

Todo el esfuerzo de Levinas se centra en mostrar cómo esta situación del diálogo entre Mismo y Otro es el fundamento de toda otra situación posible.

Y como este diálogo es la bondad misma, la responsabilidad y la respuesta, la tesis central del presente libro puede resumirse diciendo que en él su autor se ha propuesto mostrar cómo la ética es la óptica misma del filósofo en el sentido más radical: la filosofía primera. A fin de cuentas, la filosofía primera siempre consiste en la tarea de ejercer la crítica hasta el punto extremo en que sea posible. Sin embargo, la crítica no es una cuestión de estética y, mucho menos, una curiosidad, sino un deber que, por otra parte, es el deseo del bien perfecto, del trascendente.

El sujeto sometido a la crítica no es tanto el mundo como el hombre mismo en su felicidad de alguien que vive originalmente del disfrute de los elementos en los que se encuentra como sumergido: el aire, la luz, la tierra, la vida.

Este hombre feliz está cerrado sobre sí Mismo y, justo por ello, puede ser uno de los polos de la relación de trascendencia. Lo será en cuanto su deseo de alteridad absoluta sea despertado por la irrecusable expresión de Otro, que se insinúa en la dualidad del amor y se suscita plenamente en la fecundidad de este mismo amor.

Platón escribió una vez que el Bien está más allá del Ser; Descartes sitúa en la misma base de la evidencia de que existo la presencia de la idea de infinito en mí; los profetas del monoteísmo no se cansan de exigir atención extrema a la bondad, a la justicia. Estas tres voces dan testimonio en favor de la paciencia con la que debemos soportar este tiempo tan largo: el de servir al bien hasta la muerte. Y sucede luego que la paciencia da de sí la fecundidad de un tiempo en que las generaciones futuras prolongan la tensión de la bondad y esperan, con las obras de la justicia, sean cuales sean las injusticias bárbaras a su alrededor, la paz mesiánica.

La guerra y la brutalidad son evidentes; la paz y la justicia son ciertas, mas no evidentes, como es cierto el mandamiento y no es evidente que cumplirlo cambie la faz del mundo. Si la filosofía sólo fuera una forma de la política y la retórica, la paz y la justicia quedarían en meras ilusiones. Pero esa falsedad sólo la han sostenido algunos pensadores que no han sabido diferenciar la necesidad del deseo, ni el diálogo de la mera visión de un espectáculo.

NOTA SOBRE LA TRADUCCIÓN

Hay que advertir que Levinas no es del todo consistente en el uso de *autre* y *autrui* (otro, el otro), ni tampoco en el empleo de las mayúsculas para ambos o para alguno de ellos. La dificultad para el traductor crece con el hecho de que el artículo *le* significa tanto *el* como *lo*. Así, *l'autre, le Même, l'Autre* son expresiones que aparecen muchas veces y el contexto no puede aclarar sin sombra de equívoco cuándo conviene traducir por el masculino y cuándo por el neutro.

Esta misma equivocidad seguramente es deseada por el autor con frecuencia. Siempre que sea posible, prescindiré del artículo y escribiré «Mismo» y «Otro» (u «otro»), esto último para *Autre, autre, l'Autre* y *l'autre*; mientras que *Autrui* y *autrui* siempre llevarán el artículo masculino. Hay que tener en cuenta que los significados de *Même* (*Mismo*) y *Moi* (*Yo*, pero no en caso nominativo) se solapan en la descripción de Levinas. En ésta, en efecto, se sostiene que «la identidad de Mismo... es el yo de la representación» (Sección II, 1, 1). De aquí que se esté autorizado a presentar muchas veces a Mismo y Otro, sin artículos, como correlatos, pese a la relativa rareza del resultado literario en español. Sale ganando la claridad del contenido filosófico. Algo análogo pasa con la inconsistencia respecto de *Infini*, *infini*, *l'Infini* y *l'infini*. Mi opción es también prescindir, con la mayor frecuencia posible, de traducir el artículo.

Quede señalado de una vez para siempre que el estado del texto francés es realmente deficiente: hay erratas, sobre todo en el uso de los signos de puntuación, y hay anacolutos que alguna vez parecen ser debidos a falta de más de una palabra y quizá incluso de una línea entera. Los Archivos Levinas no pueden por el momento suministrar un texto en mejores condiciones, una auténtica edición crítica, de la que pretendía yo traducir nuevamente. No marcaré, salvo por estricta necesidad, estos problemas del texto.

PREFACIO

Estaremos de acuerdo, sin duda, en que importa muchísimo saber si la moral nos embauca[1]. La lucidez –apertura del espíritu sobre lo verdadero–, ¿no consiste en entrever la posibilidad permanente de la guerra? El estado de guerra suspende la moral; despoja a las instituciones y a las obligaciones eternas de su eternidad, y anula entonces en lo provisional los imperativos incondicionales. Proyecta de antemano su sombra sobre los actos de los hombres. La guerra no es sólo una más –la mayor– entre las pruebas de que vive la moral. Lo que hace es volver la moral irrisoria. El arte de prever y de ganar por todos los medios la guerra –la política– se impone entonces como el ejercicio mismo de la razón. La política se opone a la moral como la filosofía a la ingenuidad.

No hay necesidad de demostrar con oscuros fragmentos de Heráclito que el ser se revela como guerra al pensamiento filosófico; que la guerra no afecta a éste únicamente como el hecho más patente, sino como la patencia misma –o la verdad– de lo real. En la guerra, la realidad desgarra las palabras y las imágenes que la disimulan, para imponerse en su desnudez y su dureza. Dura realidad (¡suena a pleonasmo!), dura lección de las cosas: la guerra se produce como la experiencia pura del ser puro en el instante mismo de su fulgor, en el que se abrasan las oriflamas de la ilusión. El acontecimiento ontológico que se esboza en esta negra claridad es una movilización de los seres,

---

1. No traducimos el «Prefacio a la edición alemana» que Levinas incluyó en las ediciones de *Totalidad e infinito* a partir de 1987. Queremos sólo ofrecer al lector hispanohablante el texto original, de 1961 [N. del T.].

anclados hasta entonces en su identidad; una movilización de los absolutos por un orden objetivo al que no cabe sustraerse. La prueba de fuerza es la prueba de lo real. Pero la violencia no consiste tanto en herir y aniquilar cuanto en interrumpir la continuidad de las personas; en hacerles representar papeles en los que no se reconocen; en hacerles traicionar no sólo sus compromisos, sino su propia sustancia; en hacerles llevar a cabo actos que destruirán toda posibilidad de actos. Como la guerra moderna, toda guerra utiliza ya armas que se vuelven contra el que las empuña. Instaura un orden respecto del cual nadie puede tomar distancia. Ya nada es entonces exterior. La guerra no manifiesta la exterioridad y a lo otro como otro; la guerra destruye la identidad del Mismo.

La cara del ser que se muestra en la guerra se fija en el concepto de totalidad que domina la filosofía occidental. En ella, los individuos se reducen a portadores de fuerzas que los gobiernan a su pesar. Los individuos toman prestado a esta totalidad su sentido (invisible fuera de esta totalidad). La unicidad de cada presente se sacrifica sin cesar a un porvenir llamado a extraerle su sentido objetivo. Porque lo único que cuenta es el sentido último; lo único que transforma a los seres en ellos mismos es el último acto. Los seres son tales como aparecerán en las formas, ya plásticas, de la epopeya.

La conciencia moral no puede soportar la mirada burlona de lo político más que si la certeza de la paz domina a la evidencia de la guerra. Esta certeza no se obtiene por simple juego de antítesis. La paz de los imperios salidos de la guerra reposa en la guerra. No devuelve ésta a los seres alienados su identidad perdida. Para ello se precisa una relación original y originaria con el ser.

Históricamente la moral se opondrá a la política y sobrepasará las funciones de la prudencia o los cánones de lo bello, para pretender ser incondicional y universal, cuando la escatología de la paz mesiánica venga a superponerse a la ontología de la guerra. Los filósofos desconfían de ello. Es verdad que le sacan provecho para anunciar también ellos la paz; deducen una paz final de la razón, que juega su juego en el seno de las guerras antiguas y de las actuales. Fundan la moral en la política. Pero para ellos la escatología –adivinación subjetiva y arbitraria del futuro, fruto de una revelación sin pruebas ni evidencias, tributaria de la fe– es, con toda naturalidad, asunto de la Opinión.

Sin embargo, el extraordinario fenómeno de la escatología profética no trata, por cierto, de ganar su derecho de ciudadanía en el pensamiento asimilándose a una evidencia filosófica. Es verdad que en las religiones, y hasta en las teologías, a modo de oráculo, la escatología parece «completar» las evidencias filosóficas; sus creencias-conjeturas pretenden ser más ciertas que las evidencias mismas, como si la escatología les añadiera ciertas aclaraciones sobre el porvenir que revelan la finalidad del ser. Pero reducida a las evidencias, la escatología estaría ya aceptando la ontología de la totalidad salida de la guerra. Su verdadero alcance va por otro lado. La escatología no introduce un sistema teleológico en la totalidad; no consiste en enseñar cuál es la orientación de la historia. La escatología pone en relación con el ser *más allá de la totalidad* o la historia, y no con el ser más allá del pasado y el presente. Y no con cierto vacío que rodee a la totalidad y en el que podría arbitrariamente creerse lo que se quisiera, y promover así los derechos de una subjetividad libre como el viento. La escatología es relación con *un plus siempre exterior a la totalidad*, como si la totalidad objetiva no colmara la verdadera medida del ser; como si otro concepto –el concepto de *lo infinito*– debiera expresar esta transcendencia respecto de la totalidad, que no es englobable en una totalidad y que es tan original como la totalidad.

Este «más allá» de la totalidad y la experiencia objetiva no se describe, sin embargo, de modo puramente negativo. Se refleja en el *interior* de la totalidad y de la historia, en el *interior* de la experiencia. Lo escatológico, en tanto que lo «más allá» de la historia, arranca a los seres de la jurisdicción de la historia y del porvenir; los suscita en su plena responsabilidad y los llama a ella. Al someter a juicio la historia en su conjunto y permanecer exterior a las guerras mismas que señalan el final de la historia, lo escatológico restituye a cada instante su significación plena en este instante mismo: todas las causas están maduras para ser vistas. Lo que importa no es el juicio final, sino el juicio de todos los instantes en el tiempo en que se juzga a los vivientes. La idea escatológica del juicio (al contrario que el juicio de la historia, en el que Hegel veía, equivocándose, la racionalización de aquél) implica que los seres tienen una identidad «antes de» la eternidad, antes de que la historia acabe, antes de que los tiempos se trastornen, cuando todavía hay tiempo; que los seres existen, desde luego, en relación, pero a partir de sí y no a partir de la totalidad. La idea del ser que desborda la historia hace posibles *entes* que se hallan a la vez comprometidos en el ser y son personales: que están llamados a responder en su proceso y, por lo tanto, son adultos ya; pero, por eso mismo, son *entes* que pueden hablar, en vez de prestar sus labios a cierta palabra anónima de la historia. La paz se produce como esta aptitud para la palabra. La visión escatológica rompe la totalidad de las guerras y de los imperios, en los que no se habla. No apunta al final de la historia en el ser comprendido como totalidad, sino que pone en relación con lo infinito del ser, que sobrepasa la totalidad. La primera «visión» de la escatología (ya así distinta de las opiniones reveladas de las religiones positivas) alcanza a la posibilidad misma de la escatología, es decir, a la ruptura de la totalidad; a la posibilidad de una *significación sin contexto*. La experiencia de la moral no se deriva de esta visión, sino que *consuma* esta visión: la ética es una óptica. Pero se trata de una «visión» sin imagen, desprovista de las virtudes objetivadoras sinópticas y totalizantes de la visión; se trata de una relación o intencionalidad de un tipo del todo diferente, que precisamente este trabajo intenta describir.

La relación con el Ser ¿no se produce más que en la representación, lugar natural de la evidencia? La objetividad cuya dureza y poder universal revela la guerra, ¿aporta la única forma y la forma original bajo la cual el Ser *se impone* a la conciencia cuando se diferencia de la imagen, del sueño, de la abstracción subjetiva? La aprehensión de un objeto, ¿equivale a la trama misma en que se tejen los vínculos con la verdad? La presente obra responde a estas preguntas con otros tantos noes. De la paz no puede haber más que escatología. Lo que no quiere decir que, afirmada objetivamente, se crea con fe en vez de saberse con saber; sino que quiere decir, ante todo, que no viene a alojarse, en la historia objetiva que la guerra descubre, como final de esta guerra o como final de la historia.

Pero ¿no refuta la experiencia de la guerra la escatología, como refuta la moral? ¿No hemos empezado por reconocer la irrefutable evidencia de la totalidad?

A decir verdad, desde que la escatología opuso la paz a la guerra, la evidencia de la guerra se mantiene en una civilización esencialmente hipócrita, o sea, apegada a la vez a lo Verdadero y al Bien, que se volvieron desde entonces antagonistas. Quizá es hora de reconocer en la hipocresía no sólo un sucio defecto contingente del hombre, sino el desgarro profundo de un mundo apegado a la vez a los filósofos y a los profetas.

Pero la experiencia de la guerra y la totalidad, para el filósofo, ¿no coincide sencillamente con la experiencia y la evidencia sin más? La filosofía misma, ¿no se define, a fin de cuentas, como el intento de vivir comenzando en la evidencia, oponiéndose a la opinión de los prójimos, a las ilusiones y a la fantasía de la propia subjetividad? La escatología de la paz, exterior a esta experiencia, ¿no vive de opiniones e ilusiones subjetivas? A menos que la evidencia filosófica no remita por sí misma a una situación que ya no se pueda decir en términos de «totalidad». A menos que el no-saber en que comienza el saber filosófico coincida no con la nada sin más, sino tan sólo con la nada de objetos. Sin reemplazar la filosofía por la escatología, sin «demostrar» filosóficamente las «verdades» escatológicas, cabe remontar, partiendo de la experiencia de la totalidad, a una situación en que la totalidad se quiebra, siendo así que esta situación condiciona.a la totalidad misma. Tal situación es el resplandor de la exterioridad o de la transcendencia en el rostro del otro. El concepto de esta transcendencia, desarrollado rigurosamente, se expresa con el término de infinito. Esta revelación de lo infinito no lleva a la aceptación de ningún contenido dogmático, y sería un error sostener la racionalidad filosófica de éste en nombre de la verdad transcendental de la idea de lo infinito. Pues el modo de remontar a más acá de la certeza objetiva –y de mantenerse allí– que acabamos de describir, está cercano a lo que se ha dado en llamar método transcendental, sin que haya que comprender dentro de esta noción hasta los procedimientos técnicos del idealismo transcendental.

La violencia, que para un espíritu consiste en acoger a un ser que le es inadecuado, ¿contradice acaso el ideal de autonomía que guía a la filosofía, dueña de su verdad en la evidencia? Pero la relación con lo infinito –la idea de lo Infinito, como la llama Descartes– desborda el pensamiento en un sentido completamente distinto que la opinión. Ésta se desvanece como el viento cuando el pensamiento la toca, o se revela ya interior a este pensamiento. En la idea de lo infinito se piensa lo que permanece siempre exterior al pensamiento. Condición de toda opinión, es también condición de toda verdad objetiva. La idea de lo infinito es el espíritu antes de ofrecerse a la distinción de lo que descubre por sí mismo y lo que recibe de la opinión.

Ciertamente, la relación con lo infinito no puede decirse en términos de experiencia, ya que lo infinito desborda el pensamiento que lo piensa. En este desbordarlo se produce precisamente su misma *infinición*, de modo que habrá que decir la relación con lo infinito en términos que no sean los de la experiencia objetiva. Pero si experiencia significa precisamente relación con lo absolutamente otro, o sea, con lo que siempre desborda el pensamiento, la relación con lo infinito cumple la experiencia por excelencia.

Finalmente, la visión escatológica no opone a la experiencia de la totalidad la protesta de una persona en nombre de su egoísmo personal o incluso de su salvación. Tal proclamación de la moral a partir del subjetivismo puro del yo se refuta por la guerra, por la totalidad que ésta revela y por las necesidades objetivas. Al objetivismo de la guerra nosotros le oponemos una subjetividad salida de la visión escatológica. La idea de lo infinito libera a la subjetividad del juicio de la historia para declararla madura en todo momento para el juicio y como llamada –lo mostraremos[2]– a participar en este juicio, que sin ella es imposible. Es contra lo infinito –más objetivo que la objetividad– contra lo que se rompe la dura ley de la guerra, y no contra un subjetivismo impotente y cortado del ser.

¿Entregan su verdad los seres particulares en un Todo en que su exterioridad se desvanece? ¿O, por el contrario, se juega el último acontecimiento del ser en todo el esplendor de esta exterioridad? A esto se reduce la pregunta por la que comenzamos.

Este libro se presenta, pues, como una defensa de la subjetividad, pero no la tomará en el nivel de su protesta puramente egoísta contra la totalidad, ni en su angustia ante la muerte, sino como fundada en la idea de lo infinito.

Procederá distinguiendo entre la idea de totalidad y la idea de infinito y afirmando el primado filosófico de la idea de lo infinito. Contará cómo lo infinito se produce en la relación de lo Mismo con lo Otro y cómo, al ser insuperable, lo particular y lo personal magnetizan de alguna manera el campo mismo en que se pone en juego esta producción de lo infinito. El término «producción» indica tanto la efectuación del ser (el acontecimiento «se produce», un coche «se produce») cuanto su ser puesto a la luz o su exposición (un argumento «se produce», un actor «se produce»). La ambigüedad de este verbo traduce la ambigüedad esencial de la operación por la que, al mismo tiempo, el ser de una entidad se realiza con afán y se revela.

La idea de lo infinito no es una noción que se forja incidentalmente una subjetividad para reflejar una entidad que no encuentra fuera de sí misma nada que la limite, que desborda todo límite y por eso es infinita. La producción de la entidad infinita no puede separarse de la idea de lo infinito, porque es

---

2. Cf. *infra*, 272-282, la sección «La verdad del querer».

precisamente en la desproporción entre la idea de lo infinito y lo infinito de que es idea donde se produce este sobrepasar los límites. La idea de lo infinito es el modo de ser, es la *infinición* de lo infinito. Lo infinito no es primero para *luego* revelarse. Su infinición se produce como revelación, como puesta en *mí* de su idea. Se produce en el hecho inverosímil en que un ser separado, fijado en su identidad, el Mismo, el Yo, contiene en sí, sin embargo, lo que no puede ni contener ni recibir por la sola virtud de su identidad. La subjetividad realiza estas exigencias imposibles: el hecho asombroso de contener más de lo que es posible contener. Este libro presentará a la subjetividad como acogiendo al Otro, como hospitalidad. En ella se consuma la idea de lo infinito. La intencionalidad, en la que el pensamiento permanece siendo *adecuación* al objeto, no define, pues, a la conciencia en su nivel fundamental. Todo saber, en tanto que intencionalidad, supone ya la idea de lo infinito, *la inadecuación* por excelencia.

Contener más que la propia capacidad no significa abarcar o englobar por el pensamiento la totalidad del ser o, por lo menos, poder después dar cuenta de ella mediante el juego interior del pensamiento constituyente. Contener más que la propia capacidad es, en todos los momentos, hacer estallar los marcos de un contenido pensado, pasar por encima de las barreras de la inmanencia, pero sin que este descenso al ser se reduzca de nuevo al concepto de descender. Ciertos filósofos han intentado expresar con el concepto de acto (o de la encarnación que lo hace posible) este descenso a lo real que el concepto de pensamiento, interpretado el pensamiento como puro saber, mantendría como un juego de luces. El acto del pensamiento –el pensamiento como acto– precedería al pensamiento pensando un acto o tomando conciencia de él. La noción de acto comporta esencialmente una violencia: la de la transitividad que falta a la trascendencia del pensamiento, encerrado en sí mismo pese a todas sus aventuras –en definitiva, puramente imaginarias o corridas, como por Ulises, a fin de volver a casa. Lo que en el acto estalla como esencial violencia es el plus del ser sobre el pensamiento que pretende contenerlo, la maravilla de la idea de lo infinito. La encarnación de la conciencia no puede, por tanto, comprenderse más que si, más allá de la adecuación, el desbordamiento de la idea por su *ideatum* –o sea, la idea de lo infinito– mueve la conciencia. La idea de lo infinito, que no es una representación de lo infinito, lleva la actividad misma. El pensamiento teorético, el saber y la crítica –a los que muchos oponen la actividad– tienen el mismo fundamento. La idea de lo infinito, que no es, a su vez, una representación de lo infinito, es la fuente común de la actividad y de la teoría.

Así, pues, la conciencia no consiste en igualar al ser con la representación; en tender a la plena luz donde esta adecuación se busca; sino en desbordar este juego de luces –esta fenomenología– y en cumplir ciertos *acontecimientos* cuya significación última –contrariamente a la concepción de Heidegger– no es la de *des-velar*. Es verdad que la filosofía des-cubre la significación de estos acontecimientos, pero ellos se producen sin que el descubrimiento (o la verdad) sea su destino; incluso sin que ningún descubrimiento anterior ilumine la producción de estos acontecimientos, esencialmente nocturnos; o sin que la acogida del rostro y la obra de la justicia –que condicionan el nacimiento de la verdad misma– puedan interpretarse como des-velación. La fenomenología es un método filosófico, pero la fenomenología –comprensión mediante el traer a la luz– no constituye el acontecimiento último del ser mismo. La relación entre Mismo y Otro no se reduce siempre al conocimiento de Otro por Mismo y ni siquiera a la *revelación* de Otro a Mismo, que ya es algo profundamente diferente del des-velar[3].

---

3. Al abordar al final de esta obra ciertas relaciones que situamos más allá del rostro, nos encontramos con acontecimientos que no se pueden describir como noesis apuntando a noemas, ni como intervenciones activas realizando proyectos, ni, desde luego, como fuerzas físicas descargándose en masas. Se trata de coyunturas en el ser a las que quizá convendría, mejor que ningún otro, el término «drama» en el sentido en que quería emplearlo Nietzsche cuando, al final del *Caso Wagner*, deplora que se haya traducido siempre (y mal) esta palabra por «acción». Por el equívoco que resulta de ello es por lo que renunciamos a este término.

La oposición a la idea de totalidad nos impactó en el libro *Stern der Erlösung* [*La Estrella de la redención*], de Franz Rosenzweig[4], demasiado presente en estas páginas para ser citado. Pero la presentación y el desarrollo de las nociones que empleamos deben todo al método fenomenológico. El análisis intencional es la búsqueda de lo concreto. La noción, cogida bajo la mirada directa del pensamiento que la define, se revela, sin embargo, implantada, sin que tenga de ello conciencia este pensamiento ingenuo, en horizontes que él no sospecha. Estos horizontes le prestan sentido. Tal es la enseñanza esencial de Husserl[5]. ¡Poco importa que en la fenomenología husserliana, tomada literalmente, estos horizontes insospechados se interpreten, a su vez, como pensamientos apuntando a objetos! Lo que cuenta es la idea del desbordamiento del pensamiento objetivador por una experiencia olvidada de la que está viviendo. El estallido de la estructura formal del pensamiento –noema de una noesis– en acontecimientos que esta estructura disimula pero que la sostienen y la restituyen a su significación concreta, constituye una *deducción* –necesaria y, sin embargo, no analítica– que, en nuestra exposición, se señala con términos tales como «o sea», o «precisamente», o «esto cumple aquello», o «esto se produce como aquello».

La significación a la que en esta obra reduce la deducción fenomenológica al pensamiento teórico sobre el ser y a la exposición panorámica del ser mismo, no es irracional. La aspiración a la exterioridad radical, llamada por esta razón «metafísica»; el respeto de esta exterioridad metafísica a la que hay, ante todo, que «dejar ser», constituye la verdad. Eso es lo que anima este trabajo y lo que da testimonio de su fidelidad al intelectualismo de la razón. Pero el pensamiento teórico, guiado por el ideal de la objetividad, no agota esta aspiración. Se queda más acá de sus ambiciones. Si son ciertas relaciones

---

4. F. Rosenzweig, *La Estrella de la redención*, trad. M. García-Baró, Sígueme, Salamanca ²2006 [N. del T.].
5. Cf. nuestro artículo en *Edmund Husserl 1859-1959* (Phaenomenologica 4), Martinus Nijhoff, La Haye 1959, 73-85.

éticas las que han de llevar –como lo mostrará este libro– a su término la trascendencia, es que lo esencial de la ética está en su *intención trascendente* y que toda intención trascendente no tiene la estructura noesis-noema. La ética, ya *por sí misma*, es una «óptica». No se limita a preparar el ejercicio teórico del pensamiento, que habrá luego de monopolizar la trascendencia. La oposición tradicional entre teoría y práctica se ha de borrar a partir de la trascendencia metafísica, en la que se establece una relación con lo absolutamente otro o la verdad, y cuyo camino real es la ética. Hasta aquí, la relación entre teoría y práctica no se concebía sino como una solidaridad o como una jerarquía: la actividad reposa en conocimientos que la iluminan; el conocimiento exige a los actos el dominio de la materia, las almas y las sociedades (una técnica, una moral, una política) que procure la paz necesaria a su ejercicio puro. Nosotros vamos más lejos y, arriesgándonos a que parezca que confundimos teoría y práctica, tratamos a las dos como modos de la trascendencia metafísica. La confusión aparente es adrede y constituye una de las tesis de este libro. La fenomenología husserliana ha hecho posible este paso de la ética a la exterioridad metafísica.

¡Qué lejos nos ha llevado este prefacio del tema de la obra que indicaba su primera frase! ¡Se ha tocado ya tantas otras cosas, incluso en estas líneas preliminares, que debían decir sin ambages cuál es el sentido del trabajo emprendido! En cualquier caso, la investigación filosófica no responde a las preguntas como lo hacen una entrevista, un oráculo o la sabiduría. Y ¿cabe hablar de un libro como si uno no lo hubiera escrito, como si fuera uno su primer crítico? ¿Se puede deshacer así el dogmatismo inevitable en que se recoge y ahorra una exposición que persigue un tema? A los ojos del lector, que es por naturaleza tan indiferente a las peripecias de esta caza, se presentará como un bosque de dificultades en el que nada garantiza que la pieza se cobrará. Querría uno, al menos, invitarlo a que no se deje desalentar por la aridez de ciertos senderos, por la incomodidad que sentirá en la primera sección, cuyo carácter preparatorio hay que subrayar, pero en la que se esboza el horizonte de todas estas investigaciones.

Pero la palabra de prefacio, que trata de perforar la pantalla que tiende entre el autor y el lector el libro mismo, no se da como palabra de honor. Está, tan sólo, en la esencia misma del lenguaje, que consiste en deshacer a cada momento la propia frase por el prólogo o por la exégesis; en desdecir lo dicho; en procurar volver a decir, sin ceremonias, lo que ya se ha comprendido mal en el ceremonial inevitable en que se complace lo dicho.

Sección I
MISMO Y OTRO

A. METAFÍSICA Y TRASCENDENCIA

1. Deseo de lo invisible

«La verdadera vida está ausente»[1]; pero nosotros estamos en el mundo. La metafísica surge y se mantiene gracias a esta coartada. Está vuelta hacia «otra parte» y hacia «lo de otro modo» y hacia «lo otro». En la forma más general de que se ha revestido en la historia del pensamiento, aparece, en efecto, como un movimiento que parte de un mundo que nos es familiar (sean cuales sean las tierras aún ignotas que lo rodean o que oculta en su interior): de un «en casa» donde habitamos, hacia un fuera extranjero, hacia un allá.

El término de este movimiento (otra parte, lo otro) se dice *otro* en sentido eminente. Ningún viaje, ningún cambio de clima y de decorado podrían satisfacer el deseo que tiende a ello. Lo Otro metafísicamente deseado no es «otro» como el pan que como, como el país que habito, como el paisaje que contemplo; como, a veces, yo mismo respecto de mí mismo (este «yo», este «otro»). De estas realidades puedo «saciarme» y, en una medida muy amplia, satisfacerme como si sencillamente me hubieran faltado. Por eso mismo, su *alteridad* se reabsorbe en mi identidad de ser que piensa o de ser que posee. El deseo metafísico tiende hacia *algo totalmente otro*, hacia lo *absolutamente otro*. El análisis habitual del deseo no es capaz de acabar con esta pretensión singular. En la interpretación común,

---

1. La cita es de A. Rimbaud, *Délires* I. La frase siguiente «corrige» al poeta [N. del T.].

a la base del deseo ha de estar la necesidad; el deseo sería la marca de un ser indigente e incompleto o decaído respecto de su pasada grandeza. Coincidiría con la conciencia de lo que se ha perdido. Sería esencialmente nostalgia, dolor por regresar. De este modo, sin embargo, ni siquiera sospecharía lo que es lo verdaderamente otro.

El deseo metafísico no aspira a regresar, porque es deseo de un país en el que no nacimos. De un país extraño a toda la naturaleza, que no ha sido nuestra patria y al que nunca nos trasladaremos. El deseo metafísico no descansa sobre ningún parentesco previo. Es un deseo que no cabe satisfacer... Porque se habla a la ligera de deseos satisfechos o de necesidades sexuales o incluso de necesidades morales y religiosas. Así, se considera al amor mismo la satisfacción de un hambre sublime. Que este lenguaje sea posible, se debe a que la mayoría de nuestros deseos no son puros, ni lo es tampoco el amor. Los deseos que sí cabe satisfacer no se parecen al deseo metafísico más que en las decepciones de la satisfacción o en la exasperación de la no-satisfacción y del deseo, que es lo que constituye la voluptuosidad misma. El deseo metafísico tiene una intención distinta: desea lo de más allá de todo cuanto sencillamente puede completarlo. Es como la bondad: lo Deseado no lo llena sino que lo ahonda.

Generosidad alimentada por lo Deseado y, en este sentido, relación que no es desaparición de la distancia, que no es acercamiento; o, para precisar mejor la esencia de la generosidad y la bondad: relación cuya positividad viene del alejamiento, de la separación, porque se alimenta, cabría decir, de su hambre. Alejamiento que no es radical más que si el deseo no es la posibilidad de anticipar lo deseable; si no lo piensa de antemano; si va hacia ello a la aventura, o sea, como hacia una alteridad absoluta, inanticipable, como se va a la muerte. El deseo es absoluto si el ser que desea es mortal y lo Deseado, invisible. La invisibilidad no indica ausencia de relación: implica relaciones con lo que no está dado, con aquello de lo que no hay idea. La visión es una adecuación entre la idea y la cosa: comprensión que engloba. La inadecuación no designa una sencilla negación o una oscuridad de la idea, sino, fuera de la luz y de la noche, fuera del conocimiento medidor de los seres, la desmesura del Deseo. El Deseo es deseo de lo absolutamente Otro. Fuera del hambre que satisfacemos, de la sed que apagamos y de los sentidos que calmamos, la metafísica desea lo Otro más allá de las satisfacciones, sin que sea posible ningún gesto del cuerpo que disminuya la aspiración; sin que sea posible esbozar ninguna caricia conocida ni inventar ninguna caricia nueva. Deseo sin satisfacción que, justamente, *entiende y escucha* el alejamiento, la alteridad y la exterioridad de Otro. Para el Deseo, esta alteridad, inadecuada a la idea, tiene sentido. Es entendida y oída como alteridad del Otro y como alteridad del Altísimo. La dimensión misma de la altura[2] la abre el Deseo metafísico. Que esta altura ya no sea el cielo sino lo Invisible, es la elevación misma de la altura y su nobleza. Morir por lo invisible: esto es la metafísica. Lo que no quiere decir que el deseo pueda prescindir de los actos. Simplemente, estos actos no son ni consumación, ni caricia, ni liturgia.

Loca pretensión de lo invisible, cuando la experiencia aguda de lo humano enseña, en el siglo XX, que los pensamientos de los hombres van soportados por las necesidades, las cuales explican la sociedad y la historia; que el hambre y el miedo pueden acabar con toda humana resistencia y con toda libertad. De esta miseria de los hombres, de este imperio que las cosas y los malos ejercen sobre el hombre, de esta animalidad, no se trata de dudar. Pero ser hombre es saber que es así. La libertad consiste en saber que la libertad está en peligro. Y saber o tener conciencia es tener tiempo para evitar y prevenir el instante de la inhumanidad. Es este aplazar perpetuamente la hora de la traición: diferencia ínfima entre el hombre y lo no-hombre, que supone el desinterés de la bondad, el deseo de lo absolutamente Otro o la nobleza, la dimensión de la metafísica.

---

2. «Soy incapaz de admitir que haya otro estudio que haga mirar al alma hacia arriba, salvo el que se refiere a lo real que es lo invisible» (Platón, *República*, 529 b).

2. Ruptura de la totalidad

Esta exterioridad absoluta del término metafísico, la irreducibilidad del movimiento a un juego interior, a una simple presencia de sí a sí mismo, es lo que pretende la palabra «trascendente», si es que no lo demuestra. El movimiento metafísico es trascendente, y la trascendencia, como deseo e inadecuación, es necesariamente una trans-ascendencia[3]. La trascendencia con la que el metafísico lo designa tiene esta notable particularidad: que la distancia que expresa, a diferencia de toda otra distancia, entra en la *manera de existir* del ser exterior. Su característica formal (ser otro) constituye su contenido. De modo que el metafísico y lo Otro no se *totalizan*. El metafísico está absolutamente separado.

El metafísico y lo Otro no constituyen una correlación cualquiera y que sea reversible. La reversibilidad de una relación en que los términos se leen indiferentemente de izquierda a derecha y de derecha a izquierda, los haría formar pareja, los uniría al *uno* con el *otro*. Se completarían en un sistema visible desde fuera. La pretendida trascendencia se reabsorbería así y desaparecería en la unidad del sistema, que destruiría la alteridad radical de lo Otro. La irreversibilidad no significa sólo que lo Mismo va hacia lo Otro de manera diferente a como lo Otro va hacia lo Mismo. Esta eventualidad no entra en consideración: la separación radical entre Mismo y Otro justamente significa que es imposible situarse fuera de la correlación entre Mismo y Otro para registrar la correspondencia o la no-correspondencia entre el ir del uno y el venir del otro. Si no fuera así, Mismo y Otro se verían reunidos bajo una mirada común y la distancia absoluta que los separa quedaría salvada.

La alteridad, la heterogeneidad radical de Otro, no es posible más que si Otro es otro respecto de un término cuya esencia es permanecer en el punto de partida, servir de *entrada* en

---

3. Tomamos prestado este término a Jean Wahl. Cf. Id., «Sur l'idée de la transcendance», en *Existence humaine et transcendance*, Baconnière, Neuchâtel 1944. Los temas evocados en este estudio nos han inspirado mucho.

la relación, ser Mismo no relativa sino absolutamente. *Un término no puede permanecer absolutamente en el punto de partida de la relación más que como Yo.*

Ser yo es, más allá de toda individuación que provenga de un sistema de referencias, tener la identidad como contenido. El yo no es un ser que siempre permanece el mismo, sino el ser cuyo existir consiste en identificarse, en reencontrar su identidad a través de todo lo que le pasa. Es la identidad por excelencia, la obra original de la identificación.

El Yo es idéntico hasta en sus alteraciones. Se las representa y las piensa. La identidad universal en que cabe abarcar lo heterogéneo tiene la osamenta de un sujeto, de la primera persona. El pensamiento universal es un «yo pienso».

El Yo es idéntico hasta en sus alteraciones aún en otro sentido. En efecto, el yo que piensa se oye pensar o se espanta de sus profundidades y es para sí mismo otro. De este modo descubre la famosa ingenuidad de su pensamiento, que piensa «adelante de sí» como se anda «adelante de sí». Se oye pensar y se sorprende como siendo dogmático y extraño a sí. Pero el Yo es el Mismo ante esta alteridad: se confunde consigo, es incapaz de apostasía respecto de este «sí mismo» sorprendente. La fenomenología hegeliana (en la que la conciencia de sí es la distinción de lo que no es distinto) expresa la universalidad de lo Mismo, que se identifica en la alteridad de los objetos pensados y pese a la oposición de sí a sí mismo. «Yo me distingo a mí mismo de mí mismo y en este proceso es inmediatamente (evidente) para mí que lo que es distinto no es distinto. Yo, el Homónimo, me rechazo a mí mismo; pero lo que ha sido distinguido y puesto como diferente, está desprovisto para mí, en tanto que inmediatamente distinguido, de toda diferencia»[4]. La diferencia no es una diferencia. El yo, como otro, no es «Otro». De esta cita no retendremos el carácter provisional que comporta para Hegel la evidencia inmediata. El yo que

---

4. G. W. F. Hegel, *Phénomenologie de l'Esprit*, versión francesa de J. Hyppolite, 139-140 [versión cast.: *Fenomenología del Espíritu*, Adaba, Madrid 2010].

rechaza al sí mismo, vivido como repugnancia; el yo clavado a sí, vivido como tedio, son modos de la conciencia de sí y descansan en la identidad de mí conmigo, que no cabe desgarrar. La alteridad del yo que se toma a sí mismo por otro, puede conmover la imaginación del poeta precisamente porque no es sino el juego de Mismo: la negación del yo por el sí mismo es justamente uno de los modos de identificación del yo. La identificación de Mismo en el Yo no se produce como una monótona tautología: «Yo soy Yo». La originalidad de la identificación, irreducible al formalismo de A es A, escaparía en tal caso a la atención. Es preciso fijarla no reflexionando sobre la abstracta representación de sí por sí mismo, sino partiendo de la relación concreta entre un yo y un mundo. Éste, extraño y hostil, debería, en buena lógica, alterar al yo. Ahora bien, la relación verdadera y original entre ellos y en la que el yo se revela precisamente como Mismo por excelencia, se produce como *jornada y estancia* en el mundo. La *manera* del Yo contra lo «otro» del mundo consiste en *hacer jornada en él*, en *identificarse* existiendo en él *en casa*. En un mundo que, de entrada, es otro, el Yo, sin embargo, es autóctono. Él es la reversión misma de esta alteración. Encuentra en el mundo un lugar y una casa. Habitar es la manera misma de *tenerse*. No como la famosa serpiente, que se agarra a sí misma mordiéndose la cola, sino como el cuerpo que, sobre la tierra, que le es exterior, *se* sostiene y *puede*. El «en casa» no es un continente sino un lugar en el que *yo puedo*; en el que, dependiendo de una realidad otra, soy, a pesar de esta dependencia o gracias a ella, libre. Basta andar, basta *hacer*, para agarrar cualquier cosa, para coger. Todo, en cierto sentido, está en el lugar; todo, a fin de cuentas, está a mi disposición, hasta los astros, si hago ciertas cuentas y por poco que calcule los intermediarios o los medios. El lugar, el medio, ofrece medios. Todo está aquí; todo me pertenece; de antemano está todo tomado con la toma original del lugar. Todo está prendido, com-prendido. La posibilidad de poseer, o sea, de suspender la alteridad misma de lo que no es otro más que de entrada y otro respecto de mí, es la *manera* de Mismo.

En el mundo estoy en mi casa, porque el mundo se ofrece o se niega a la posesión. (Lo que es absolutamente otro no se niega solamente a la posesión sino que la impugna y, precisamente por eso, puede también consagrarla). Hay que tomar en serio esta reversión de la alteridad del mundo en identificación de sí. Los «momentos» de esta identificación (el cuerpo, la casa, el trabajo, la posesión, la economía) no deben figurar como datos empíricos y contingentes que se pegan sobre la osamenta formal de Mismo. Son las articulaciones de esta estructura. La identificación de Mismo no es el vacío de una tautología ni una oposición dialéctica a Otro, sino lo concreto del egoísmo. Lo cual importa a la posibilidad de la metafísica. Si Mismo se identificara por simple *oposición a Otro*, formaría ya parte de una totalidad que englobaría a Mismo y a Otro. La pretensión del deseo metafísico, del que hemos partido (relación con lo absolutamente Otro), quedaría desmentida. Ahora bien, la separación del metafísico respecto de lo metafísico, que se mantiene en el seno de la relación (produciéndose como egoísmo), no es el simple envés de esta relación.

Pero produciéndose como egoísmo, ¿cómo puede Mismo entrar en relación con Otro sin privarlo inmediatamente de su alteridad? ¿De qué naturaleza es esta relación?

La relación metafísica no podría ser, hablando con propiedad, una representación, porque entonces Otro se disolvería en Mismo: toda representación se deja esencialmente interpretar como constitución trascendental. Lo Otro con lo que el metafísico está en relación *y que reconoce como otro*, no está simplemente en otro sitio. Le sucede como a las Ideas de Platón, que, según la fórmula de Aristóteles, no están en un lugar. El *poder* del Yo no franqueará la distancia que indica la alteridad de Otro. Es verdad que mi más íntima intimidad me aparece como extraña u hostil; los objetos corrientes, los alimentos, el mundo mismo que habitamos, son otros respecto de nosotros. Pero la alteridad del yo y del mundo habitado no es más que formal. Cae bajo mis poderes en un mundo donde hago jornada y me quedo, como hemos indicado. Lo Otro metafísico es otro con una alteridad que no es formal; con una alteridad que no es el simple envés de la identidad; y que tampoco es una alteridad hecha de resistencia a Mismo; sino con una alteridad anterior a toda iniciativa, a todo imperialismo de Mismo. Es otro con una alteridad que constituye el contenido mismo de Otro; es otro con una alteridad que no limita a Mismo, porque al limitar a Mismo, Otro no sería rigurosamente Otro: debido a la frontera común, estaría en el interior del sistema, aún sería Mismo.

Lo absolutamente Otro es el Otro. No se me suma. La colectividad en que digo «tú» o «nosotros» no es un plural de «yo». Yo, tú, no son individuos de un concepto común. Ni la posesión, ni la unidad del número, ni la unidad del concepto me atan al otro. Ausencia de patria común, que hace de Otro el Extranjero: el Extranjero que perturba mi estar en casa. Pero Extranjero también quiere decir el libre. Sobre él no puedo yo *poder*. Escapa a mi presa por un lado esencial, incluso aunque disponga de él. No está todo él en mi sitio, en mi lugar. Pero yo, que no tengo con el Extranjero concepto común, soy, como él, sin género. Somos Mismo y Otro. La conjunción *y* no indica aquí ni adición ni poder de un término sobre el otro. Intentaremos mostrar que la *relación* de Mismo y Otro (a la que parece que imponemos condiciones tan extraordinarias) es el lenguaje. El lenguaje, en efecto, cumple una relación de tal tipo que los términos no son limítrofes en esta relación; que Otro, a pesar de la relación con Mismo, permanece trascendente a Mismo. La relación de Mismo y Otro (o metafísica) se pone en juego originalmente como discurso en que Mismo, recogido en su ipseidad de «yo» (de ente particular único y autóctono), sale de sí.

Una relación cuyos términos no forman una totalidad no puede, pues, producirse en la economía general del ser más que como yendo de Mí a Otro, como *cara a cara*, como esbozando una distancia en profundidad (la del discurso, la bondad, el Deseo) irreducible a la que la actividad sintética del entendimiento establece entre los términos diversos (otros los unos respecto de los otros) que se ofrecen a su operación sinóptica.

El yo no es una formación contingente, gracias a la cual Mismo y Otro (determinaciones lógicas del ser) pueden por añadidura reflejarse *en un pensamiento*. Es para que la alteridad se produzca *en el ser* para lo que hace falta un «pensamiento» y para lo que hace falta un Yo. La irreversibilidad de la relación no puede producirse más que si la relación la cumple uno de los términos de la relación como el movimiento mismo de la trascendencia, como el *recorrido* de esta distancia, y no como un registro o la invención psicológica de este movimiento. El «pensamiento», la «interioridad», son la quiebra misma del ser y la producción (no el reflejo) de la trascendencia. No conocemos esta relación (y ello mismo la hace notable) más que en la medida en que la efectuamos. La alteridad no es posible más que partiendo de *mí*.

El discurso, por el hecho mismo de que mantiene la distancia entre yo y el otro (la separación radical que impide la reconstitución de la totalidad y que se pretende en la trascendencia), no puede renunciar al egoísmo de su existencia; pero el hecho mismo de encontrarse en un discurso, consiste en reconocer al otro *un derecho* sobre este egoísmo y, por tanto, en justificarse. La apología, en la que el yo a la vez se afirma y se inclina ante lo trascendente, está en la esencia del discurso. La bondad a la que el discurso (como veremos más adelante) va a parar y en la que requiere una significación, no perderá este momento apologético.

La ruptura de la totalidad no es una operación de pensamiento, obtenida por simple distinción entre términos que se reclaman o que al menos se alinean uno tras otro. El vacío que la rompe no puede mantenerse contra un pensamiento (fatalmente totalizador y sinóptico) más que si el pensamiento se encuentra *de cara* a Otro refractario a la categoría. En vez de constituir con él, como con un objeto, una suma, *el pensamiento consiste en hablar*. Proponemos llamar religión al vínculo que se establece entre Mismo y Otro sin constituir una totalidad.

Pero decir que Otro puede permanecer absolutamente Otro, que no entra más que en la relación del discurso, es decir que la historia misma (identificación de Mismo) no podría pretender totalizar a Mismo y Otro. Lo absolutamente Otro –cuya alteridad supera la filosofía de la inmanencia en el plano pretendidamente común de la historia– conserva su trascendencia en el seno de la historia. Mismo es esencialmente identificación en lo diverso o historia o sistema. No soy yo quien me niego al sistema, como pensaba Kierkegaard, es Otro.

3. LA TRASCENDENCIA NO ES LA NEGATIVIDAD

El movimiento de trascendencia se distingue de la negatividad por la que el hombre descontento rechaza la condición en que está instalado. La negatividad supone un ser instalado, colocado en un lugar en el que está en su casa: es un hecho económico, en su sentido etimológico. El trabajo trasforma el mundo, pero se apoya en el mundo que trasforma. El trabajo, al que la materia resiste, aprovecha la resistencia de los materiales. La resistencia todavía es interior a Mismo. El negador y lo negado se afirman juntos, forman sistema, o sea, totalidad. El médico que dejó sin realizar la carrera de ingeniero, el pobre que querría ser rico, el enfermo que sufre, el melancólico que se aburre sin motivo, se oponen a sus respectivas condiciones a la vez que permanecen vinculados a sus horizontes. El «de otro modo» y lo «diferente» que quieren siguen ateniéndose al aquí abajo que rechazan. El desesperado que querría la nada o la vida eterna pronuncia respecto de lo de aquí abajo un rechazo total; pero la muerte, para el candidato al suicidio y para el creyente, continúa siendo dramática. Dios nos llama a Él siempre demasiado pronto. Queremos esto de aquí abajo. En el horror de lo radicalmente desconocido a donde la muerte nos lleva, se atestigua el límite de la negatividad[5]. Esta forma de negar, a la vez que uno se refugia en lo que niega, dibuja las grandes

---

5. Cf. lo que hemos dicho sobre la muerte y el porvenir en *Le Temps et l'Autre* (*Le choix, le monde, l'existence*, Arthaud, Grenoble 1947, 166) [versión cast.: *El tiempo y el otro*, Barcelona 1993]. Estamos de acuerdo en muchos puntos con los bellos análisis de Blanchot en *Critique*, n. 66, 988ss.

líneas de Mismo o Yo. La alteridad de un mundo rechazado no es la del Extranjero, sino la de la patria que acoge y protege. La metafísica no coincide con la negatividad.

Desde luego, se puede intentar deducir la alteridad metafísica a partir de los seres que nos son familiares y poner entonces en tela de juicio el carácter radical de esta alteridad. ¿No se obtiene la alteridad metafísica enunciando superlativamente las perfecciones cuya pálida imagen llena esto de aquí abajo? Pero la negación de las imperfecciones no basta para concebir esta alteridad. Precisamente, la perfección sobrepasa lo que concebimos, desborda el concepto: designa la distancia; la idealización que la hace posible es un paso al límite, o sea, una trascendencia, un paso a lo otro, a lo absolutamente otro. La idea de lo perfecto es una idea de lo infinito. La perfección que este paso al límite designa no se queda en el nivel común al *sí* y al *no*, donde la negatividad opera. E inversamente, la idea de lo infinito designa una altura y una nobleza, una trascendencia. El primado cartesiano de la idea de lo perfecto respecto de la idea de lo imperfecto, conserva así todo su valor. La idea de lo perfecto y de lo infinito no se reduce a la negación de lo imperfecto. La negatividad es incapaz de trascendencia. Ésta designa una relación con una realidad infinitamente distante de la mía, sin que por ello esta distancia destruya esa relación, y sin que esta relación destruya esa distancia, como ocurriría en las relaciones interiores a Mismo; sin que esa relación se convierta en un implantarse en Otro y confundirse con él; sin que la relación atente contra la identidad misma de Mismo, contra su ipseidad; sin que haga callar la *apología*; sin que tal relación se vuelva apostasía y éxtasis.

Hemos llamado a esta relación metafísica. Es prematuro y, en cualquier caso, insuficiente calificarla, por oposición a la negatividad, de positiva. Sería falso calificarla de teológica. Está antes de la proposición negativa o afirmativa: sólo instaura el lenguaje, en el que ni el no ni el sí son la primera palabra. Describir esta relación constituye el tema mismo de estas investigaciones.

4. LA METAFÍSICA PRECEDE A LA ONTOLOGÍA

La relación teórica no ha sido por casualidad el esquema preferido de la relación metafísica. El saber o la teoría significan, en primer lugar, una relación con el ser tal que el ser que conoce deja al ser conocido manifestarse respetando su alteridad y sin hacerle marca alguna por esta relación de conocimiento. En este sentido, el deseo metafísico sería la esencia de la teoría. Pero teoría significa también inteligencia –logos del ser–, o sea, una manera tal de abordar al ser conocido que su alteridad respecto del ser cognoscente se desvanece. El proceso del conocimiento se confunde, en este estadio, con la libertad del ser cognoscente, que no tropieza con nada que, siendo otro respecto de sí, pueda limitarlo. Esta manera de privar de su alteridad al ser conocido no puede cumplirse más que si se apunta a él a través de un tercer término –un término neutro–, que no es él mismo un ser. En él ha de amortiguarse el choque del encuentro entre Mismo y Otro. Este tercer término puede aparecer como concepto pensado. El individuo que existe abdica entonces en lo general pensado.

El tercer término puede llamarse sensación, en la que se confunden la cualidad objetiva y la afección subjetiva. Puede manifestarse como el *ser*, diferenciado del *ente*: ser que, al mismo tiempo, no es (o sea, que no se pone como ente) y, sin embargo, está en correspondencia con la obra en la que el ente se ejerce, y no es una nada. Ser sin el espesor del ente: es la luz en que los entes se vuelven inteligibles. A la teoría como inteligencia de los seres le conviene el título general de ontología. La ontología, que reduce lo Otro a Mismo, promueve la libertad, que es la identificación de Mismo, que no se deja alienar por Otro. Aquí la teoría se introduce por un camino que renuncia al Deseo metafísico, a la maravilla de la exterioridad, de la que vive este Deseo. Pero la teoría como respeto de la exterioridad dibuja otra estructura esencial de la metafísica: se preocupa por la crítica en su inteligencia del ser u ontología; descubre el dogmatismo y la arbitrariedad ingenua de su espontaneidad y pone en cuestión la libertad del ejercicio ontológico. Procura ejercerlo de tal modo que en todo momento se remonte al origen del dogmatismo arbitrario de este libre ejercicio. Lo cual llevaría a un regreso infinito si este remontar tuviera que permanecer siendo él mismo una marcha ontológica, un ejercicio de la libertad, una teoría. Así, pues, su intención crítica lo lleva más allá de la teoría y de la ontología: la crítica no reduce lo Otro a Mismo, como la ontología, sino que pone en cuestión el ejercicio de Mismo. Un poner en cuestión a Mismo que no cabe que se haga en la espontaneidad egoísta de Mismo, se lleva a cabo por Otro. A esta puesta en cuestión de mi espontaneidad por la presencia del Otro, se la llama ética. Lo extranjero del Otro, su irreducibilidad a Mí, a mis pensamientos y a mis posesiones, se cumple precisamente como una puesta en cuestión de mi espontaneidad: como ética. La metafísica, la trascendencia, la acogida de lo Otro por Mismo, del Otro por Mí, se produce concretamente como la puesta en cuestión de Mismo por Otro, o sea, como la ética, que cumple la esencia crítica del saber. Y como la crítica precede al dogmatismo, la metafísica precede a la ontología.

La filosofía occidental ha sido muy frecuentemente ontología: reducción de lo Otro a Mismo por interposición de un término medio y neutro, que garantiza la inteligencia del ser.

Esta primacía de Mismo fue la lección de Sócrates. No recibir nada del Otro sino lo que está en mí, como si eternamente poseyera yo lo que me viene de fuera. No recibir nada, o ser libre. La libertad no se parece a la caprichosa espontaneidad del libre albedrío. Su sentido último estriba en esta permanencia en Mismo que es Razón. El conocimiento es el despliegue de esta identidad. Es libertad. Que la razón sea a fin de cuentas la manifestación de una libertad que neutraliza lo otro y lo engloba, no puede sorprender, una vez que se ha dicho que la razón soberana no conoce más que a sí misma y que nada otro la limita. La neutralización de Otro, que se convierte en tema o en objeto, que aparece –o sea, que se sitúa en la claridad–, es precisamente su reducción a Mismo. Conocer ontológicamente es sorprender en el ente que afrontamos aquello por lo que él no es este ente de aquí, este extranjero de aquí, sino aquello por lo que de alguna manera se traiciona, se entrega, se da al horizonte en el que se pierde y aparece: se deja apresar, se vuelve concepto. Conocer viene a ser coger el ser a partir de nada o traerlo a nada, quitarle su alteridad. Este resultado se obtiene desde el primer rayo de luz. Iluminar es quitar al ser su resistencia, porque la luz abre un horizonte y vacía el espacio: entrega el ser a partir de la nada. La mediación –característica de la filosofía occidental– no tiene sentido más que si no se limita a reducir las distancias.

Pues entre términos infinitamente distantes, ¿cómo iban los intermediarios a reducir el intervalo? ¿No aparecerá este intervalo entre los hitos infranqueable, infinitamente infranqueable? Es preciso que en algún sitio se produzca una gran «traición» para que un ser exterior y extranjero se entregue a unos intermediarios. Para las cosas, la rendición se cumple en su conceptualización. Para el hombre, puede obtenerse por el terror que pone a un hombre libre bajo el dominio de otro. Para las cosas, la obra de la ontología consiste en captar el individuo –lo único que existe– no en su individualidad sino en su generalidad –lo único de lo que hay ciencia–. La relación con lo Otro no se cumple aquí más que a través de un tercer término que yo encuentro en mí. El ideal de la verdad socrático descansa, pues, sobre la suficiencia esencial de Mismo, sobre su identificación de ipseidad, sobre su egoísmo. La filosofía es una egología.

El idealismo berkeleyano, que pasa por ser una filosofía de lo inmediato, también responde al problema ontológico. Berkeley encontraba en las cualidades mismas de los objetos la presa que ofrecían al yo: al reconocer en las cualidades que más alejaban de nosotros a las cosas la esencia vivida de éstas, recorría la distancia que separa al sujeto del objeto. La coincidencia de la vivencia consigo misma se revelaba como coincidencia del pensamiento con el ente. La obra de la inteligencia residía en esta coincidencia. De este modo, Berkeley sume todas las cualidades sensibles en la vivencia de la afección.

La mediación fenomenológica toma otro camino, en el que el «imperialismo ontológico» es aún más visible. El *medium* de la verdad es el ser del ente. La verdad respecto del ente supone la previa apertura del ser. Decir que la verdad del ente estriba en la apertura del ser es decir, en todo caso, que su inteligibilidad no está en nuestra coincidencia con él, sino en nuestra no-coincidencia. El ente se comprende en la medida en que el pensamiento lo trasciende para medirlo por el horizonte en que se perfila. Toda la fenomenología, desde Husserl, consiste en promover la idea de *horizonte*, que para ella desempeña un papel equivalente al del *concepto* en el idealismo clásico: el ente surge sobre un fondo que lo sobrepasa –como el individuo a partir del concepto. Pero lo que manda sobre la no-coincidencia entre el ente y el pensamiento (el ser del ente, que garantiza la independencia y extranjería del ente) es una fosforescencia, una luminosidad, una expansión generosa. El existir del existente se convierte en inteligibilidad; su independencia es una rendición por irradiación. Abordar el ente a partir del ser es, al mismo tiempo, dejarlo ser y comprenderlo. La razón se apodera del existente gracias al vacío y a la nada del existir –todo él, luz y fosforescencia. A partir del ser, a partir del horizonte luminoso en el que el ente tiene una silueta pero ha perdido su cara, éste es la llamada misma dirigida a la inteligencia. Quizá la única tesis que *Sein und Zeit* [*Ser y tiempo*][6] sostuvo es que el ser es inseparable de la comprensión del ser (que se desarrolla como tiempo); que el ser es ya llamada a la subjetividad.

El primado de la ontología heideggeriana[7] no reposa en el truismo: «Para conocer el *ente*, hay que haber comprendido el ser del ente». Afirmar la prioridad del *ser* respecto del *ente* es ya pronunciarse sobre la esencia de la filosofía; es subordinar la relación con *alguien* que es un ente (la relación ética) a

---

6. M. Heidegger, *El ser y el tiempo*, trad. J. Gaos, FCE, México 1951; Id., *Ser y tiempo*, trad. J. E. Rivera, Trotta, Madrid 2009 [N. del T.].
7. Cf. nuestro artículo *¿Es fundamental la ontología?*: Revue de Métaphysique et de Morale (enero 1951). [Incluido en *Entre nous*, del que hay versión cast.: *Entre nosotros*, trad. J. L. Pardo, Pre-Textos, Valencia 2001 (N. del T.)].

una relación con el *ser del ente* que, siendo impersonal, permite la presa, la dominación del ente, subordina la justicia a la libertad; es subordinar la relación ética a una relación de saber. Si la libertad denota el modo de seguir siendo Mismo en el seno de lo Otro, el saber (en el que el ente se da por la mediación del ser impersonal) contiene el sentido último de la libertad. Ésta se opondría entonces a la justicia, que comporta obligaciones respecto de un ente que se niega a darse; respecto del Otro, que, en este sentido, sería ente por excelencia. La ontología heideggeriana, que subordina a la relación con el ser toda relación con el ente, afirma el primado de la libertad respecto de la ética. Es verdad que la libertad que la esencia de la verdad pone en ejercicio no es en Heidegger un principio de libre albedrío. La libertad surge a partir de la obediencia al ser: no es el hombre el que tiene la libertad, sino que es la libertad la que tiene al hombre. Pero la dialéctica que concilia así libertad y obediencia en el concepto de verdad, supone la primacía de Mismo, vía por la que se ha introducido toda la filosofía occidental, que se define por ella.

La relación con el ser, que se pone en juego como ontología, consiste en neutralizar el ente para entenderlo o para cogerlo. No es, pues, una relación con lo otro como tal, sino la reducción de lo Otro a Mismo. Tal es la definición de la libertad: mantenerse contra lo otro pese a toda relación con lo otro; asegurar la autarquía de un yo. La tematización y la conceptualización, que, por otra parte, son inseparables, no son paz con lo Otro sino supresión o posesión de lo Otro. La posesión, en efecto, afirma a Otro, pero en el seno de una negación de su independencia. «Yo pienso» viene a ser «yo puedo»: una apropiación de lo que es, una explotación de la realidad. La ontología como filosofía primera es una filosofía del poder. Desemboca en el Estado y en la no-violencia de la totalidad, sin prevenirse contra la violencia de que vive esta no-violencia y que aparece en la tiranía del Estado. La verdad, que debería reconciliar a las personas, existe aquí anónimamente. La universalidad se presenta como impersonal, y en ello hay otra inhumanidad.

El «egoísmo» de la ontología se mantiene incluso cuando, al denunciar a la filosofía socrática como ya olvidadiza del ser y como en marcha ya hacia la noción de «sujeto» y de poder técnico, Heidegger encuentra en los presocráticos el pensamiento como obediencia a la verdad del ser. Obediencia que se cumpliría como existir que construye y cultiva y que hace la unidad del lugar, soportadora del espacio. Al reunir la presencia sobre la tierra y bajo el firmamento del cielo, la espera de los dioses y la compañía de los mortales, en la presencia junto a las cosas, que equivale a construir y cultivar, Heidegger, como toda la historia occidental, concibe la relación con el otro como jugándose en el destino de los pueblos sedentarios, posesores y constructores de la tierra. La posesión es la forma por excelencia bajo la que lo Otro se vuelve Mismo convirtiéndose en mío. Al denunciar la soberanía de los poderes técnicos del hombre, Heidegger exalta los poderes pre-técnicos de la posesión. Es verdad que sus análisis no parten de la cosa-objeto, pero llevan la marca de los grandes paisajes a los que las cosas se refieren. La ontología se convierte en ontología de la naturaleza: impersonal fecundidad, madre generosa sin rostro, matriz de los seres particulares, materia inagotable de las cosas.

La ontología, filosofía del poder, es, como filosofía primera que no pone en cuestión a Mismo, una filosofía de la injusticia. La ontología heideggeriana, que subordina la relación con el Otro a la relación con el ser en general, aunque se oponga a la pasión técnica, que brota del olvido del ser ocultado por el ente, permanece en la obediencia a lo anónimo y lleva fatalmente a otro poder: a la dominación imperialista, a la tiranía. Una tiranía que no es la extensión pura y simple de la técnica a hombres cosificados, sino que se remonta a «estados de alma» paganos: al arraigo en el suelo, a la adoración que los hombres avasallados pueden consagrar a sus señores. El *ser* antes que el *ente*, la ontología antes que la metafísica, es la libertad (aunque sea la libertad de la teoría) antes que la justicia. Es un movimiento dentro de Mismo, antes que la obligación respecto de Otro.

Hay que invertir los términos. Para la tradición filosófica, los *conflictos* entre Mismo y Otro se resuelven por medio de la teoría, en la que Otro se reduce a Mismo, o concretamente mediante la comunidad del Estado, en que bajo el poder anónimo (aunque sea inteligible) el Yo vuelve a encontrarse con la guerra en la opresión tiránica que sufre por parte de la totalidad. La ética, en la que Mismo toma en cuenta al Otro irreducible, sería cosa de opinión. El esfuerzo de este libro tiende a ver en el discurso una relación no alérgica con la alteridad; a ver en él el Deseo, en que el poder –por esencia asesino de Otro– se vuelve, ante Otro y por entero «contra el buen sentido», imposibilidad del crimen, consideración de Otro o justicia. Nuestro esfuerzo consiste concretamente en mantener, en la comunidad anónima, la sociedad de Yo con el Otro: lenguaje y bondad. Esta relación no es pre-filosófica, porque no violenta al yo, no se le impone brutalmente desde fuera y a su pesar o sin conciencia de ello, como una opinión; más exactamente, se le impone más allá de toda violencia, con una violencia que lo pone por entero en cuestión. La relación ética, opuesta a la filosofía primera de la identificación de la libertad y el poder, no está contra la verdad: va hacia el ser en su exterioridad absoluta y cumple la intención misma que anima la marcha hacia la verdad.

La relación con un ser infinitamente distante, o sea, que desborda su idea, es tal que su autoridad de ente se *invoca* ya en toda pregunta que podamos hacernos sobre la significación de su ser. No nos preguntamos por él, sino que le preguntamos. Él siempre está de cara. Si la ontología (comprensión del ser, abrazo que lo abarca) es imposible no es porque toda definición del ser suponga ya el conocimiento del ser, como dijo Pascal, al que Heidegger refuta en las primeras páginas de *Sein und Zeit*; es porque la comprensión del ser en general no puede *dominar* la relación con el Otro. Ésta manda sobre aquélla. No puedo arrancarme a la sociedad con el Otro incluso cuando considero el ser del ente que él es. La comprensión del ser se dice ya al ente que resurge tras el tema en que se ofrece. Este «decir al Otro», esta relación con el Otro como interlocutor, esta relación con un *ente*, precede a toda ontología. Ella es la relación última en el ser. La ontología supone la metafísica.

5. La trascendencia como idea de lo Infinito

El esquema de la teoría, en el que se encontraba la metafísica, la distinguía de todo comportamiento extático. La teoría excluye la implantación del ser que conoce en el ser conocido, la entrada en el Más Allá por éxtasis. Permanece siendo conocimiento, relación. La representación no constituye, desde luego, la relación original con el ser. Es, sin embargo, privilegiada, precisamente como posibilidad de acordarse de la separación del Yo. Éste habrá sido el mérito imperecedero del «admirable pueblo griego»[8] y la institución misma de la filosofía: haber reemplazado la comunión mágica de las especies y la confusión de los órdenes distintos, por una relación espiritual en la que los seres permanecen en sus puestos pero se comunican entre ellos. Sócrates, al condenar el suicidio al principio de *Fedón*, rechaza el falso espiritualismo de la unión pura y simple e inmediata con lo Divino, a la que califica de deserción. Proclama que es ineluctable el difícil camino del conocimiento a partir de lo de aquí abajo. El ser que conoce permanece separado del ser conocido. La ambigüedad de la evidencia primera de Descartes, que revela una vez al yo y otra a Dios sin confundirlos, revelándolos como dos momentos distintos de la evidencia, que se fundan recíprocamente, caracteriza el sentido mismo de la separación. La separación del Yo se afirma así como no-contingente, como no-provisional. La distancia entre yo y Dios, radical y necesaria, se produce en el ser mismo. De este modo, la trascendencia filosófica difiere de la trascendencia de las religiones (en el sentido corriente taumatúrgico y generalmente vivido de este término), de la trascendencia ya (o aún) participación, hundida en el ser ha-

---

8. Estas palabras aparecen en el comienzo del Prefacio a la segunda edición de la *Crítica de la razón pura*, de I. Kant [N. del T.].

cia el que va, el cual retiene en sus hilos invisibles, como para violentarlo, al ser que trasciende.

Esta relación de Mismo con Otro sin que la trascendencia de la relación corte los vínculos que una relación implica, pero sin que estos vínculos reúnan en un Todo a Mismo y Otro, queda, en efecto, plasmada en la situación descrita por Descartes, en la que el «yo pienso» mantiene con lo Infinito (al que de ninguna manera puede contener y del que está separado) una relación llamada «idea de lo infinito». Es verdad que las cosas, las nociones matemáticas y morales, también nos están presentes, según Descartes, por sus ideas, y que se distinguen de éstas. Pero la idea de lo infinito tiene de excepcional que su *ideatum* sobrepasa su idea, mientras que en el caso de las cosas no se excluye la total coincidencia de sus realidades «objetiva» y «formal»: de todas las ideas que no son la de lo Infinito habríamos podido, en rigor, dar cuenta nosotros mismos. Sin que por el momento decidamos nada sobre la verdadera significación de la presencia en nosotros de las ideas de las cosas; sin que nos adhiramos a la argumentación cartesiana, que *prueba* la existencia separada de lo Infinito por la finitud del ser que tiene una idea de lo infinito (porque quizá no tenga mucho sentido demostrar una existencia describiendo una situación anterior a la demostración y a los problemas de existencia); importa subrayar que la trascendencia de lo Infinito respecto del yo que está separado de él y que lo piensa, mide, si así puede decirse, su misma infinitud. La distancia que separa *ideatum* e idea constituye aquí el contenido de lo *ideatum* mismo. Lo infinito es lo propio de un ser trascendente en tanto que trascendente; lo infinito es lo absolutamente otro. Lo trascendente es lo único *ideatum* de que en nosotros sólo puede haber una idea: está infinitamente alejado de su idea, o sea, es exterior, porque es infinito.

Pensar lo infinito, lo trascendente, al Extranjero, no es, pues, pensar un objeto. Pero pensar lo que tiene las grandes líneas del objeto, es, en realidad, hacer algo más o algo mejor que pensar. La distancia de la trascendencia no equivale a la que separa en todas nuestras representaciones el acto mental de su objeto, ya que la distancia a la que se mantiene el objeto no excluye –y, en realidad, implica– la *posesión* del objeto, o sea, la suspensión de su ser. La «intencionalidad» de la trascendencia es única en su género. *La diferencia entre objetividad y trascendencia va a servir como indicación general en todos los análisis de este trabajo.* De esta presencia en el pensamiento de una idea cuyo *ideatum* desborda la capacidad del pensamiento no da sólo testimonio la teoría del intelecto activo de Aristóteles, sino, muy a menudo, Platón. Contra un pensamiento que procede de quien «conserva su cabeza» (*Fedro*, 244a), afirma Platón el valor del delirio que viene de Dios, «pensamiento alado» (*Fedro*, 249a), sin que por ello el delirio tome aquí un sentido irracionalista. Sólo es una «ruptura, de esencia divina, con la costumbre y la regla» (*Fedro*, 265a). La cuarta especie del delirio es la razón misma elevándose a las ideas, pensamiento en el sentido superior. La posesión por un dios (el entusiasmo) no es lo irracional, sino el fin del pensamiento solitario (y que llamaremos nosotros más tarde «económico») o interior, el principio de una verdadera experiencia de lo *nuevo* y del noúmeno: ya Deseo.

La noción cartesiana de la idea de lo infinito designa una relación con un ser que conserva su exterioridad total respecto a quien lo piensa. Designa el contacto de lo intangible; contacto que no pone en riesgo la integridad de lo tocado. Afirmar en nosotros la presencia de la idea de lo infinito es considerar puramente abstracta y formal la contradicción que comportaría la idea de la metafísica y que Platón evoca en el *Parménides* (133b-135c; 141e-142b): que la relación con lo Absoluto volvería relativo lo Absoluto. La exterioridad absoluta del ser exterior no se pierde pura y simplemente por el hecho de que se manifieste: él se «ab-suelve» de la relación en la que se presenta. Pero sí debe ser descrita la distancia infinita del Extranjero, pese a la proximidad cumplida por la idea de lo infinito; debe describirse la estructura compleja de la relación sin parangón que esta idea designa. No basta con distinguirla formalmente de la objetivación.

A partir de aquí, se hace preciso indicar los términos que dirán la desformalización o la concretización de esta noción, tan del todo vacía en apariencia, que es la idea de lo infinito. Lo infinito en lo finito, lo más en lo menos que se cumple por la idea de lo Infinito, se produce como Deseo. No como un Deseo que calme la posesión de lo Deseable, sino como el Deseo de lo Infinito que lo deseable suscita en vez de satisfacerlo. Deseo perfectamente desinteresado: bondad. Pero el Deseo y la bondad suponen concretamente una relación en que lo Deseable detenga la «negatividad» del Yo que se ejerce en Mismo: el poder, el hacer presa. Lo cual se produce positivamente como posesión de un mundo del que puedo hacer don a Otro, o sea, como una presencia cara a un rostro. Porque la presencia cara a un rostro, mi orientación hacia Otro, no puede perder la avidez de la mirada más que trasformándose en generosidad incapaz de abordar al otro con las manos vacías. Esta relación por encima de las cosas (que desde este momento son posiblemente comunes, o sea, susceptibles de ser dichas) es la relación del discurso. A la manera en que se presenta Otro sobrepasando *la idea de Otro en mí*, la llamamos, en efecto, rostro. Esta *manera* no consiste en figurar como tema bajo mi mirada, en exhibirse como un conjunto de cualidades que forman una imagen. El rostro del Otro destruye a cada momento y desborda la imagen plástica que me deja, la idea a mi medida y a la medida de su *ideatum*, la idea adecuada. No se manifiesta por estas cualidades sino καθ'αὑτό [por sí mismo]. Se *expresa*. Contra la ontología contemporánea, el rostro aporta una noción de verdad que no es el des-velamiento de un Neutro impersonal sino una *expresión*: el ente perfora todas las cubiertas y generalidades del ser, para exhibir en su «forma» la totalidad de su «contenido»; para suprimir, a fin de cuentas, la distinción entre forma y contenido (lo cual no se obtiene modificando de cualquier manera el conocimiento que tematiza, sino precisamente haciendo virar la «tematización» a discurso). La condición de la verdad y del error teoréticos es la palabra de Otro –su expresión–, que toda mentira ya supone.

Pero el contenido primero de la expresión es esta expresión misma. Abordar a Otro en el discurso es acoger su expresión, en la cual desborda él a cada momento la idea que de él se llevaría un pensamiento. Es, pues, *recibir* de Otro más allá de la capacidad del Yo; lo cual significa exactamente tener la idea de lo infinito. Lo que también significa ser enseñado. La relación con Otro o el Discurso es una relación no-alérgica, una relación ética; pero este discurso acogido es una enseñanza. Ahora bien, la enseñanza no recae en mayéutica. Viene de lo exterior y me aporta más de lo que yo contengo. En su transitividad no-violenta se produce la epifanía misma del rostro. El análisis aristotélico del intelecto, que descubre el intelecto agente, que viene por la puerta, que es absolutamente exterior y que, sin embargo, constituye, sin comprometerla en modo alguno, la actividad soberana de la razón, reemplaza ya a la mayéutica por una acción transitiva del maestro, puesto que la razón, sin abdicar, se encuentra *recibiendo*.

Finalmente, lo infinito que desborda la idea de lo infinito pone en cuestión la libertad espontánea en nosotros. Manda sobre ella y la juzga y la trae a su verdad. El análisis de la idea de lo Infinito, a la que sólo se accede partiendo de un Yo, acabará sobrepasando lo subjetivo.

La noción del rostro, a la que vamos a recurrir a todo lo largo de esta obra, abre otras perspectivas: nos conduce hacia una noción de sentido anterior a mi *Sinngebung*[9] y, así, independiente de mi iniciativa y mi poder. Significa la anterioridad filosófica del ente respecto del ser; una exterioridad que no apela ni al poder ni a la posesión; una exterioridad que no se reduce, como en Platón, a la interioridad del recuerdo y que, sin embargo, preserva al yo que la acoge. Permite, en fin, describir la noción de lo inmediato. La filosofía de lo inmediato no se realiza ni en el idealismo berkeleyano ni en la ontología moderna. Decir que el *ente* no se des-vela más que en la

---

9. «Donación de sentido», una expresión típica de Edmund Husserl y, luego, de toda la escuela fenomenológica y de la hermenéutica [N. del T.].

apertura del ser es decir que nunca estamos con el ente como tal, directamente. Lo inmediato es la interpelación y, si cabe decirlo así, lo imperativo del lenguaje. La idea de contacto no representa el modo original de lo inmediato. El contacto es ya tematización y referencia a un horizonte. Lo inmediato es el cara a cara[10].

Entre una filosofía de la trascendencia que sitúa en otra parte la verdadera vida, a la que accedería el hombre escapando de aquí, en los instantes privilegiados de la elevación litúrgica, mística, o muriendo, y una filosofía de la inmanencia, en la que se captaría verdaderamente el ser cuando todo «otro» (causa de guerra), englobado por Mismo, se desvanezca al final de la historia, nos proponemos describir, en el desarrollo de la existencia terrena, de la existencia económica, como la llamamos, una relación con Otro que no va a parar a una totalidad ni divina ni humana; una relación que no es una totalización de la historia, sino la idea de lo infinito. Tal relación es la metafísica misma. La historia no será entonces el plano privilegiado en que se manifiesta el ser desprendido del particularismo de los puntos de vista, con cuya tara cargaría aún la reflexión. Si pretende ésta integrar al yo y lo otro en un espíritu impersonal, esta pretendida integración es crueldad e injusticia, o sea, ignora al Otro. La historia, relación entre hombres, ignora una posición del Yo respecto de Otro en que Otro permanece trascendente por relación a mí. Si no soy exterior a la historia por mí mismo, encuentro en el otro un punto absoluto respecto de la historia: no fusionándome con el otro sino hablando con él. La historia está trabajada por las rupturas de la historia, en las que resulta juzgada. Cuando el hombre aborda verdaderamente al Otro, queda arrancado de la historia.

---

10. *Visage*, «rostro», tiene en francés una connotación que es esencial no perder cuando se lee en español el texto de Levinas, pero que no se puede reproducir en nuestra lengua con la simple versión de esta palabra. Se trata de que toda vivencia intencional *apunta* a su correlato, pero el «rostro» invierte la dirección de este apuntar. Para el «apuntar intencional», el francés usa *visée* (la mira, el punto de mira). *Visage* es la situación inversa de toda *visée* intencional [N. del T.].

B. SEPARACIÓN Y DISCURSO

1. El ateísmo o la voluntad

La idea de lo Infinito supone la separación de Mismo respecto de Otro. Pero esta separación no puede apoyarse en una oposición a Otro, que sería puramente antitética. La tesis y la antítesis se llaman la una a la otra al rechazarse. Ambas aparecen en su oposición ante una mirada sinóptica que las abarca a las dos. Forman ya una totalidad que vuelve relativa, al integrarla, la trascendencia metafísica expresada por la idea de infinito. Una trascendencia absoluta debe producirse como inintegrable. Así, pues, si la separación viene exigida por la producción de lo Infinito que desborda su idea y, por tanto, que está separado del Yo habitado por esta idea (idea inadecuada por excelencia), es preciso que esta separación se cumpla en Mí de una manera que no sea sólo correlativa y recíproca de la trascendencia en la que se alza lo infinito respecto de su idea en mí; es preciso que no sea sólo su réplica lógica; es preciso que la separación de Yo respecto de Otro resulte de un movimiento positivo. *La correlación no es una categoría que le baste a la trascendencia.*

Una separación del Yo que no es la recíproca de la trascendencia de Otro respecto de mí no es una eventualidad en la que únicamente piensan los que abstraen quintaesencias, sino que se impone a la meditación en nombre de una experiencia moral concreta: lo que me permito exigirme a mí mismo no es comparable a lo que estoy en mi derecho a exigir del Otro. Esta experiencia moral, tan banal, indica una asimetría metafísica: la imposibilidad radical de verse desde fuera y de hablar en el mismo sentido de uno mismo y de los demás; también, por consiguiente, la imposibilidad de la totalización. Y en el nivel de la experiencia social, la imposibilidad de *olvidar* la experiencia intersubjetiva que conduce a ella y que le presta sentido –como la percepción, imposible de escamotear, presta sentido, si creemos a los fenomenólogos, a la experiencia científica.

La separación de Mismo se produce bajo las especies de una vida interior, de un psiquismo. El psiquismo constituye un *acontecimiento* en el ser: él concreta una coyuntura de términos que de entrada no se definían por el psiquismo y cuya formulación abstracta encubre una paradoja. El papel original del psiquismo no consiste, en efecto, tan sólo en *reflejar* el ser. Es ya *una manera de ser*: la resistencia a la totalidad. El pensamiento o el psiquismo abre la dimensión que esta *manera* requiere. La dimensión del psiquismo se abre bajo el impulso de la resistencia que un ser opone a su totalización; es el hecho de la separación radical. Dijimos que el *cogito* atestigua la separación. El ser que sobrepasa infinitamente su idea en nosotros (Dios, en la terminología cartesiana) sos-tiene, según la tercera *Meditación*, la evidencia del *cogito*. Pero el descubrimiento de esta relación metafísica en el *cogito* no constituye cronológicamente sino el segundo paso del filósofo. Esto es la separación: que pueda haber aquí un orden cronológico distinto del orden «lógico»; que pueda haber aquí varios momentos en el proceso; que haya proceso. En efecto, por el tiempo, el ser no es *aún*; lo cual no lo confunde con la nada, pero lo mantiene a distancia de sí mismo. No es de golpe, de un solo golpe. Hasta su causa, que es más antigua que él, está aún por venir. La causa del ser es pensada o conocida por su efecto, *como si* fuera posterior a su efecto. Se habla a la ligera de la posibilidad de este «como si», que indicaría una ilusión. Ahora bien, esta ilusión no es gratuita sino que constituye un acontecimiento positivo. La posterioridad de lo anterior (inversión lógicamente absurda) se diría que no se produce más que gracias a la memoria o al pensamiento. Pero el «inverosímil» fenómeno de la memoria o del pensamiento debe precisamente interpretarse como revolución en el ser. Así, ya el pensamiento teórico –pero en virtud de una estructura más profunda aún, que lo sostiene: el psiquismo– articula la separación. No reflejada en el pensamiento sino producida por él. El *Después* o el *Efecto* condiciona aquí el *Antes* o la *Causa*: el Antes *aparece* y es, tan sólo, acogido. Igualmente, por el psiquismo el ser que está en un *lugar* permanece libre respecto de este lugar; puesto en un lugar en que está, es el que viene a este lugar de otra parte; el presente del *cogito*, pese al apoyo que descubre *después* para sí en lo absoluto que lo sobrepasa, se sostiene solo, aunque no sea más que un instante: el espacio de un *cogito*. Que pueda haber este instante de plena juventud, despreocupado de su deslizarse al pasado y de su recuperación en el porvenir (y que este desprenderse sea necesario para que el yo del *cogito* se apegue a lo absoluto); en suma, que haya el orden o la distancia misma del tiempo: todo esto articula la separación ontológica del metafísico y lo metafísico. Por más que el ser consciente comporte lo inconsciente y lo implícito; por más que se denuncie su libertad como encadenada ya a un determinismo ignorado. La ignorancia es aquí un desasirse que no tiene comparación con la ignorancia de ellas mismas en la que yacen las cosas. Está fundada en la interioridad de un psiquismo; es positiva en el disfrute de sí. El ser encarcelado que ignora su prisión está en casa, en su casa. Su poder de ilusión, si es que había en ello ilusión, constituye su separación.

El ser que piensa parece al principio que se ofrece a una mirada que lo concibe como integrado en un todo. En realidad, no se integra en él más que una vez muerto. La vida le deja un reducto propio, un permiso, un aplazamiento, que es precisamente la interioridad. La totalización no se cumple más que en la historia (en la historia de los que escriben la historia), o sea, en los sobrevivientes. Descansa sobre la afirmación y sobre la convicción de que el orden cronológico de la historia de los historiadores designa la trama del ser en sí, análoga a la naturaleza. El tiempo de la historia universal permanece como el fondo ontológico en que las existencias particulares se pierden, se enumeran; y en donde se resumen, al menos, sus esencias. El nacimiento y la muerte como momentos puntuales, y el intervalo que los separa, se alojan en este tiempo universal del historiador, que es un sobreviviente. La interioridad como tal es una «nada», «puro pensamiento», nada más que pensamiento. En el tiempo del historiógrafo, la interioridad es el no-ser en que todo es posible, ya que nada ahí es imposible: es el «todo es posible» de la locura. Posibilidad que no es una esencia, o sea, que no es la posibilidad de un ser. Ahora bien, para que haya ser separado, para que la totalización de la historia no sea el último propósito del ser, es preciso que la muerte, que para el sobreviviente es final, no sea sólo este final; es preciso que haya en el morir otra dirección que la que lleva al final como a un punto de impacto en la duración de los sobrevivientes. La separación indica la posibilidad para un *ente* de instalarse y de tener su propio destino, o sea, de nacer y morir sin que el lugar de este nacimiento y de esta muerte en el tiempo de la historia universal contabilice su realidad. La interioridad es la posibilidad misma de un nacimiento y una muerte que no extraen de la historia su significación. La interioridad instaura un orden diferente del tiempo histórico en el que se constituye la totalidad: un orden en el que todo está *pendiente y mientras*, en el que sigue siendo siempre posible lo que históricamente ya no es posible. El nacimiento de un ser separado, que ha de provenir de la nada, el comienzo absoluto, es un acontecimiento históricamente absurdo. Asimismo lo es la actividad emanada de una voluntad que, en la continuidad histórica, señala a cada instante que surge un nuevo origen. Estas paradojas se superan gracias al psiquismo.

La memoria retoma y hace volver y suspende lo ya cumplido del nacimiento, de la naturaleza. La fecundidad escapa al instante puntual de la muerte. Gracias a la memoria, me fundo a posteriori, retroactivamente: asumo hoy lo que en el pasado absoluto del origen no tenía sujeto que lo recibiera y, desde entonces, por tanto, pesaba como una fatalidad. Por la memoria, asumo y vuelvo a poner en cuestión. La memoria realiza la imposibilidad: la memoria, a posteriori, asume la pasividad del pasado y lo domeña. La memoria, como inversión del tiempo histórico, es la esencia de la interioridad.

En la totalidad del historiógrafo, la muerte del Otro es un *final*: el punto por el que el ser separado se arroja a la totalidad y en que, por tanto, el *morir* puede ser sobrepasado y pasado; el punto a partir del cual el ser separado continúa gracias a la herencia que su existencia amasaba. Ahora bien, el psiquismo va desgranando una existencia que se resiste a un destino consistente en volverse «nada más que pasado»; la interioridad es la negativa a transformarse en puro pasivo que figura en la contabilidad de un extraño. La angustia de la muerte está justamente en esta imposibilidad de cesar: en la ambigüedad de un tiempo que falta y de un tiempo misterioso que aún queda. Muerte que, por lo tanto, no se reduce al final de un ser. Lo que «aún queda» es totalmente distinto del porvenir que acogemos, que proyectamos y que, en cierta medida, sacamos de nosotros mismos. La muerte, para un ser al que todo le sucede conforme a proyectos, es un acontecimiento absoluto, absolutamente *a posteriori*, que no se ofrece a ningún poder –ni siquiera a la negación. El morir es angustia porque el ser, al morir, no se termina al terminarse. Ya no tiene tiempo, o sea, ya no puede dirigir a ninguna parte sus pasos, pero va así a donde no se puede ir: se agobia; pero ¿hasta cuándo? La no-referencia al tiempo común de la historia significa que la existencia mortal se desarrolla en una dimensión que no corre paralela al tiempo de la historia y que no se sitúa en relación con ese tiempo como en relación a algo absoluto. Por esto es por lo que la vida entre el nacimiento y la muerte no es locura, ni absurdo, ni huida, ni cobardía. Trascurre en una dimensión propia, en la que tiene un sentido y en la que puede tener sentido el triunfo sobre la muerte. Este triunfo no es una nueva *posibilidad* que se ofrezca después del final de toda posibilidad, sino resurrección en el hijo, en la que se engloba la ruptura de la muerte. La muerte –agobio, asfixia en la imposibilidad de lo posible– se abre paso hacia la descendencia. La fecundidad es una relación todavía personal, aunque no se le ofrezca al «yo» como una posibilidad[1].

No habría ser separado si el tiempo de Uno pudiera caer dentro del tiempo de Otro. Esto es lo que expresaba, aunque siempre negativamente, la idea de la eternidad del alma: la ne-

1. Cf. *infra*, 302-305.

gativa del muerto a caer dentro del tiempo de otro; el tiempo personal liberado del tiempo común. Si el tiempo común hubiera de absorber el tiempo del «yo», la muerte sería final. Pero si la negativa a integrarse pura y simplemente en la historia indicara la continuación de la vida tras la muerte o su preexistencia respecto de su comienzo, según el tiempo del sobreviviente, el comienzo y el final no marcarían en modo alguno una separación calificable como radical y una dimensión que fuera la interioridad. Eso seguiría siendo insertar la interioridad en el tiempo de la historia, como si la perennidad a través de un tiempo común a la pluralidad –la totalidad– dominara sobre el hecho de la separación.

La no-correspondencia entre la muerte y un final que el sobreviviente constata no significa, pues, que la existencia mortal pero incapaz de pasar esté aún presente después de su muerte; que el ser mortal sobreviva a la muerte cuya hora suena en el reloj común a todos los hombres. Y nos equivocaríamos si situáramos el tiempo interior, como hace Husserl, en el tiempo objetivo y demostráramos así la eternidad del alma.

El comienzo y el fin como puntos del tiempo universal devuelven al yo a su tercera persona, tal como la dice el sobreviviente. La interioridad está esencialmente vinculada a la primera persona del yo. La separación no es radical más que si cada ser tiene su tiempo, o sea, su *interioridad*; si cada uno de estos tiempos no se absorbe en el tiempo universal. Gracias a la dimensión de la interioridad, el ser se niega al concepto y se resiste a la totalización. Negativa esta que es necesaria para la idea de Infinito, la cual no produce por su propia virtud esta separación. La vida psíquica que hace posible el nacimiento y la muerte es una dimensión en el ser, una dimensión de no-esencia, más allá de lo posible y lo imposible. No se exhibe en la historia. La discontinuidad de la vida interior interrumpe el tiempo histórico. La tesis del primado de la historia constituye para la comprensión del ser una opción en la que la interioridad queda sacrificada. El presente trabajo propone otra opción. Lo real no debe solamente ser determinado en su objetividad histórica, sino también partiendo del *secreto* que interrumpe la continuidad del tiempo histórico, partiendo de las intenciones interiores. El pluralismo de la sociedad no es posible más que partiendo de este secreto. Él da testimonio de este secreto. Sabemos desde siempre que es imposible hacerse una idea de la totalidad humana, porque los hombres tienen una vida interior cerrada a quien, sin embargo, capta los movimientos globales de los grupos humanos. El acceso a la realidad social partiendo de la separación del Yo no queda tragado por la «historia universal», en la que sólo aparecen totalidades. La experiencia de Otro partiendo de un Yo separado queda siendo fuente de sentido para la comprensión de las totalidades, al modo en que la percepción concreta resulta determinante respecto de la significación de los universos científicos. Cronos, que creía que estaba devorando a un dios, sólo se traga una piedra.

El intervalo de la discreción o de la muerte es una tercera noción entre el ser y la nada.

El intervalo no es a la vida lo que el nacimiento es al acto. Su originalidad consiste en ser entre dos tiempos. Proponemos llamar a esta dimensión tiempo muerto, tiempo-muerte[2]. La ruptura de la duración histórica y totalizada que marca el tiempo muerto, el tiempo-muerte, es la misma que opera la creación en el ser. La discontinuidad del tiempo cartesiano, que exige la creación continua, enseña la dispersión misma y la pluralidad de la criatura. Todo instante del tiempo histórico en que comienza la acción es, a fin de cuentas, nacimiento y rompe, por tanto, el tiempo continuo de la historia –tiempo de las obras y no de las voluntades. La vida interior es la *manera* única que tiene lo real para existir como una pluralidad. Luego estudiaremos más de cerca esta separación que es ipseidad: en el fenómeno fundamental del disfrute (cf. Sección II).

Se puede llamar ateísmo a esta separación tan completa: el ser separado se mantiene solo en la existencia, sin participar

---

2. *Temps mort* tiene que ser traducido con las dos expresiones españolas usadas a la vez [N. del T.].

en el Ser del que está separado; aunque es capaz de adherirse a él eventualmente mediante la creencia. La ruptura con la participación está implicada en esta capacidad. Se vive fuera de Dios, cabe sí, en la propia casa; se es yo, egoísmo. El alma –la dimensión del psiquismo, el cumplimiento de la separación– es naturalmente atea. Por ateísmo comprendemos, pues, una posición anterior tanto a la negación como a la afirmación de lo divino: la ruptura de la participación, partiendo de la cual se pone el yo como el mismo y como yo.

Es, por cierto, gloria grande para el creador haber puesto en pie a un ser capaz de ateísmo; a un ser que sin haber sido *causa sui* tiene la mirada y la palabra independientes y está en su casa, cabe sí mismo. Llamamos voluntad a un ser condicionado de tal modo que, sin ser *causa sui*, es primero respecto de su causa. El psiquismo es la posibilidad de la voluntad.

El psiquismo se precisará como sensibilidad –elemento del disfrute–, como egoísmo. En el egoísmo del disfrute asoma el *ego*, fuente de la voluntad. Es el psiquismo, y no la materia, quien aporta un principio de individuación. La particularidad del τόδε τι [esto-de-aquí][3] no impide a los seres singulares integrarse en un conjunto, existir en función de la totalidad, en la que esa singularidad se desvanece. Los individuos que pertenecen a la extensión de un concepto son, por este concepto, *uno*; a su vez, los conceptos son *uno* en su jerarquía: su multiplicidad forma un todo. Si los individuos de la extensión del concepto tienen su individualidad gracias a un atributo accidental o esencial, este atributo no opone nada a la unidad latente en aquella multiplicidad. Esta unidad se actualizará en el saber de una razón impersonal, que integra las particularidades de los individuos convirtiéndose en su idea o totalizándolos mediante la historia. No se obtiene el intervalo absoluto de la separación distinguiendo los términos de la multiplicidad gracias a una especificación cualitativa cualquiera, que sería última, como

---

3. Las expresiones griegas que van apareciendo son términos básicos de la doctrina de Aristóteles [N. del T.].

en la *Monadología* de Leibniz, en la que les es inherente una *diferencia* sin la que las mónadas serían indistinguibles una de «otra» (art. 8). Las diferencias, que siguen siendo cualidades, remiten a la comunidad del género. Las mónadas, ecos de la sustancia divina, forman una totalidad en el pensamiento de ésta. La pluralidad que requiere el discurso se atiene a la interioridad de la que está «dotado» cada término: al psiquismo, a su referencia egoísta y sensible a sí mismo. La sensibilidad constituye el egoísmo mismo del yo. *Se trata del sintiente, y no de lo sentido.* El hombre como medida de todas las cosas, o sea, como no medido por nada; el hombre que todo lo compara pero es incomparable, se afirma en el sentir de la sensación. La sensación obra la demolición de todo sistema. Hegel sitúa en el origen de su dialéctica lo sentido, y no la unidad del sintiente y lo sentido en la sensación. No es por casualidad por lo que en *Teeteto* (152 a-e) la tesis de Protágoras es puesta en la cercanía de la tesis de Heráclito, como si fuera precisa la singularidad del sintiente para que el ser parmenídeo pueda pulverizarse en devenir y se desarrolle de modo diferente a como lo hace un flujo objetivo de cosas. Una multiplicidad de sintientes sería el *modo* mismo según el cual cabe un devenir, en el que el pensamiento no encontraría simplemente un ser en movimiento que obedece a una ley universal generadora de unidad. Sólo así adquiere el devenir el valor de una idea radicalmente opuesta a la idea del ser; designa la resistencia a toda integración que traduce la imagen del río en que, según Heráclito, nadie se baña dos veces (y según Crátilo, ni siquiera una vez). Una noción de devenir que destruya el monismo parmenídeo sólo se cumple por la singularidad de la sensación.

2. LA VERDAD

Más adelante mostraremos cómo la separación o la ipseidad se produce originalmente en el disfrute de la felicidad; cómo en este disfrute el ser separado afirma una independencia que no debe nada, ni dialéctica ni lógicamente, a Otro, que permanece siéndole trascendente. Esta independencia absoluta –que no se pone oponiéndose–, a la que hemos llamado ateísmo, no agota su esencia en el formalismo de un pensamiento abstracto: se cumple en toda la plenitud de la existencia económica (cf. Sección II).

Pero la independencia atea del ser separado –que no se pone por oposición a la idea de infinito, la cual indica una relación– es lo único que hace posible esta relación. La separación atea viene *exigida* por la idea de Infinito, que, sin embargo, no suscita dialécticamente al ser separado. La idea de Infinito –la relación entre Mismo y Otro– no anula la separación. Se atestigua ésta en la trascendencia. En efecto, Mismo no puede reunirse con Otro sino en los gajes y peligros de la búsqueda de la verdad (en vez de descansar sobre él con total seguridad). Sin separación no habría habido verdad: sólo habría habido ser. La verdad –contacto menor que tangencial– en riesgo de ignorancia, ilusión y error, no recupera la «distancia», no va a parar a la unión del cognoscente y lo conocido, no va a parar a la totalidad. Contra las tesis de la filosofía de la existencia, este contacto no se alimenta de un arraigo previo en el ser. La búsqueda de la verdad se despliega en la aparición de las formas. El carácter distintivo de las formas como tales es precisamente su epifanía a distancia. El arraigo –un pre-vínculo original– mantendría la participación como una de las categorías soberanas del ser, mientras que la noción de verdad marca el final de este reino. Participar es una manera de referirse a Otro: tener y desarrollar el propio ser sin perder nunca, en ningún punto, contacto con Otro. Es verdad que romper la participación es mantener el contacto, pero ya no es sacar de este contacto el propio ser; es ver sin ser visto, como Giges[4]. Para ello

---

4. Por oposición a esto, cabe llamar poéticamente a las cosas «personas ciegas». Cf. J. Wahl, «Dictionnaire subjectif», en *Poésie, pensée, perception*, Calmann-Lévy, Paris 1948. [Giges es el pastor que encuentra casualmente en el campo un anillo que, al girarlo en su dedo, lo vuelve invisible. En cuestión de días, según el libro I de Heródoto, el pastor invisible, que hasta entonces era una buena persona, se convierte en un criminal que usurpa incluso el trono. Cf. Platón, *República* II (N. del T.)].

hace falta que un ser, aunque forme parte de un todo, tenga de sí mismo su ser, y no de sus fronteras –no de su definición–; que exista independientemente; que no dependa ni de las relaciones que indican su lugar en el ser, ni del reconocimiento que le otorgue el Otro. El mito de Giges es el mito mismo del Yo y de la interioridad, que existen no-reconocidos. Es verdad que son la eventualidad de todos los crímenes que quedan sin castigo; pero tal es el precio de la interioridad, que es el precio de la separación. La vida interior, el yo, la separación, son el desarraigo mismo, la no-participación, y, por tanto, la posibilidad ambivalente del error y la verdad. El sujeto cognoscente no es parte de un todo, porque no es limítrofe con nada. Su aspiración a la verdad no es el huecograbado del ser que le falta. La verdad supone un ser autónomo en la separación; buscar una verdad es precisamente una relación que no se apoya sobre la privación de la necesidad. Buscar y lograr la verdad es ser en relación, no porque uno se defina por otro que sí, sino porque, en cierto sentido, a uno no le falta de nada.

Pero la búsqueda de la verdad es un acontecimiento más fundamental que la teoría, aunque la investigación teórica sea un modo privilegiado de la relación con la exterioridad a la que se llama verdad. Como la separación del ser separado no ha sido relativa, no ha sido un movimiento de alejarse de Otro, sino que se produjo como psiquismo, la relación con Otro no consiste en rehacer en sentido opuesto el movimiento de alejarse, sino en ir hacia él a través del Deseo, al que la teoría misma toma prestada la exterioridad de su término. Pues la idea de la exterioridad que guía la búsqueda de la verdad no es posible más que como la idea de Infinito. La conversión del alma a la exterioridad o a lo absolutamente otro o a Infinito, no es deducible de la identidad misma de esta alma, porque no es a medida de esta alma. Así, pues, la idea de infinito no parte de Mí ni de una necesidad en el Yo a la medida exacta de sus vacíos. En ella, el movimiento parte de lo pensado y no del pensador. Es el único conocimiento que presenta esta inversión: conocimiento sin a priori. La idea de Infinito *se revela*, en el sentido fuerte del término. No hay religión natural. Pero este conocimiento excepcional no es ya, por ello, objetivo. Lo infinito no es «objeto» de un conocimiento –lo cual lo reduciría a las medidas de la mirada que contempla–, sino que es lo deseable, lo que suscita el Deseo, o sea, aquello que es accesible mediante un pensamiento que, en todo momento, *piensa más de lo que piensa*. Así, lo infinito no es un objeto inmenso, que sobrepasa los horizontes de la mirada. Es el Deseo el que mide la infinidad del infinito, ya que él es medida por imposibilidad misma de medida. La desmesura medida por el Deseo es rostro. Volvemos, pues, a encontrarnos también con la distinción entre Deseo y necesidad. El Deseo es una aspiración que lo Deseable anima: nace partiendo de su «objeto», es revelación. En cambio, la necesidad es un vacío del Alma, parte del sujeto.

La verdad se busca en lo otro, pero por aquel al que no le falta de nada. La distancia es infranqueable y, a la vez, está franqueada. El ser separado está satisfecho, es autónomo y, sin embargo, busca lo otro con una búsqueda que no va aguijoneada por la carencia de la necesidad ni por el recuerdo de un bien perdido: tal situación es lenguaje. La verdad surge allí donde un ser separado de lo otro no se hunde en éste sino que le habla. El lenguaje, que no toca al otro ni tangencialmente, alcanza al otro interpelándolo o mandándole u obedeciéndolo, con toda la rectitud de estas relaciones. Separación e interioridad, verdad y lenguaje, constituyen las categorías de la idea de infinito o la metafísica.

En la separación –que se produce por el psiquismo del disfrute, por el egoísmo, por la felicidad, en los que el Yo se identifica–, el Yo ignora al Otro. Pero el deseo de Otro, por encima de la felicidad, exige esta felicidad, esta autonomía de lo sensible en el mundo, aunque la separación no se deduce ni analítica ni dialécticamente de Otro. El yo dotado de vida personal, el yo ateo cuyo ateísmo es sin tacha ni falta y que no se integra en ningún destino, se sobrepasa a sí mismo en el Deseo que le viene de la presencia de Otro. El Deseo es deseo en un ser ya feliz: el deseo es la infelicidad del feliz, una necesidad lujosa.

El yo existe ya en un sentido eminente. En efecto, no cabe imaginarlo como existiendo primero y, además, dotado luego de felicidad, de manera que esta felicidad se añada a aquella existencia a título de atributo. El yo existe como separado por su disfrute, es decir, como feliz, y puede sacrificar a la felicidad su ser puro y simple. *Existe* en un sentido eminente; existe por encima del ser. Pero en el Deseo el ser del Yo aparece aún más alto, ya que puede sacrificar a su Deseo su misma felicidad. Se encuentra, pues, por encima o en la cima, en el apogeo del ser por el gozar (felicidad) y por el desear (verdad y justicia). Por encima del ser. Respecto de la noción clásica de sustancia, el deseo marca como una inversión. En él el ser se vuelve bondad; en el apogeo de su ser, esponjado de felicidad, en el egoísmo, poniéndose como *ego*, miradlo batir su propio récord: preocupado por otro ser. Esto representa una honda inversión, y no de una cualquiera de las funciones del ser (una función que se apartara de su meta), sino una inversión de su ejercicio mismo de ser, que suspende su movimiento espontáneo de existir y da otro sentido a su apología insuperable.

Deseo insaciable, no porque responda a un hambre infinita, sino porque no es una reclamación de alimentos; deseo que es insaciable, pero no por el hecho de nuestra finitud. El mito platónico del amor, hijo de la abundancia y la pobreza, ¿puede interpretarse como indigencia de la misma riqueza; como deseo no de lo que se ha perdido, sino como Deseo absoluto, que se produce en un ser que se posee y que, por tanto, está ya absolutamente «en pie»? Platón, al rechazar el mito del andrógino que Aristófanes expone, ¿no entrevió el carácter no-nostálgico del Deseo y de la filosofía, que suponen existencia autóctona y no exilio? Deseo como erosión de lo absoluto del ser a causa de la presencia de lo Deseable; presencia, por tanto, revelada, que abre el Deseo en un ser que, en su separación, se experimenta autónomo.

Pero el amor platónico no coincide con lo que hemos llamado Deseo. La inmortalidad no es el objetivo del primer movimiento del Deseo, sino Otro, el Extranjero. Es absolutamente no-egoísta; su nombre es justicia. No vincula a seres que previamente estaban emparentados. La gran fuerza de la idea de creación, tal como la aportó el monoteísmo, consiste en que esta creación es *ex nihilo*; no porque esto represente una obra más milagrosa que la información demiúrgica de la materia, sino porque así el ser separado y creado no ha salido simplemente del padre, sino que le es absolutamente otro. La filialidad misma no podrá aparecer como esencial al destino del yo más que si el hombre mantiene este recuerdo de la creación *ex nihilo*, sin la cual el hijo no es verdadero otro. En fin, la distancia que separa felicidad y deseo, separa política y religión. La política tiende al reconocimiento recíproco, o sea, a la igualdad; garantiza la felicidad. Y la ley política acaba y consagra la lucha por el reconocimiento. La religión es Deseo, y no, en absoluto, lucha por el reconocimiento: es el plus posible en una sociedad de iguales; el plus de la gloriosa humildad, la responsabilidad y el sacrificio, condición de la igualdad misma.

3. El discurso

Afirmar la verdad como modalidad de la relación entre Mismo y Otro no es oponerse al intelectualismo, sino asegurar su aspiración fundamental: el respeto por el ser que ilumina al intelecto. La originalidad de la separación nos ha parecido que estribaba en la autonomía del ser separado. Y, así, en el conocimiento o, más exactamente, en la pretensión de conocimiento, el cognoscente no participa en el ser conocido ni se une a él. La relación de verdad comporta, pues, una dimensión de interioridad: un psiquismo en el que el metafísico, en relación con lo Metafísico, se atrinchera. Pero hemos indicado también que esta relación de verdad que, a la vez, franquea y no franquea la distancia –no forma totalidad con «la otra orilla»–, reposa en el lenguaje –relación en la que los términos *se ab-suelven* de la relación (permanecen siendo absolutos en la relación). Sin esta ab-solución, la distancia absoluta de la metafísica sería ilusoria.

El conocimiento de objetos no asegura una relación cuyos términos se ab-suelvan de la relación. Por más que el conocimiento objetivo permanezca siendo desinteresado, no deja de llevar la marca del modo en que el ser cognoscente abordó lo Real. Reconocer la verdad como des-velamiento es referirla al horizonte del que des-vela. Platón, al identificar conocimiento y visión, insiste, en el mito del carro del *Fedro*, en el movimiento del alma que contempla la verdad y en la relatividad de lo verdadero respecto de esta carrera. El ser des-velado es respecto a nosotros y no καθ'αὐτό. Conforme a la terminología clásica, la sensibilidad –pretensión de experiencia pura, receptividad del ser– no se vuelve conocimiento más que tras haber sido modelada por el entendimiento. Conforme a la terminología moderna, no des-velamos más que con relación a un proyecto. En el trabajo, lo abordamos en relación a una meta que concebimos. Esta modificación que el conocimiento aporta a lo Uno –que pierde en el conocimiento su unidad– es evocada por Platón en el *Parménides*. El conocimiento –en el sentido absoluto del término, experiencia pura del ser otro– habría de mantener al ser otro καθ'αὐτό.

Que el objeto se refiera así al proyecto y al trabajo del cognoscente, es debido a que el conocimiento objetivo es una relación con el ser siempre sobrepasado y siempre por interpretar. El «¿qué es?» aborda «esto» en tanto que «eso». Pues conocer objetivamente es conocer lo histórico, el *hecho*, lo *ya hecho*, lo ya sobrepasado. Lo histórico no se define por el pasado; y lo histórico y el pasado se definen como temas de los que cabe hablar. Se los tematiza precisamente porque ya no hablan. Lo histórico está para siempre ausente de su presencia misma. Con esto queremos decir que desaparece tras sus manifestaciones; su aparición es siempre superficial y equívoca; su origen, su principio, está siempre en otro sitio. Es fenómeno: realidad sin realidad. El deslizarse del tiempo en el que, conforme al esquema kantiano, se constituye el mundo, carece de origen. Este mundo que ha perdido su principio, an-árquico, mundo de fenómenos, no responde a la búsqueda de lo verdadero; pero sí le basta al disfrute, que es la suficiencia misma, a la que de ninguna manera indigna la espantada que la exterioridad opone a la búsqueda de lo verdadero. Este mundo del disfrute no le es bastante a la pretensión metafísica. El conocimiento de lo tematizado no es más que una lucha que se reanuda contra la mistificación siempre posible del hecho; a la vez, una idolatría del hecho, o sea, una invocación de lo que no habla, y una pluralidad insuperable de significaciones y mistificaciones. O bien este conocimiento invita al cognoscente a un psicoanálisis interminable: a la búsqueda desesperada de un verdadero origen, al menos en sí mismo; al esfuerzo de despertarse.

La manifestación de lo καθ'αὐτό, en la que el ser nos concierne sin salir escapado y sin traicionarse, consiste para él no, en absoluto, en ser des-velado, no, en absoluto, en descubrirse a la mirada que lo tome por tema de interpretación y que ocupe una posición absoluta de dominio sobre el objeto; la manifestación καθ'αὐτό consiste para el ser en decirse a nosotros, independientemente de la posición que hayamos tomado a su respecto; en *expresarse*. Entonces, contra todas las condiciones de la visibilidad de objetos, el ser no se sitúa en la luz de otro sino que se presenta él mismo en la manifestación, que únicamente ha de anunciarlo; está presente como dirigiendo esta manifestación misma; está presente antes de la manifestación, la cual tan sólo lo manifiesta. *La experiencia absoluta no es des-velamiento sino revelación*: coincidencia de lo expresado y del que expresa; por ello mismo, manifestación privilegiada del Otro –manifestación de un rostro más allá de la forma. La forma que incesantemente traiciona su manifestación, que se fija en forma plástica, ya que adecuada a Mismo, aliena la exterioridad de Otro. El rostro es una presencia viva; es expresión. La vida de la expresión consiste en ir deshaciendo la forma en que el ente, al exponerse como tema, por ello mismo se disimula. El rostro habla. La manifestación del rostro es ya discurso. El que se manifiesta se presta, como dice Platón, socorro a sí mismo. Deshace a cada instante la forma que ofrece.

Esta manera de deshacer la forma adecuada a Mismo para presentarse como Otro, es significar o tener un sentido. Presentarse significando es hablar. Esta presencia, afirmada en la presencia de la imagen como la punta de la mirada que os fija, está dicha. La significación o la expresión se diferencia así tajantemente de todo dato intuitivo, precisamente porque significar no es dar. La significación no es una esencia ideal o una relación ofrecida a la intuición intelectual, que en esto sigue siendo análoga a la sensación ofrecida al ojo. Es, por excelencia, la presencia de la exterioridad. El discurso no es simplemente una modificación de la intuición (o del pensamiento), sino una relación original con el ser exterior. No es lamentable defecto de un ser privado de intuición intelectual —como si la intuición, que es un pensamiento solitario, fuera el modelo de toda derechura y rectitud en la relación. Es la producción de sentido. El sentido no se produce como una esencia ideal: está dicho y enseñado por la presencia, y la enseñanza no se reduce a la intuición sensible o intelectual, que es el pensamiento de Mismo. Dar un sentido a su presencia es un acontecimiento irreducible a la evidencia. No entra en una intuición. Es, a la vez, una presencia más directa que la manifestación visible y una presencia lejana: la de otro. Una presencia que domina a quien la acoge, que viene de las alturas, imprevista y, por consiguiente, que enseña su novedad misma. Es la franca presencia de un ente que puede mentir, o sea, que dispone del tema que ofrece, sin que pueda disimular su franqueza de interlocutor, siempre luchando a rostro descubierto. A través de la máscara, penetran los ojos, el lenguaje indisimulable de los ojos. El ojo no brilla: habla. La alternativa verdad-mentira, sinceridad-disimulo, es el privilegio de quien se sitúa en la relación de absoluta franqueza: en la absoluta franqueza que no puede esconderse.

La acción no expresa. Tiene un sentido, pero nos lleva hacia el agente en su ausencia. Abordar a alguien partiendo de sus obras es entrar en su interioridad como practicando en ella un boquete: el otro queda sorprendido en su intimidad, en la que, desde luego, se expone, pero no se expresa[5], como los personajes de la historia. Las obras significan a su autor pero indirectamente, en tercera persona.

Se puede, ciertamente, concebir el lenguaje como un acto, como un gesto del comportamiento. Pero se omite entonces lo esencial del lenguaje: la coincidencia del revelador y lo revelado en el rostro, que se cumple situándose en cierta altura respecto de nosotros, enseñando. Y a la inversa, gestos, actos producidos, pueden llegar a ser, como las palabras, revelación; o sea, como veremos, enseñanza. En cambio, reconstruir el personaje partiendo de su conducta es obra de nuestra ciencia ya adquirida.

La experiencia absoluta no es des-velamiento. Des-velar partiendo de un horizonte subjetivo es ya errar el noúmeno. Sólo el interlocutor es término de una experiencia pura, en la que el otro entra en relación mientras permanece καθ'αὐτό; en la que se expresa sin que tengamos que des-velarlo partiendo de un «punto de vista», a una luz prestada. La «objetividad» que busca el conocimiento que es plenamente conocimiento, se cumple más allá de la objetividad del objeto. Lo que se presenta como independiente de todo movimiento subjetivo es el interlocutor, cuya *manera* consiste en partir de sí, en ser extranjero y, sin embargo, presentárseme.

Pero la relación con esta «cosa en sí» no se encuentra en el límite de un conocimiento que comienza como constitución de un «cuerpo vivo», según el célebre análisis husserliano de la quinta de sus *Meditaciones cartesianas*. La constitución del cuerpo del Otro en lo que Husserl llama «la esfera primordial»; la «parificación» trascendental del objeto así constituido con mi cuerpo, experimentado él mismo desde dentro como un «yo puedo»; la comprensión de este cuerpo del otro como el de un *alter ego*, disimula en cada una de sus etapas que se toma como descripción de la constitución las que en realidad son mutaciones de la constitución de objeto en una relación con el

---

5. Cf. *infra*, 196s.

Otro; la cual es tan original como la constitución de la que se la intenta sacar. La esfera primordial, que corresponde a lo que nosotros llamamos Mismo, no se vuelve hacia lo absolutamente otro más que llamada por el Otro. La *revelación* constituye, respecto del *conocimiento objetivador*, una verdadera inversión. Es verdad que en Heidegger la coexistencia se pone como una relación con el otro irreducible al conocimiento objetivo; pero también descansa, a fin de cuentas, sobre la relación con *el ser en general*, sobre la comprensión, sobre la ontología. De antemano, Heidegger plantea este fondo del ser como horizonte del que surge todo ente; como si el horizonte y la idea de límite que incluye (y que es lo propio de la visión) fueran la trama última de la relación. Además, en Heidegger la intersubjetividad es coexistencia: un *nosotros* anterior a Yo y a Otro; una intersubjetividad neutra. El cara a cara anuncia una sociedad y, a la vez, permite mantener un Yo separado.

Durkheim, al caracterizar la sociedad por la religión, ha superado ya, por un lado, esta interpretación óptica de la relación con Otro. Yo no me refiero al Otro más que a través de la Sociedad, que no es simplemente una multiplicidad de individuos u objetos; yo me refiero al Otro, que no es una simple parte de un Todo, ni singularidad de un concepto. Llegar hasta el otro a través de lo social es llegar a él a través de lo religioso. Así, Durkheim deja entrever una trascendencia diferente de la de lo objetivo. Y sin embargo, en seguida para Durkheim lo religioso se reduce a la representación colectiva: la estructura de la representación y, por tanto, la de la intencionalidad objetivadora que la soporta o sostiene, sirve de interpretación última para lo religioso mismo.

Gracias a una corriente de ideas que se manifestó independientemente en el *Diario metafísico* de Gabriel Marcel y en el *Yo y tú* de Buber, la relación con el Otro como irreducible al conocimiento objetivo ha perdido su carácter insólito, cualquiera que sea la actitud que se adopte a propósito de los desarrollos sistemáticos que la acompañan. Buber ha distinguido la relación con el Objeto, que se guiaría por la práctica, de la relación dialogal, que alcanza a Otro como Tú, como interlocutor y amigo. Modestamente, pretende haber encontrado en Feuerbach esta idea[6], central en la obra de Buber. En realidad, la idea no cobra todo su vigor más que en los análisis en que Buber la expone; en ellos es donde aparece como una contribución esencial al pensamiento contemporáneo. Cabe, con todo, preguntarse si el *tuteo* no sitúa a Otro en una relación recíproca, y si esta reciprocidad es original. Por otra parte, la relación Yo-Tú conserva en Buber un carácter formal: puede unir al hombre con las cosas igual que al hombre con el hombre. El formalismo Yo-Tú no determina ninguna estructura concreta. Yo-Tú es acontecimiento (*Geschehen*), choque, comprensión; pero no permite dar cuenta (más que como si fuera ello una aberración, una caída o una enfermedad) de una vida distinta de la amistad (la economía, la búsqueda de la felicidad, la relación representativa con las cosas). Todas estas vidas quedan, en una especie de espiritualismo desdeñoso, inexploradas e inexplicadas. Este trabajo no tiene la ridícula pretensión de «corregir» a Buber acerca de estos puntos. Se sitúa en una perspectiva diferente, al partir de la idea de Infinito.

La pretensión de saber a Otro y de llegar a él se cumple en la relación con el otro, la cual se vierte en la relación de lenguaje, en la que lo esencial es la interpelación, el vocativo. Otro se mantiene y se confirma en su heterogeneidad en cuanto se lo interpela, aunque sólo sea para decirle que no se le puede hablar, para clasificarlo como enfermo, para anunciarle su condena a muerte; al mismo tiempo que agarrado, herido, violentado, está «respetado». El invocado no es lo que yo comprendo: *no cae en ninguna categoría*. Es aquel a quien hablo: no tiene más que una referencia a sí; no tiene quididad. Pero hay que desarrollar la estructura formal de la interpelación.

---

6. Cf. M. Buber, «Das Problem des Menschen», en *Dialogisches Leben*, 366. Sobre cómo ha influido Buber, cf. la nota de M. S. Friedman en su artículo *Martin Buber's Theory of Knowledge*: The Review of Metaphysics (diciembre 1954) 264.

El objeto del conocimiento está siempre hecho, es siempre hecho: ya hecho y superado. El interpelado está llamado a la palabra; su palabra consiste en «aportar socorro» a su palabra; en estar *presente*. Este presente no está hecho de instantes misteriosamente inmovilizados dentro de la duración, sino de que una presencia que les trae socorro y responde por ellos retoma *incesantemente* los instantes que se deslizan. Este *no-cesar* produce el presente; es la presentación –la vida– del presente. Como si la presencia del que habla invirtiera el movimiento inevitable que lleva a la palabra proferida hacia el pasado de la palabra escrita. La expresión es esta actualización de lo actual. El presente se produce en esta lucha, si cabe decirlo así, contra el pasado; en esta actualización. La actualidad única de la palabra la arranca a la situación en la que comparece y que da la impresión de prolongar. Aporta eso de lo que la palabra escrita ya está privada: la condición de maestra. La palabra, mejor que simple signo, es esencialmente magistral. Enseña ante todo esta enseñanza misma, sólo gracias a la cual puede enseñar (y no, como la mayéutica, *despertar* en mí) cosas e ideas. Las ideas me instruyen partiendo del maestro que me las *presenta*, que las enjuicia; la objetivación y el tema –a los que accede el conocimiento objetivo– descansan ya sobre la enseñanza. La puesta en cuestión de las cosas en un diálogo no es la modificación de su percepción: coincide con su *objetivación*. El objeto *se ofrece* cuando nosotros hemos acogido a un interlocutor. El maestro –condición de la enseñanza y del enseñante– no es a su vez un hecho cualquiera. El presente de la manifestación del maestro que enseña supera la anarquía del hecho.

El lenguaje no condiciona la conciencia bajo el pretexto de que provee a la conciencia de sí de encarnación en una obra objetiva, que sería el lenguaje, como quieren los hegelianos. La exterioridad que el lenguaje diseña –relación con el Otro– no se parece a la exterioridad de una obra, pues la exterioridad objetiva de la obra se sitúa ya en el mundo que el lenguaje –o sea, la trascendencia– instaura.

4. Retórica e injusticia

No cualquier discurso es relación con la exterioridad.

No es lo más frecuente que abordemos en nuestros discursos al interlocutor que es nuestro maestro, sino a un objeto o a un niño, o a uno de la muchedumbre, como dice Platón (*Fedro*, 273 d). Nuestro discurso pedagógico o psicagógico es retórica: se pone en la posición de quien está haciendo tretas a su prójimo. Por esto es por lo que el arte del sofista es un tema respecto del cual se define el verdadero discurso de la verdad: el discurso filosófico. La retórica, que no está ausente de ningún discurso y que el discurso filosófico trata de superar, resiste al discurso –o lleva a él: pedagogía, demagogia, psicagogía. Aborda a Otro no de cara sino al bies; desde luego, no como a una cosa, ya que la retórica sigue siendo discurso y, a través de todos sus artificios, va hacia el Otro, solicita su sí. Pero la naturaleza específica de la retórica (de la propaganda, de la adulación, de la diplomacia, etc.) consiste en corromper esta libertad. Por esto es violencia por excelencia, o sea, injusticia. En absoluto violencia que se ejerza sobre una inercia –tal cosa no sería violencia–, sino sobre una libertad, la cual, precisamente como libertad, debería ser incorruptible. Sabe aplicar a la libertad una categoría; parece que la juzga naturaleza: plantea la pregunta, contradictoria en sus términos: «¿Cuál es la naturaleza de esta libertad?».

Renunciar a la psicagogía, a la demagogia, a la pedagogía que comporta la retórica, es abordar al otro de cara, en un verdadero discurso. Entonces el ser no es objeto en ningún grado: está fuera de toda presa. Este quedar desprendido de toda objetividad significa para el ser positivamente su presentación en el rostro, su *expresión*, su lenguaje. *Otro en tanto que otro es el Otro*. Es precisa la relación del discurso para «dejarlo ser»; el «des-velamiento» puro, en el que se propone como un tema, no lo respeta, por ello mismo, lo bastante. *Llamamos justicia a este abordar de cara, en el discurso*. Si la verdad surge en la *experiencia* absoluta, en la que el ser brilla con su luz propia, la verdad no se produce más que en el verdadero discurso o la justicia.

Esta experiencia absoluta en el cara a cara, en que el interlocutor se presenta como el ser absoluto (o sea, como el ser sustraído a las categorías), no sería concebible, para Platón, sin la intermediación de las Ideas. La relación y el discurso impersonales parecen referirse al discurso solitario o razón, al alma conversando consigo misma. Pero la idea platónica, que el pensador fija, ¿equivale a un *objeto* sublimado y perfeccionado? El parentesco entre el Alma y las Ideas, sobre el que *Fedón* insiste, ¿no es más que una metáfora idealista que expresa la permeabilidad del ser al pensamiento? ¿La idealidad de lo ideal se reduce a un incremento superlativo de las cualidades o nos lleva a una región en la que los seres tienen rostro, o sea, están presentes en su propio mensaje? Hermann Cohen, platónico en esto, sostenía que sólo se puede amar ideas; pero la noción de la Idea equivale, a fin de cuentas, a la trasmutación de otro en el Otro. El verdadero discurso, para Platón, puede socorrerse a sí mismo: el contenido que se ofrece a mí es inseparable de quien lo pensó, lo que significa que el autor del discurso responde a las preguntas. Para Platón, el pensamiento no se reduce a una cadena impersonal de relaciones verdaderas, sino que supone personas y relaciones inter-personales. El demonio de Sócrates interviene en el arte mayéutica misma, que, sin embargo, se refiere a lo que es común a los hombres (*Teeteto*, 151 a). La comunidad, por la mediación de las ideas, no establece entre los interlocutores la igualdad pura y simple. El filósofo, que es comparado en *Fedón* al guardián colocado en su puesto, se encuentra bajo la magistratura de los dioses, no es su igual. La jerarquía de los seres, en cuya cima se halla el ser razonable, ¿cabe que sea trascendida? ¿A qué nueva pureza responde la elevación de un dios? Platón opone a las palabras y las acciones que se dirigen a los hombres –que siguen siendo siempre, hasta cierto punto, retórica y negociación («en las que tratamos con ellos»), palabras dirigidas a los hombres que son muchedumbre– las palabras con las que se complace a los dioses (*Fedro*, 273 e). Los interlocutores no son iguales; llegado a la verdad, el discurso es discurso con un dios que no es nuestro «compañero de esclavitud» (*ibid.*). La sociedad no dimana de la contemplación de lo verdadero; la relación con el otro, nuestro maestro, hace posible la verdad. La verdad se vincula, de este modo, a la relación social, que es justicia. La justicia consiste en reconocer en el otro a mi maestro. La igualdad entre personas no significa nada por sí misma. Tiene un sentido económico y supone el dinero y descansa ya sobre la justicia, la cual, bien ordenada, empieza por el otro. Es reconocimiento de su privilegio de otro y de su condición de maestro; es acceso al otro fuera de la retórica astuciosa, en busca de presa y explotadora. En este sentido, la superación de la retórica y la justicia coinciden.

5. Discurso y ética

¿Pueden fundarse la objetividad y la universalidad del pensamiento en el discurso? El pensamiento universal, ¿no es de suyo anterior al discurso? Al hablar, ¿no evoca un espíritu lo que otro espíritu ya piensa, porque participan ambos en ideas comunes? Pero la comunidad del pensamiento debería haber vuelto imposible el lenguaje como relación entre seres. El discurso coherente es uno. Un pensamiento universal prescinde de la comunicación. Una razón no puede serle otra, diferente, a una razón. ¿Cómo puede una razón ser yo u otro, si su ser mismo consiste en renunciar a la singularidad?

El pensamiento europeo ha combatido siempre como escéptica la idea del hombre medida de todas las cosas, aunque esta idea aporta la idea de la separación atea y uno de los fundamentos del discurso. Para ella, el yo sintiente no podía fundar la Razón; el yo se definía por la razón. La razón que habla en primera persona no se dirige a Otro sino que mantiene un monólogo. Y a la inversa, no accedería a la personalidad verdadera, no hallaría la soberanía característica de la persona autónoma, más que volviéndose universal. Los pensadores separados no se vuelven razonables más que en la medida en que sus actos personales y particulares de pensamiento figuran como momentos de ese discurso único y universal. No habría razón en el individuo pensante más que en la medida en que él mismo entrara en su propio discurso, en el que, en el sentido etimológico del término, el pensamiento comprendería al pensador, lo englobaría.

Pero hacer del pensador un momento del pensamiento es limitar la función reveladora del lenguaje a su coherencia, que traduce la coherencia de los conceptos. En esta coherencia se volatiliza el yo único del pensador. La función del lenguaje se restringiría a suprimir «lo otro» que rompa esa coherencia y, por tanto, que sea esencialmente irracional. ¡Curiosa consecuencia: el lenguaje consistiría en suprimir a Otro poniéndolo de acuerdo con Mismo! Ahora bien, en su función de expresión, el lenguaje mantiene precisamente al otro a quien se dirige, a quien interpela o invoca. Desde luego que el lenguaje no consiste en invocarlo como ser representado y pensado; pero es porque el lenguaje instaura una relación irreducible a la relación sujeto-objeto: la *revelación* de Otro. Sólo en esta revelación puede el lenguaje constituirse como sistema de signos. El otro interpelado no es algo representado; no es un dato; no es un ser particular, ya por un lado ofrecido a la generalización. Lejos de suponer universalidad y generalidad, el lenguaje es lo único que las hace posibles. El lenguaje supone interlocutores, una pluralidad. El comercio entre éstos no es la representación de uno por otro, ni una participación en la universalidad, en el plano común del lenguaje. Ese comercio entre ellos, como vamos a decirlo en seguida, es ética.

Platón mantiene la diferencia entre el orden objetivo de la verdad –sin duda, el que se establece en los escritos, impersonalmente– y la razón *en* un ser vivo, «discurso vivo y animado», discurso, pues, «capaz de defenderse a sí mismo... y que sabe a quiénes debe dirigirse y ante quiénes debe callar» (*Fedro*, 276 a). Discurso que no es, por tanto, el despliegue de una lógica interna prefabricada, sino constitución de la verdad en una lucha entre pensadores, con todos los gajes propios de la libertad. La relación de lenguaje supone la trascendencia, la separación radical, el ser un interlocutor extraño al otro, la revelación de Otro a mí. Con otras palabras, el lenguaje se habla allí donde falta la comunidad entre los términos de la relación, allí donde falta un plano común y donde únicamente debe constituirse tal plano. Se sitúa en esta trascendencia. Así, el Discurso es experiencia de algo absolutamente extranjero, «conocimiento» o «experiencia» *pura, traumatismo del asombro*.

Sólo lo absolutamente extranjero puede instruirnos. Y sólo el hombre puede serme absolutamente extranjero –refractario a toda tipología, género, caracterología, clasificación– y, por tanto, término de un «conocimiento» que por fin penetra más allá del objeto. ¡Lo extraño del otro, su libertad misma! Sólo los seres libres pueden ser extranjeros los unos para los otros. La libertad que les es «común» es precisamente lo que los separa. El «conocimiento puro», el lenguaje, consiste en la relación con un ser que, en cierto sentido, no es en relación a mí; o, si se quiere, que no está en relación conmigo más que en la medida en que él es enteramente en relación a sí: ser καθ'αὑτό que se sitúa más allá de todo atributo –cuyo efecto sería precisamente calificarlo, o sea, reducirlo a lo que le es común con otros seres–; ser, por tanto, perfectamente desnudo.

Las cosas no están desnudas, metafóricamente, más que cuando están sin adornos: paredes desnudas, paisajes desnudos. No tienen necesidad de adorno cuando se absorben en el cumplimiento de la función para la que se hicieron: cuando se subordinan de una manera tan radical a su propia finalidad que desaparecen en ella. Desaparecen bajo su forma. La percepción de cosas individuales es el hecho de que no se absorban de este modo por completo; surgen entonces por sí mismas perforando, agujereando sus formas; no se resuelven en las relaciones que las atan a la totalidad. Son siempre, por alguno de sus lados, como esas ciudades industriales en que todo se adapta al objetivo de la producción, pero que, llenas de humo y basuras y tristeza, también existen para sí mismas. La desnudez, para una cosa, es el plus de su ser sobre su finalidad. Es su absurdidad, su inutilidad, que no aparece ella misma más que en relación con la forma que rompe y le falta. La cosa es siempre una opacidad, una resistencia, una fealdad; de modo que la concepción platónica, según la cual el sol inteligible se sitúa fuera del ojo que ve y del objeto al que ilumina, describe con precisión la percepción de las cosas. Los objetos no tienen luz propia: reciben una luz prestada.

La belleza introduce luego una finalidad nueva –una finalidad interna– en este mundo desnudo. Des-velar con la ciencia o el arte es esencialmente revestir a los elementos con una significación, sobrepasar la percepción. Des-velar una cosa es iluminarla con la forma: encontrarle un lugar en el todo dándose cuenta de su función o belleza.

La obra del lenguaje es completamente distinta: consiste en entrar en relación con una desnudez desprendida de toda forma pero que tiene un sentido por sí misma, καθ'αὐτό; que significa antes de que proyectemos luz sobre ella; que no aparece como una privación sobre el fondo de una ambivalencia de valores (bien o mal, belleza o fealdad), sino como *valor siempre positivo*. Tal desnudez es rostro. La desnudez del rostro no es lo que se ofrece a mí para que yo lo des-vele –y que, de hecho, se hallaría ofrecido a mí, a mis poderes, a mis ojos, a mis percepciones, en una luz externa a él. El rostro se ha vuelto hacia mí: eso es su desnudez misma. *Es* por sí mismo, y en absoluto por referencia a un sistema.

Es verdad que la desnudez puede aún tener un tercer sentido, además de lo absurdo de la cosa que pierde su sistema o de la significación del rostro que perfora toda forma: la desnudez del cuerpo, sentida en el pudor, apareciendo al otro en la repulsión y el deseo. Pero esta desnudez se refiere siempre, de un modo u otro, a la desnudez del rostro. Sólo un ser absolutamente desnudo por su rostro puede también desnudarse impúdicamente.

Ahora bien, la diferencia entre la desnudez del rostro que se vuelve a mí y el des-velamiento de la cosa iluminada por su forma, no separa simplemente dos modos de «conocimiento». La relación con el rostro no es conocimiento de objeto. La trascendencia del rostro es a la vez su ausencia de este mundo en que entra: el exilio de un ser, su condición de extranjero, despojado o proletario. La extranjería, que es libertad, es también extranjería-miseria. La libertad se presenta como Otro a Mismo, quien, por su parte, es siempre el autóctono del ser, siempre privilegiado en su morada. El otro, el libre, es también el extranjero. La desnudez de su rostro se prolonga en la desnudez del cuerpo que tiene frío y se avergüenza de su desnudez. La existencia καθ'αὑτό es en el mundo miseria. Hay aquí, entre yo y otro, una relación que está más allá de la retórica.

Esta mirada que suplica y exige –que no puede suplicar más que porque exige–, privada de todo porque tiene derecho a todo y a la que se reconoce dando –igual que «se pone las cosas en cuestión dando»–, esta mirada es precisamente la epifanía del rostro como rostro. La desnudez del rostro es despojamiento e indigencia. Reconocer al otro es reconocer un hambre. Reconocer al Otro es dar. Pero es dar al maestro, al señor, a quien se aborda con un «usted», en una dimensión de altura.

Es en la generosidad como el mundo poseído por mí –mundo ofrecido al disfrute– se ve desde un punto de vista independiente de la posición egoísta. Lo «objetivo» no es simplemente objeto de una contemplación impasible. O, más bien, la contemplación impasible se define por el don, por la abolición de la propiedad no enajenable. La presencia del Otro equivale a esta puesta en cuestión de mi gozosa posesión del mundo. La conceptualización de lo sensible se atiene ya a este corte en la carne viva de mi sustancia, de mi casa: en este convenirle lo mío al Otro que prepara el descenso de las cosas al rango de posibles mercancías. Este desasimiento inicial condiciona la ulterior generalización debida al dinero. La conceptualización es la generalización primera y el condicionante de la objetividad. Objetividad coincide con abolición de la propiedad inalienable; lo cual supone la epifanía de Otro. Todo el problema de la generalización se plantea, pues, como el problema de la objetividad. El problema de la idea general y abstracta no puede suponer constituida la objetividad: el objeto general no es un objeto sensible sólo que pensado con intención de generalidad e idealidad. En efecto, con esto no queda superada la crítica nominalista de la idea general y abstracta: aún hay que decir qué significa esta intención de idealidad y generalidad. El paso de la percepción al concepto pertenece a la constitución de la objetividad del objeto percibido. No se debe hablar de una intención de idealidad que reviste la percepción, a través de la cual el ser solitario del sujeto que se identifica en Mismo se dirige al mundo trascendente de las ideas. La generalidad del Objeto es correlativa de la generosidad del sujeto que va hacia el Otro más allá del disfrute egoísta y solitario y que hace así entonces estallar, en la propiedad exclusiva del disfrute, la comunidad de los bienes de este mundo.

Reconocer al otro es, pues, llegar a él a través del mundo de las cosas poseídas, pero, simultáneamente, instaurar, gracias al don, la comunidad y la universalidad. El lenguaje es universal porque es el paso mismo de lo individual a lo general: porque ofrece cosas mías al otro. Hablar es volver común el mundo, crear lugares comunes. El lenguaje no se refiere a la generalidad de los conceptos, sino que echa las bases de una posesión en común. Deja abolida la propiedad inalienable del disfrute. El mundo, en el discurso, ya no es lo que es en la separación –el en mi casa donde todo me está dado–: es lo que yo doy, lo comunicable, lo pensado, lo universal.

Así, pues, el discurso no es una confrontación patética de dos seres que se ausentan de las cosas y los Otros. El discurso no es el amor. La trascendencia del otro, que es su eminencia, su altura, su señorío, engloba en su sentido concreto su miseria, su exilio y su derecho de extranjero. Mirada del extranjero, la viuda y el huérfano, y que no puedo yo reconocer más que dando o negando, siendo libre de dar o negar, mas pasando necesariamente por la intermediación de las cosas. Las cosas no son, como en Heidegger, el fundamento del lugar, la quintaesencia de todas las relaciones que constituyen nuestra presencia sobre la tierra (y «bajo el cielo, en compañía de los hombres y en la espera de los dioses»). El hecho último y aquello en que las cosas sobrevienen no como lo que se edifica, sino como lo que se da, es la relación de Mismo con Otro, es mi acogida de Otro.

6. LO METAFÍSICO Y LO HUMANO

Relacionarse con lo absoluto como ateo es acoger lo absoluto depurado de la violencia de lo sagrado. En la dimensión de altura en que se presenta su santidad –o sea, su separación–, lo infinito no quema los ojos que lo miran. Habla; no tiene el formato mítico, que es imposible de afrontar y que mantendría al yo prendido en sus redes invisibles. No es numinoso: el yo que lo aborda no queda aniquilado con su contacto ni se ve trasportado fuera de sí, sino que permanece separado y conserva su reducto propio. Sólo un ser ateo puede referirse a Otro y *absolverse* ya de esta relación. La trascendencia se diferencia de la unión con lo trascendente por participación. La relación metafísica –la idea de infinito– vincula con un noúmeno que no es numen. Este noúmeno se diferencia del concepto de Dios que poseen los creyentes de las religiones positivas, que se encuentran malamente desprendidos de los lazos de la participación y que se ven a ellos mismos como hundidos inconscientemente en un mito. La idea de infinito, la relación metafísica, es el alba de una humanidad sin mitos. Pero la fe depurada de mitos, la fe monoteísta, supone ella misma el ateísmo metafísico. La revelación es discurso. Para acoger la revelación es preciso un ser apto para este papel de interlocutor, un ser separado. El ateísmo condiciona una relación verdadera con un verdadero Dios καθ'αὐτό. Pero esta relación es tan distinta de la objetivación como lo es de la participación. Oír la palabra divina no viene a ser conocer un objeto, sino estar en relación con una sustancia que desborda su idea en mí, que desborda lo que Descartes llama su «existencia objetiva». Simplemente conocida, tematizada, la sustancia ya no es «según ella misma». El discurso, en el que, a la vez, es extranjera y está presente, suspende la participación e instaura, más allá de un conocimiento de objeto, la experiencia pura de la relación social, en la que un ser no extrae su existencia de su contacto con otro.

Poner lo trascendente como extranjero y pobre es prohibir a la relación metafísica con Dios que se cumpla ignorando a los hombres y las cosas. La dimensión de lo divino se abre partiendo del rostro humano. Una relación con el Trascendente que esté, con todo, libre de toda presa del Trascendente, es una relación social. Ahí es donde el Trascendente, infinitamente Otro, nos solicita y apela a nosotros. La proximidad del Otro, la proximidad del prójimo, es en el ser un momento ineluctable de la revelación, de una presencia absoluta (o sea, desprendida de toda relación) que se expresa. Su epifanía misma consiste en solicitarnos por su miseria en el rostro del extranjero, de la viuda o del huérfano. El ateísmo del metafísico significa positivamente que nuestra relación con lo Metafísico es una conducta ética y no la teología, no una tematización, ni aunque sea conocimiento por analogía de los atributos de Dios. Dios se eleva a su suprema y última presencia como correlato de la justicia que se hace a los hombres. La inteligencia directa de Dios le es imposible a una mirada que se le dirija, no porque nuestra inteligencia sea limitada, sino porque la relación con lo infinito respeta la Trascendencia total de Otro sin quedar encantada por él, y porque nuestra posibilidad de acogerlo en el hombre va más lejos que la comprensión que tematiza y engloba su objeto. Más lejos, porque precisamente es así como va a Infinito. La inteligencia de Dios como participación en su vida sagrada –inteligencia presuntamente directa– es imposible porque la participación es un desmentido infligido a lo divino y porque no hay nada más directo que el cara a cara, que es lo derecho mismo. Dios invisible no significa tan sólo Dios inimaginable, sino Dios accesible en la justicia. La ética es la óptica espiritual. La relación sujeto-objeto no la refleja; en la relación impersonal que allí lleva, no se aborda al Dios invisible pero personal fuera de toda presencia humana. El ideal no es solamente un ser superlativamente ser, sublimación de lo objetivo o, en soledad amorosa, sublimación de un Tú. Es precisa la obra de la justicia –la rectitud del cara a cara– para que se produzca la brecha que lleva a Dios; y la «visión» coincide aquí con esta obra de justicia. Así, pues, la metafísica se juega donde se juega la relación social: en nuestras relaciones con los hombres. Separado de la relación con los hombres, no puede haber «conocimiento» alguno de Dios. El Otro es el lugar mismo de la verdad metafísica, y le es indispensable a mi relación con Dios. No desempeña en absoluto el papel de mediador. El Otro no es la encarnación de Dios, sino, precisamente por su rostro, en el que está desencarnado, es la manifestación de la altura en que Dios se revela. Son nuestras relaciones con los hombres, que describen un campo de investigaciones apenas entrevisto (en el que casi siempre se suele la gente atener a algunas categorías formales, cuyo contenido no sería más que «psicología»), las que dan a los conceptos teológicos la significación única que comportan éstos. El establecimiento de este primado de la ética, o sea, de la relación de hombre a hombre –significación, enseñanza y justicia–, primado de una estructura irreducible, sobre la que se apoyan todas las demás (y particularmente todas las que, de manera original, nos parece que nos ponen en contacto con algo sublime impersonal, estético u ontológico) es una de las metas de la presente obra.

La metafísica se juega en las relaciones éticas. Sin su significación sacada de la ética, los conceptos teológicos no pasan de ser marcos vacíos y formales. Es a las relaciones interhumanas a las que corresponde, en metafísica, el papel que Kant atribuía a la experiencia sensible en el dominio del entendimiento. Finalmente, es partiendo de las relaciones morales como toda afirmación metafísica toma un sentido «espiritual», se depura de todo lo que presta a nuestros conceptos la imaginación prisionera de las cosas y víctima de la participación. La relación ética se define, contra toda relación con lo sagrado, excluyendo todo significado que pueda tomar *sin que se dé cuenta de ello* el que la mantiene. Cuando mantengo una relación ética, me niego a reconocer el papel que interpretaría en un drama cuyo autor no sería yo o cuyo desenlace lo conocería otro antes que yo; me niego a figurar en un drama de la salvación o la condenación que se desarrollaría pese a mí y a mi pesar. Esto no equivale a un orgullo diabólico, porque de ninguna manera excluye la obediencia. Pero es que la obediencia, precisamente, es diferente de la participación involuntaria en misteriosos designios que se figuran o prefiguran. Todo lo que no puede retrotraerse a una relación interhumana representa no la forma superior sino la definitivamente primitiva de la religión.

7. El cara a cara, relación irreducible

Nuestros análisis están guiados por una estructura formal: la idea de Infinito en nosotros. Para tener la idea de Infinito, es preciso existir como separado. Esta separación no puede producirse como si solamente hiciera eco a la trascendencia de Infinito. De ser así, la separación estaría en una correlación que restauraría la totalidad y haría ilusoria la trascendencia. Ahora bien, la idea de Infinito es la trascendencia misma, el desbordamiento de una idea adecuada. Si la totalidad no puede constituirse, es porque Infinito no se deja integrar. No es la insuficiencia del Yo lo que impide la totalización, sino lo Infinito del Otro.

Un ser separado del Infinito se relaciona, sin embargo, con él en la metafísica. Se relaciona con él en una relación que no anula el infinito intervalo de la separación –que difiere en esto de todo otro intervalo. En la metafísica, un ser está en relación con algo que no podría él absorber; con algo que él no podría comprender, en el sentido etimológico de este término. La cara positiva de la estructura formal –tener la idea de Infinito– equivale concretamente al discurso, que se precisa como relación ética. Reservamos el término religión a la relación entre el ser de aquí abajo y el ser trascendente, que no va a parar a ninguna comunidad de concepto ni a ninguna totalidad: relación sin relación.

La imposibilidad, para el ser trascendente y el ser que de él está separado, de participar en el mismo concepto, esta descripción negativa de la trascendencia, es también aún de Descartes. En efecto, Descartes sostiene que es equívoco el sentido en que el término ser se aplica a Dios y a la criatura. A través de la teología de los atributos analógicos, en la Edad Media, esta tesis se remonta a la concepción de la unidad únicamente analógica del ser, en Aristóteles. En Platón está: en la trascendencia del Bien respecto del ser. Tendría que haber servido de fundamento a una filosofía pluralista, en la que la pluralidad del ser no se desvaneciera en la unidad del número ni se integrara en una totalidad. La totalidad y el abarcar o abrazar el ser (la ontología) no contienen el secreto último del ser. La religión, en la que subsiste la relación entre Mismo y Otro a pesar de la imposibilidad de Todo –la idea de Infinito–, es la estructura última.

Mismo y Otro no podrían entrar en un conocimiento que los abrazara o abarcara a ambos. Las relaciones que mantiene el ser separado con lo que lo trasciende no se producen sobre el trasfondo de la totalidad, no cristalizan en sistema. Pero ¿acaso no estamos nombrándolos juntos? La síntesis *formal* de la palabra que los nombra juntos forma ya parte de un discurso, o sea, de una coyuntura de trascendencia que rompe la totalidad. La coyuntura entre Mismo y Otro, en la que ya está su vecindad verbal, es la acogida, *de frente y de cara*, de Otro por mí. Una coyuntura irreducible a la totalidad, porque la posición *vis-à-vis* no es una modificación de la posición *al lado de...* Incluso si uno a mí al Otro con la conjunción «y», el Otro sigue afrontándome, dándome la cara; sigue revelándose en su rostro. La religión sub-tiende o sostiene esta totalidad formal. Y cuando enuncio, como en una visión última y absoluta, la separación y la trascendencia de las que en esta misma obra se habla, estas relaciones, que yo pretendo que son la trama del ser mismo, se establecen ya en el seno de mi discurso presente, dirigido a mis interlocutores. Inexorablemente, Otro me afronta de cara –hostil, amigo, maestro mío, alumno mío– a través de mi idea de Infinito. Es verdad que la reflexión puede tomar conciencia de este cara a cara, pero la posición *contra naturam* de la reflexión no es casualidad en la vida de la conciencia: implica una puesta en cuestión de sí, una actitud crítica que se produce ella misma de cara a Otro y bajo su autoridad. Luego lo mostraremos. El cara a cara permanece como situación última.

C. VERDAD Y JUSTICIA

1. La libertad puesta en cuestión

La metafísica o la trascendencia se reconoce en la obra del intelecto que aspira a la exterioridad, que es Deseo. Pero el Deseo de la exterioridad nos ha parecido que se movía no en el conocimiento objetivo sino en el Discurso; que, a su vez, se ha presentado como justicia, en la rectitud de la acogida que se hace al rostro. La vocación de verdad, a la que tradicionalmente responde el intelecto, ¿no queda desmentida por este análisis? ¿Cuál es la relación entre la justicia y la verdad?

La verdad, en efecto, no se separa de la inteligibilidad. Conocer no es simplemente constatar sino, siempre, comprender. También se dice que conocer es justificar, haciendo intervenir, en analogía con el orden moral, la noción de justicia. La justificación del hecho consiste en quitarle el carácter de hecho, de cumplido, de pasado, y, por tanto, de irrevocable, que, como tal, opone un obstáculo a nuestra espontaneidad. Pero decir que, como es obstáculo para nuestra espontaneidad, el hecho es injusto, es suponer que la espontaneidad no se pone en cuestión; que el ejercicio libre no está sometido a las normas sino que es la norma. Y sin embargo, la preocupación por la inteligibilidad se distingue profundamente de una actitud que engendra una acción que no toma en consideración el obstáculo. Por el contrario, significa cierto respeto por el objeto. Para que el obstáculo se vuelva un hecho que demanda justificación teórica o razón, ha sido preciso que la espontaneidad de la acción que lo supera se vea inhibida, o sea, puesta ella misma en cuestión. Entonces es cuando pasamos de una actividad que no toma nada en consideración a una *consideración* del hecho. La famosa suspensión del acto, que ha de hacer posible la teoría, tiene que ver con cierta reserva de la libertad, que no se entrega a su ímpetu, a su movimiento de buenas a primeras, y guarda las distancias. La teoría en la que surge la verdad es la actitud de un ser que desconfía de sí. El saber no se vuelve saber de un hecho más que si, a la vez, es crítico: si se pone en cuestión, si se remonta a más allá de su origen (movimiento *contra naturam*, que consiste en ir a buscar más arriba que el propio origen, y que atestigua o describe una libertad creada).

Esta crítica de sí puede comprenderse o bien como el descubrimiento de la propia debilidad, o bien como el descubrimiento de la propia indignidad; o sea, como conciencia de fracaso o como conciencia de culpabilidad. En este último caso, justificar la libertad no es demostrarla sino volverla justa.

Cabe distinguir en el pensamiento europeo el predominio de una tradición que subordina la indignidad al fracaso, la generosidad moral misma a las necesidades del pensamiento objetivo. La espontaneidad de la libertad no se pone en cuestión. Lo único trágico y escandaloso sería limitarla. La libertad no se pone en cuestión más que en la medida en que se encuentra, de algún modo, impuesta a ella misma: si hubiera podido escoger libremente mi existencia, todo estaría justificado. El fracaso de mi espontaneidad, que aún estaba desprovista de razón, despierta la razón y la teoría: habría habido un dolor que sería el padre de la sabiduría. Sólo del fracaso provendría la necesidad de poner freno a la violencia y de introducir orden en las relaciones humanas. La teoría política deriva la justicia del valor indiscutido de la espontaneidad, a propósito de la cual se trata de garantizarle, conociendo el mundo, su más completo ejercicio, poniendo de acuerdo mi libertad con la libertad de los demás.

Esta posición no admite sólo el valor indiscutible de la espontaneidad, sino también la posibilidad, para un ser razonable, de situarse en la totalidad. La crítica de la espontaneidad, engendrada por el fracaso que pone en cuestión el lugar central que ocupa el yo en el mundo, supone, pues, un poder de reflexión sobre el propio fracaso y sobre la totalidad; un desarraigo del yo, arrancado a sí mismo y viviendo en lo universal. No funda ni la teoría ni la verdad: las presupone. Parte del conocimiento del mundo; nace ya de un conocimiento, el del fracaso. La conciencia de fracaso es ya teorética.

En cambio, la crítica de la espontaneidad engendrada por la conciencia de la indignidad moral, precede a la verdad, precede a la consideración del todo, y no supone la sublimación del yo en lo universal. La conciencia de la indignidad no es, a su vez, una verdad; no es la consideración de un hecho. La conciencia primera de mi inmoralidad no es mi subordinación al hecho, sino al Otro, al Infinito. La idea de totalidad y la idea de infinito difieren precisamente en esto: la primera es puramente teorética; la otra es moral. La libertad que puede avergonzarse de sí misma funda la verdad (la verdad, pues, no se deduce de la verdad). El Otro no es inicialmente *hecho*, no es *obstáculo*, no me amenaza de muerte. Está deseado en mi vergüenza. Para descubrir la facticidad injustificada del poder y de la libertad, es preciso no considerarla como objeto, ni considerar al Otro como objeto; es preciso medirse por lo infinito, o sea, desearlo. Hay que tener la idea de infinito, la idea de lo perfecto, como diría Descartes, para conocer la propia imperfección. La idea de lo perfecto no es idea, sino deseo. Es la acogida del Otro, el comienzo de la conciencia moral, lo que pone en cuestión mi libertad. Este modo de medirse por la perfección de lo infinito no es, pues, una consideración teorética. Se cumple como vergüenza en la que la libertad se descubre asesina en su mismo ejercicio. Se cumple en la vergüenza en que la libertad, al mismo tiempo que se *descubre* en la conciencia de la vergüenza, se *esconde* en la vergüenza misma. La vergüenza no tiene la estructura de la conciencia y la claridad, sino que está orientada al revés. Su sujeto me es exterior. El discurso y el Deseo en el que el otro se presenta como interlocutor —como aquel sobre el que *yo no puedo poder*, al que no puedo matar–, condicionan esta vergüenza en la que, en tanto que yo, yo no soy inocente espontaneidad sino usurpador y asesino. En cambio, lo infinito, Otro en tanto que Otro, no es adecuado a una idea teórica –la de otro yo mismo–, ya por la sencilla razón de que provoca mi vergüenza y se presenta como dominándome. Su existencia justificada es el hecho primero, el sinónimo de su misma perfección. Y si el otro puede investirme e investir mi libertad, por sí arbitraria, es porque yo mismo puedo, a fin de cuentas, sentirme como el Otro del Otro. Pero tal cosa no se obtiene más que a través de estructuras complejísimas.

La conciencia moral acoge al otro. Es la revelación de una resistencia a mis poderes que no los hace fracasar, como si fuera una fuerza mayor, pero que pone en cuestión el derecho ingenuo de mis poderes, mi gloriosa espontaneidad de viviente. La moral empieza cuando la libertad, en vez de justificarse por sí misma, se siente arbitraria y violenta. La investigación de lo inteligible, pero también la manifestación de la esencia *crítica* del saber –que un ser remonte a más acá de su condición–, empiezan juntas.

2. LA INVESTIDURA DE LA LIBERTAD O LA CRÍTICA

La existencia no está en realidad condenada a la libertad sino *investida* como libertad. La libertad no está desnuda. Filosofar es remontar a más acá de la libertad: descubrir la investidura que libera a la libertad de lo arbitrario. El saber como crítica, como remontar a más acá que la libertad, no puede surgir más que en un ser que tiene su origen más acá de su origen: que está creado.

La crítica o la filosofía es la esencia del saber. Pero lo propio del saber no está en su posibilidad de ir hacia un objeto –movimiento este por el que se asemeja a los demás actos–. Su privilegio consiste en poder ponerse en cuestión, en penetrar hasta más acá de su propia condición. Se retira respecto del mundo, pero no porque lo tenga por objeto; puede tener el mundo como tema, puede hacer de él su objeto, porque su ejercicio consiste en tener en su mano, de alguna manera, la condición misma que lo sostiene y que sostiene incluso este mismo acto de tener en la mano.

¿Qué significan este tomar en mano, este penetrar hasta más acá de su condición, que empiezan por estar disimulados por el movimiento ingenuo que guía al conocimiento como acto hacia su objeto? ¿Qué significa este poner en cuestión? No se puede reducir a la repetición, a propósito del conocimiento en su conjunto, de las preguntas que se plantean respecto de la comprensión de las cosas a las que apunta el acto ingenuo de conocimiento. Conocer el conocimiento vendría entonces a ser elaborar cierta psicología que se alinearía entre el resto de las ciencias que tratan de objetos. La cuestión crítica, planteada en psicología o teoría del conocimiento, consistiría en preguntar, por ejemplo, de qué principio cierto deriva el conocimiento o cuál es su causa. El *regressus in infinitum* sería en tal caso, desde luego, inevitable, y a esta carrera estéril se reduciría el remontar a más acá de su condición, el poder de plantear el problema del fundamento. Identificar el problema del fundamento con cierto conocimiento objetivo del conocimiento es de antemano considerar que la libertad no puede fundarse más que en sí misma, cuando la libertad –la determinación de Otro por Mismo– es el movimiento mismo de la representación y de su evidencia. Identificar el problema del fundamento con el conocimiento del conocimiento es olvidar lo arbitrario de la libertad que precisamente se trata de fundar. El saber cuya esencia es crítica no se puede reducir a conocimiento objetivo. Lleva hacia el Otro. Acoger al Otro es poner mi libertad en cuestión.

Pero la esencia crítica del saber nos lleva también más allá del conocimiento del *cogito* –que podemos querer diferenciar del conocimiento objetivo–. La evidencia del *cogito*, en que el conocimiento y lo conocido coinciden sin que el conocimiento haya tenido que intervenir –en que, por tanto, el conocimiento no comporta ningún compromiso anterior a su compromiso presente; en que el conocimiento está, en todo momento, en su comienzo; en que el conocimiento no está en *situación* (lo que, por otro lado, es propio de toda *evidencia*, que es pura experiencia de lo presente sin condición ni pasado)–, no puede satisfacer la exigencia crítica, porque el comienzo del *cogito* le es anterior. Es verdad que éste marca el comienzo porque es el despertar de una existencia que se apodera de su propia condición; pero este despertar viene del Otro. Antes del *cogito*, la existencia se sueña a sí misma, como si permaneciera extraña a sí. Se despierta porque sospecha que se está soñando. La duda le hace buscar la certeza. Pero esta sospecha, esta conciencia de duda, supone la idea de lo Perfecto. El saber del *cogito* remite, así, a una relación con el Maestro: a la idea de lo infinito o lo Perfecto. La idea de Infinito no es ni la inmanencia del *yo pienso*, ni la trascendencia del objeto. El *cogito* se apoya en Descartes sobre Otro que es Dios y que ha puesto en el alma la idea de infinito; que se la había enseñado, sin suscitar sencillamente, como hace el maestro platónico, la reminiscencia de antiguas visiones.

El saber como acto que conmueve su condición misma se desarrolla justo así, por encima de todo acto. Y si remontar, partiendo de una condición, a más acá de esta condición describe el estatuto de la criatura, en quien se aúnan la incertidumbre de la libertad y su recurso a la justificación; si el saber es una actividad de criatura, esta conmoción de la condición y esta justificación vienen del Otro. El Otro es lo único que escapa a la tematización. La tematización no puede servir para fundar la tematización, porque ya la supone fundada; es el ejercicio de una libertad segura de sí misma en su espontaneidad ingenua. En cambio, la presencia del Otro no equivale a su tematización y, por tanto, no requiere esta espontaneidad ingenua y segura de sí. La acogida del otro es *ipso facto* la conciencia de mi injusticia: la vergüenza de sí misma que experimenta la libertad. Si la filosofía consiste en saber de modo crítico, o sea, en buscar un fundamento a la propia libertad, en justificarla, comienza con la conciencia moral, en la que Otro se presenta como el Otro y en la que se invierte el movimiento de la tematización. Esta inversión no viene a ser «conocerse» como tema al que el otro apunta, sino que consiste en someterse a una exigencia, a una moralidad. El Otro me mide con una mirada que no es comparable a aquella con la que yo lo descubro. La dimensión de *altura* en que se sitúa el Otro es como la primera curvatura del ser –en ello está el privilegio del Otro–, el desnivel de la trascendencia. El Otro es metafísico. El Otro no es trascendente, porque entonces sería libre, como yo. Su libertad, por el contrario, es una superioridad que viene de su trascendencia misma. ¿En qué consiste esta inversión de la crítica? El sujeto es «para sí»: se representa y conoce mientras es; pero al conocerse o representarse, se posee, se domina, extiende su identidad incluso a lo que viene en él a refutar esta identidad. Este imperialismo de Mismo es la esencia toda de la libertad. El «para sí», como modo de la existencia, indica un atenimiento a sí tan radical como un deseo ingenuo de vivir. Pero si la libertad me sitúa descaradamente cara al no-yo en mí y fuera de mí, si consiste en negarlo o poseerlo, en cambio, ante el Otro, retrocede. La relación con el Otro no se trasmuta, como sí lo hace el conocimiento, en disfrute y posesión, en libertad. El Otro se impone como una exigencia que domina esta libertad y que, por ello mismo, es más originaria que todo lo que pasa en mí. El Otro, cuya presencia excepcional queda inscrita en la imposibilidad ética en que me veo de matarlo, señala el fin de los poderes. Si ya no puedo poder sobre él, es porque desborda absolutamente toda *idea* que puedo tener de él.

Es verdad que el yo, para justificarse, puede introducirse por otro camino: puede intentar captarse dentro de una totalidad. Ésta nos parece que es la justificación de la libertad a la que aspira la filosofía que, desde Espinosa a Hegel, identifica voluntad y razón; que, contra Descartes, quita a la verdad su carácter de obra libre para colocarla allí donde la oposición del yo y el no-yo se desvanece en el seno de una razón impersonal. La libertad no se encuentra man-tenida, pero se retrotrae a ser un reflejo de un orden universal que se sostiene y justifica solo, como el Dios del argumento ontológico. Este privilegio del orden universal (sostenerse y justificarse), que lo sitúa más allá de la obra, aún subjetiva, de la voluntad cartesiana, constituye la dignidad divina de este orden. El saber sería entonces la vía por la que la libertad denunciaría su propia contingencia y por la que se disiparía en la totalidad. Esta vía en realidad disimula el antiguo triunfo de Mismo sobre Otro. Si la libertad deja así de mantenerse en lo arbitrario de la certeza solitaria de la evidencia, y si el solitario se une a la realidad impersonal de lo divino, el yo desaparece en esta sublimación. Para la tradición filosófica de Occidente, toda relación entre Mismo y Otro, cuando ya no es la afirmación de la supremacía de Mismo, consiste en una relación impersonal dentro de un orden universal. La filosofía misma se identifica con la sustitución de las personas por las ideas, del interlocutor por el tema, de la exterioridad de la interpelación por la interioridad de la relación lógica. Los entes se reducen a lo Neutro de la idea, del ser, del concepto. Ha sido para escapar a lo arbitrario de la libertad, a su desaparición en lo Neutro, por lo que hemos abordado al yo como ateo y creado –libre, pero capaz de remontar a más acá de su condición–, ante el Otro, que no se entrega a la «tematización» o a la «conceptualización» del Otro. Querer escapar a la disolución en lo Neutro, plantear el saber como acogida del Otro, no es una piadosa tentativa por mantener el espiritualismo de un Dios personal, sino la condición del lenguaje –sin la cual el discurso filosófico mismo no es sino un acto fallido y el pretexto para un psicoanálisis o una filología o una sociología ininterrumpidos, en los que la apariencia del discurso se disipa en el Todo. Hablar supone una posibilidad de romper y empezar.

Plantear el saber como *el existir* mismo de la criatura, como remontar, más allá de la condición, hacia Otro que funda, es separarse de toda una tradición filosófica que buscaba en sí el fundamento de sí, al margen de las opiniones heterónomas. Nosotros pensamos que la existencia *para sí* no es el sentido último del saber, sino el volver a poner en cuestión al yo: el regreso hacia lo antes de mí, en presencia del Otro. La presencia del Otro –heteronomía privilegiada– no choca contra la libertad sino que es la investidura de ésta. La vergüenza de sí, la presencia y el deseo de Otro, no son la negación del saber: el saber es su articulación misma. La esencia de la razón no consiste en garantizar al hombre un fundamento y unos poderes, sino en ponerlo en cuestión e invitarlo a la justicia.

Así, pues, la metafísica no consiste en inclinarse sobre el «para sí» de mí para buscar ahí el terreno sólido del acceso absoluto al ser. Su paso final no se da en el «conócete a ti mismo». Pero no porque el «para sí» sea limitado o tenga mala fe, sino porque, por sí mismo, no es más que libertad, o sea, algo arbitrario e injustificado y, en este sentido, odioso: es yo, egoísmo. El ateísmo del *yo* señala, ciertamente, la ruptura de la participación y, por tanto, la posibilidad de buscarse justificación, o sea, dependencia respecto de una exterioridad, sin que esta dependencia absorba al ser dependiente, que quedaría retenido en sus redes invisibles. Es decir, dependencia que, *a la vez*, mantiene la independencia. Tal es la relación cara a cara. En la búsqueda de la verdad –obra eminentemente individual, que siempre quedaba referida, como vio Descartes, a la libertad del individuo–, el ateísmo se afirmaba como ateísmo. Pero su poder crítico lo trae a más acá de su libertad. La unión de la libertad espontánea, que va toda derecha a su obra, y de la crítica, en la que la libertad es capaz de ponerse en tela de juicio y, por ello, de precederse, se llama criatura. La maravilla de la creación no consiste sólo en ser creación *ex nihilo*, sino en ir a parar a un ser capaz de recibir una revelación: de aprender que es creado y de ponerse en cuestión. El milagro de la creación consiste en crear un ser moral. Lo que precisamente supone el ateísmo, pero, a la vez, más allá del ateísmo, la vergüenza ante lo arbitrario de la libertad que lo constituye.

Nos oponemos, pues, también radicalmente a Heidegger, que subordina a la ontología la relación con el Otro (y, por otra parte, la fija, como si a ello se pudiera reducir la relación con el interlocutor y con el Maestro), en vez de ver en la justicia y la injusticia un acceso original al Otro, más allá de toda ontología. La existencia del Otro nos concierne dentro de la colectividad, no por su participación en el ser que nos es familiar a todos ya; no por su poder y su libertad –que tuviéramos que subyugar y utilizar en nuestro provecho–; no por la diferencia de sus atributos –que tendríamos que superar en el proceso del conocimiento o en un impulso de simpatía que nos llevara a confundirnos con él, como si su existencia fuera una molestia. El Otro no nos afecta como ese al que hay que superar, englobar, dominar; sino en tanto que otro, independiente de nosotros: por detrás de toda relación que podamos mantener con él, resurgiendo como absoluto. Es esta manera de acoger a un ente absoluto lo que descubrimos en la justicia y la injusticia y lo que lleva a cabo el discurso –esencialmente, enseñanza. Acogida del otro –el término expresa una simultaneidad de actividad y pasividad– que sitúa la relación con otro fuera de las dicotomías que rigen para las cosas: lo *a priori* y lo *a posteriori*, la actividad y la pasividad.

Pero también queremos mostrar cómo, partiendo del saber identificado con la tematización, la verdad de este saber devuelve a la relación con el otro, o sea, a la justicia. Pues el sentido de cuanto estamos diciendo consiste en impugnar la convicción, imposible de desarraigar, de toda filosofía: que el conocimiento objetivo es la última relación de la trascendencia; que el Otro –aunque pueda ser diferente de las cosas– debe ser conocido objetivamente, aun cuando su libertad tenga que decepcionar a esta nostalgia de conocimiento. El sentido de cuanto decimos es afirmar no que el otro escapa para siempre al saber, sino que no tiene sentido ninguno hablar aquí de conocimiento o de ignorancia, ya que la justicia –la trascendencia por excelencia y la condición del saber– no es de ninguna manera, como se ha querido, una noesis correlativa de un noema.

3. LA VERDAD SUPONE LA JUSTICIA

La libertad espontánea del yo que no se preocupa por justificarse es una eventualidad inscrita en la esencia del ser separado: de un ser *que ya no participa* y, en esta medida, que saca de sí mismo su existencia; de un ser que viene de una dimensión de interioridad; de un ser según el destino de Giges, que ve a los que lo miran sin verlo y que sabe que no lo ven.

Pero ¿acaso la posición de Giges no comporta la impunidad de un ser solo en el mundo, o sea, de un ser para quien el mundo es un espectáculo? ¿Y no es esto la condición misma de la libertad solitaria y, por ello, no objetada e impune, la condición misma de la certeza?

Este mundo silencioso –o sea, puro espectáculo–, ¿es que no es accesible al conocimiento verdadero? ¿Quién puede castigar el ejercicio de la libertad del saber? O, más exactamente, ¿cómo puede ponerse en cuestión la espontaneidad de la libertad que se manifiesta en la certeza? ¿No es la verdad correlativa de una libertad que está más acá de la justicia, ya que es la libertad de un ser solo?

a) *La anarquía del espectáculo: el genio maligno*

Pero un mundo absolutamente silencioso que no nos venga partiendo de la palabra, aunque sea ésta mentirosa, sería anárquico, sin principio, sin comienzo. El pensamiento no tropezaría con nada sustancial. Al primer contacto, el *fenómeno* se degradaría en *apariencia* y, en este sentido, se mantendría en lo equívoco, en la sospecha de un genio maligno. El genio maligno no se manifiesta para *decir* su mentira: se mantiene, como posible, detrás de las cosas que parecen enteramente estarse manifestando sin más. La posibilidad de que caigan al nivel de imágenes o velos codetermina su aparición como puro espectáculo y anuncia el reducto al que se acoge el genio maligno. De aquí la posibilidad de la duda universal, que no es una aventura personal que le haya ocurrido a Descartes. Esta posibilidad es constitutiva de la *aparición* como tal, ya se produzca en la experiencia sensible o en la evidencia matemática. Husserl, que, sin embargo, admitía la posibilidad de la auto-presentación de las cosas, volvía a hallar este equívoco en el inacabamiento *esencial* de esta auto-presentación y en el siempre posible estallido de la «síntesis» que abarca la película de sus «aspectos».

Esta equivocidad no consiste en la confusión de dos nociones, dos sustancias o dos propiedades. No es de esas confusiones que se producen en el seno de un mundo que ya ha aparecido. Tampoco es la confusión del ser y la nada. Lo que aparece no se degrada en nada. Pero la apariencia, que no es nada, tampoco es un ser, ni siquiera interior; en efecto, no es, en modo alguno, *en sí*. Procede como de una intención burlona. Es como si tomara el pelo a ese al que hace un momento se le presentaba lo real, cuya apariencia brillaba como la misma *piel* del ser, porque lo *original* o último está ya abandonando la piel misma en que brillaba en su desnudez, como si fuera algo que lo envolvía anunciándolo, disimulándolo, imitándolo o deformándolo. La duda, que procede de esta equivocidad siempre renovada que constituye la aparición misma del fenómeno, no pone en tela de juicio la agudeza de la mirada, como si ésta estuviera confundiendo malamente seres muy distintos que estuvieran situados en un mundo plenamente unívoco. La duda tampoco pone en tela de juicio la constancia de formas de este mundo, que estarían de hecho sostenidas por un devenir incesante. Concierne a la sinceridad de lo que aparece: como si en esta aparición silenciosa e indecisa mintiera un embuste; como si el peligro de error proviniera de un engaño; como si el silencio no fuera más que la modalidad de una palabra.

El mundo silencioso es un mundo que nos viene del otro, así sea éste el genio maligno. Su equivocidad se insinúa en una burla. El silencio no es, pues, simple ausencia de palabra: la palabra está en el fondo del silencio como una risa pérfidamente contenida. Es el revés del lenguaje: el interlocutor ha dado una señal pero se ha hurtado a toda interpretación, y queda el silencio que asusta. La palabra consiste para el otro en auxiliar al signo que se ha emitido, en dar asistencia a la propia manifestación por signos, en remediar la equivocidad gracias a este dar asistencia.

El embuste del genio maligno no es una palabra opuesta a la palabra verídica. Está en el intervalo entre lo ilusorio y lo serio: en ese espacio en el que respira un sujeto que duda. El embuste del genio maligno está más allá de toda mentira. En la mentira vulgar, es verdad que el que habla disimula, pero con la palabra de disimulo no se evade de la palabra y, por tanto, puede ser refutado. El revés del lenguaje es como una risa que procura destruir el lenguaje; una risa que repercute sin fin y en la que la mistificación se mete dentro de otra mistificación, sin encontrar jamás descanso en una palabra real, sin empezar jamás. El espectáculo del mundo silencioso de los hechos está encantado: todo fenómeno enmascara, mistifica infinitamente y hace imposible la actualidad. Una situación que crean esos seres llenos de sarcasmo y que se comunican mediante un laberinto de sobreentendidos, que hacen aparecer Shakespeare y Goethe en las escenas de brujas, donde se habla antilenguaje y responder sería cubrirse de ridículo.

b) *La expresión es el principio*

La ambivalencia de la aparición queda superada por la Expresión: presentación del otro a mí, acontecimiento original de la significación. Comprender una significación no es ir de un término de la relación al otro, ni darse cuenta, en el seno de lo dado, de ciertas relaciones. Recibir lo dado es ya recibirlo como enseñado, como expresión del Otro. No es que haya que suponer míticamente un dios que dé señal de sí mediante su mundo: el mundo se vuelve nuestro tema, o sea, nuestro objeto, como propuesto a nosotros: viene de una enseñanza original, en el seno de la cual se instala –porque la exige– el propio trabajo científico. El mundo está ofrecido en el lenguaje del otro: lo traen proposiciones. El otro es el principio del fenómeno. El fenómeno no se deduce de él; no es que se lo encuentre remontando desde el signo, que sería la cosa, hacia el interlocutor que da ese signo, en un movimiento análogo al paso que lleva de la apariencia hacia las cosas en sí. Y es que la deducción es una manera de pensar que se aplica a objetos ya dados. No cabría deducir al interlocutor, ya que la relación entre él y yo está presupuesta por todas las pruebas. Está presupuesta por todo simbolismo, no sólo porque hay que ponerse de acuerdo sobre él y establecer sus convenciones, que no pueden instituirse arbitrariamente, según Platón en *Crátilo*. Esa relación es ya necesaria para que un dato aparezca como signo, como signo que señala a un hablante, sea cual sea el significado de tal signo, y aunque no haya modo de descifrarlo jamás. Es preciso que lo dado, el dato, funcione como signo, sencillamente para que se dé. El que se señala mediante un signo como significando ese signo, no es algo significado por el signo, sino que expide el signo y lo da. El dato remite al donante, pero esta remisión no es la causalidad, como no es tampoco la relación entre el signo y su significación. Lo explicitaremos en seguida con más detalle.

c) *El «cogito» y el Otro*

El *cogito* no proporciona su comienzo a esta iteración del sueño. Hay en el *cogito* cartesiano, certeza primera (pero que descansa ya, para Descartes, en la existencia de Dios), un pararse arbitrario que no se justifica por sí mismo. La duda respecto de los objetos implica la evidencia del ejercicio mismo de la duda. Negar este ejercicio sería seguir afirmándolo. En realidad, en el *cogito*, el sujeto pensante que niega sus evidencias va a parar a la evidencia de esta obra de negación, sólo que a un nivel diferente de aquel en que él ha estado negando. Pero, sobre todo, va a parar a la afirmación de una evidencia que no es en absoluto afirmación última o inicial, porque, a su vez, puede también ser puesta en duda. Es en un nivel aún más profundo en el que, por tanto, se afirma la verdad de la segunda negación; pero, de nuevo, como no escapando a la negación. No es pura y simplemente un trabajo de Sísifo, ya que no es la misma la distancia que se recorre cada vez. Es un movimiento de descenso hacia un abismo siempre más hondo y que en otro lugar llamamos *Hay*, más allá de la afirmación y la negación. Es en razón de esta operación de descenso vertiginoso hacia el abismo, en razón de este cambio de nivel, por lo que el *cogito* cartesiano no es un razonamiento en el sentido corriente del término, ni una intuición. Descartes se lanza a una obra de negación infinita que, desde luego, es la obra del sujeto ateo que ha roto con la participación y que, a pesar de la sensibilidad, tan apta para consentir, queda incapaz de afirmación y en un movimiento hacia el abismo que arrastra vertiginosamente al sujeto, incapaz de detenerse.

El yo, en la negatividad que se manifiesta mediante la duda, rompe la participación pero no encuentra en el mero *cogito* dónde detenerse. No soy yo, es Otro quien puede decir *sí*. De él viene la afirmación. Él está en el comienzo de la experiencia. Descartes busca una certeza y se detiene ya en el primer cambio de nivel de este vertiginoso descenso. Y es porque, en realidad, posee la idea de infinito y puede de antemano medir cómo volverá la afirmación tras la negación. Pero poseer la idea de infinito es ya haber acogido al Otro.

d) *Objetividad y lenguaje*

Así, el mundo silencioso sería an-árquico. El saber no podría empezar en él. Pero ya como an-árquico –en el límite del sinsentido–, su presencia a la conciencia está en su espera de la palabra que no llega. Aparece, pues, en el seno de una relación con el Otro, como signo expedido por el Otro, aunque disimule éste su rostro, o sea, aunque eluda el auxilio que tendría que prestar a los signos que manda y que, por tanto, los manda equívocamente. Un mundo absolutamente silencioso, indiferente a la palabra que se calla, silencioso con un silencio que no deja adivinar tras las apariencias a nadie que dé señal de este mundo y que dé señal de sí al darla de este mundo (aunque fuera para mentir mediante las apariencias, como un genio maligno), un mundo silencioso hasta tal punto no podría ni ofrecerse en espectáculo.

No se contempla, en efecto, un espectáculo más que en la medida en que tiene sentido. Lo que tiene sentido no es posterior a lo «visto», a lo «sensible», como si éstos fueran por sí mismos insignificantes y los amasara nuestro pensamiento o los modificara de cierta manera, según categorías *a priori*.

Como se ha comprendido que hay un vínculo indisoluble que une la aparición a la significación, se ha intentado hacer a la aparición posterior a la significación situándola en el seno de la finalidad de nuestra conducta práctica. Lo que únicamente aparece, la «pura objetividad», lo «nada más que objetivo», no sería sino un residuo de esta finalidad práctica, a la que tomaría prestado su sentido. De aquí la prioridad del cuidado respecto de la contemplación y el arraigo del conocimiento en una comprensión que accede a la «mundanidad» del mundo y que abre el horizonte para la aparición del objeto.

La objetividad del objeto queda de este modo subestimada. La vieja tesis que pone la representación en la base de toda conducta práctica –tachada de intelectualismo– queda desacreditada demasiado rápidamente. La mirada más penetrante no sería capaz de descubrir en la cosa su función de utensilio. ¿Basta la simple suspensión del acto para percibir el útil como cosa?

Por otro lado, ¿es la significación práctica el dominio original del sentido? ¿No supone la presencia de un pensamiento al que aparece y a cuyos ojos adquiere ese sentido? ¿Se basta, por su propio proceso, para hacer que surja este pensamiento?

En calidad de práctica, la significación remite, a fin de cuentas, al ser que existe para esta existencia misma. De este modo, se la toma prestada a un término que es fin de sí mismo, de manera que quien comprende la significación es indispensable para la serie en que las cosas adquieren sentido, como final de esta serie. La remisión que la significación implica acabaría allí donde esta remisión se hace de sí a sí mismo: en el disfrute. El proceso del que los seres tomarían prestado su sentido no sería sólo finito de hecho, sino que, en tanto que finalidad, consistiría *por esencia* en ir a un término, en acabar. Ahora bien, el punto de llegada es aquel en que precisamente se pierde toda significación. El disfrute –satisfacción y egoísmo del yo– es un punto de llegada respecto del cual los seres toman o pierden su significación de medios, según se sitúen en la vía que lleva a él o se alejen de ella; pero los medios mismos pierden su significación en el punto de llegada. El fin es inconsciente una vez que se lo alcanza. ¿Con qué derecho iluminaría de significación las cosas la inocencia de la satisfacción inconsciente, cuando ella misma es adormecimiento?

De hecho, la significación siempre se ha captado en el nivel de la relación. La relación no aparecía como contenido inteligible fijado intuitivamente. Permanecía siendo significante gracias al sistema de relaciones en que ella misma entraba. De esta manera, la inteligencia de lo inteligible aparece, a través de toda la filosofía occidental, desde la última filosofía de Platón, como movimiento y nunca como intuición. Es Husserl quien trasforma las relaciones en correlatos de una mirada que las fija y las toma como contenidos. Él aporta la idea de una significación y una inteligibilidad intrínseca del contenido como tal, la idea de la luminosidad de un contenido (en la claridad más aún que en la distinción, que es relatividad, ya que separa al objeto de otra cosa que él). Pero no es seguro que esta autopresentación en la luz pueda tener sentido por sí misma. Y el final de todo este realismo del sentido es el idealismo, la *Sinngebung* [donación de sentido] por el sujeto.

De hecho, la significación no se mantiene más que en la ruptura de la unidad última del ser satisfecho. Las cosas empiezan a tomar significación en el cuidado del ser que aún está «de camino»; de modo que de esta ruptura se saca la conciencia misma. Lo inteligible tendría que ver con la insatisfacción, con la indigencia provisional del ser, con su residir más acá de su cumplimiento. Pero ¿por qué milagro, si el punto de llegada es el ser acabado, si el acto es más que la potencia?

¿No hay, más bien, que pensar que la puesta en cuestión, que es tomar conciencia de la satisfacción, no proviene de su fracaso sino de un acontecimiento para el que el proceso de la finalidad no sirve de prototipo? La conciencia que echa a perder la felicidad, sobrepasa la felicidad y no nos vuelve a llevar a los caminos que conducen a ella. La conciencia que echa a perder la felicidad y presta significación a la felicidad y a la finalidad y al encadenamiento finalista de los utensilios y sus usuarios, no procede de la finalidad. La objetividad en que el ser se propone a la conciencia no es un residuo de la finalidad.

Los objetos no son objetos cuando se ofrecen a la mano que se sirve de ellos, a la boca o la nariz, a los ojos y los oídos que los disfrutan. La objetividad no es lo queda de un utensilio o de un alimento separados del mundo en que su ser se juega. La objetividad se *pone* en un discurso, en un *entre-tener* que *pro-pone* el mundo. Esta *proposición* se sostiene entre dos puntos que no constituyen sistema, cosmos, totalidad.

La objetividad del objeto y su significación vienen del lenguaje. Esta manera, para el objeto, de estar puesto como tema que se ofrece, envuelve el hecho de significar; no el hecho de remitir al pensador que lo fija en lo que está significado (y que forma parte del mismo sistema), sino el hecho de manifestar a quien significa, al emisor del signo: una alteridad absoluta que, sin embargo, le habla y, por ello mismo, tematiza, o sea, propone un mundo. El mundo, precisamente como propuesto, como expresión, tiene sentido; pero, por esto mismo, nunca está originariamente. Para una significación, darse *leibhaft* [corporalmente], agotar su ser en una aparición exhaustiva, es un absurdo. Pero la no-originariedad de lo que tiene sentido no es un ser menor, un remitir a una realidad que él imita, repercute o simboliza. Lo que tiene sentido remite a alguien que significa. El signo no significa a quien significa como significa lo significado. Lo significado no es nunca presencia completa: no viene con franqueza derecha, porque siempre es signo a su vez. Quien significa, quien emite el signo, está *de cara*, a pesar de la intermediación del signo, sin proponerse como tema. Desde luego, puede hablar de sí; pero entonces se anunciaría a sí mismo como significado y, por tanto, como signo a su vez. El Otro, quien significa, se manifiesta en la palabra hablando del mundo y no de sí: se manifiesta proponiendo el mundo, *tematizándolo*.

La tematización manifiesta al Otro porque la proposición que pone y ofrece el mundo no flota en el aire, sino que promete respuesta al que recibe esta proposición y se dirige al Otro, ya que recibe, en su proposición, la posibilidad de preguntar. La pregunta no se explica tan sólo por el asombro, sino por la presencia de aquel a quien se dirige. La proposición está en el campo que se tiende entre las preguntas y las respuestas. La proposición es un signo que ya se interpreta, que aporta su propia clave. Esta presencia de la clave que interpreta en el signo que hay que interpretar, es justamente la presencia de Otro en la proposición: la presencia de quien puede prestar auxilio a su discurso; el carácter de enseñanza que tiene toda palabra. El discurso oral es la plenitud del discurso.

La significación o la inteligibilidad no tiene que ver con la identidad de Mismo que permanece en sí, sino con el rostro de Otro, que llama en ella a Mismo. La significación no surge porque Mismo tiene necesidades, porque le falta algo y todo lo que es susceptible de llenar esa carencia toma por ello sentido. La significación está en el plus absoluto de Otro respecto de Mismo que lo desea: que desea lo que no le falta; que acoge a Otro a través de los temas que, sin ausentarse de los signos así dados, Otro le propone o recibe de él. La significación tiene que ver con Otro que dice o escucha el mundo, que precisamente tematizan su lenguaje o su entendimiento. La significación parte del verbo en que el mundo está a la vez tematizado e interpretado; en que quien significa nunca se separa del signo que emite, sino que está siempre recuperándolo al mismo tiempo que lo expone. Porque este auxilio que siempre se da a la palabra que pone las cosas es toda la esencia del lenguaje.

La significación de los seres se manifiesta no en la perspectiva de la finalidad, sino en la del lenguaje. Una relación entre términos que se resisten a la totalización, que se ab-suelven de la relación o que la precisan, sólo es posible como lenguaje. La resistencia de un término frente a otro no tiene aquí que ver con el residuo oscuro y hostil de la alteridad, sino, al contrario, con el plus inagotable de atención que la palabra, siempre enseñanza, me dedica. En efecto, la palabra es siempre un retomar lo que fue simple signo arrojado por ella; promesa siempre renovada de iluminar lo que fue oscuro en la palabra.

Tener sentido es situarse en relación a algo absoluto, o sea, venir de esta alteridad que no se absorbe en su percepción. Tal alteridad no es posible más que como abundancia milagrosa, plus inagotable de atención que surge en el esfuerzo, siempre recomenzado, del lenguaje, con vistas a iluminar su propia manifestación. Tener sentido es enseñar o ser enseñado, hablar o poder ser dicho.

En la perspectiva de la finalidad y el disfrute, la significación no aparece más que en el trabajo que supone el disfrute que se ve impedido. Pero el disfrute obstaculizado no engendraría por sí mismo significación alguna, sino sólo sufrimiento, si no se realizara en un mundo de objetos, o sea, en un mundo en el que ya ha resonado la palabra.

La función de origen no es la que corresponde a un *fin* que, en cierto sistema de referencias, se refiera a sí (como sucede con el para sí de la conciencia). Comienzo y fin no son conceptos últimos en el mismo sentido. El «para sí» se cierra sobre sí y, satisfecho, pierde toda significación. A quien lo aborda le aparece tan enigmático como toda otra aparición. Es origen lo que aporta la clave de su enigma; lo que aporta su palabra. Tiene el lenguaje de excepcional que asiste a su manifestación. La palabra consiste en explicarse a propósito de la palabra. Es enseñanza. La aparición es una forma fija de la que se ha retirado ya alguien; en cambio, en el lenguaje se cumple el afluir ininterrumpido de una presencia que desgarra el velo inevitable de su propia aparición, plástica como toda aparición. La aparición revela y oculta; la palabra consiste en superar, con total franqueza, siempre renovada, el disimulo inevitable de toda aparición. Por ello mismo se da sentido, orientación, a todo fenómeno.

El comienzo del saber mismo no es posible más que si se rompe el encantamiento y el equívoco permanente de un mundo en el que toda aparición es disimulo posible, en el que el comienzo falta. La palabra introduce un principio en esta anarquía. La palabra libera del encantamiento porque en ella el ser que habla garantiza su aparición y se presta auxilio, asiste a su propia manifestación. Su ser se efectúa en esta *asistencia*. La palabra que ya apunta en el rostro que me ve mirar introduce la franqueza primera de la revelación. El mundo se orienta con respecto a ella, o sea, cobra significación. Comienza respecto a la palabra, lo cual no equivale a la fórmula: el mundo va a parar a ella. Está *dicho*, es *dicho*, y, por tanto, puede ser tema, puede estar propuesto. La entrada de los seres en una proposición constituye el acontecimiento original de su *cobrar significación*, partiendo del cual se erigirá hasta la posibilidad de su expresión algorítmica. La palabra es, pues, el origen de toda significación (de todos los utensilios y obras humanas), pues por ella el sistema de remisiones en que consiste toda significación recibe el principio de su mismo funcionamiento: recibe su clave. No es el lenguaje lo que sería una modalidad del simbolismo, sino que todo simbolismo se refiere ya al lenguaje.

e) *Lenguaje y atención*

La palabra –asistencia del ser a su presencia– es enseñanza. La enseñanza no trasmite simplemente un contenido abstracto y general, ya común a mí y al Otro. No asume sólo una función que, después de todo, es nada más que subsidiaria: hacer parir a un espíritu que ya lleva su fruto. La palabra es lo único que instaura la comunidad *dando*, presentando el fenómeno como dado, y da tematizando. Lo dado, el dato, es el hecho de una frase. En la frase, la aparición pierde su fenomenalidad fijándose como tema; contra el mundo silencioso, contra la ambigüedad infinitamente amplificada (agua estancada, agua muerta de la mistificación que pasa por ser misterio), la proposición refiere el fenómeno al ente, a la exterioridad, a lo Infinito de Otro al que mi pensamiento no contiene. Define. La definición –la que sitúa el objeto en su género– supone la definición que consiste en sacar al fenómeno amorfo de su confusión para orientarlo partiendo de lo Absoluto, su origen: para tematizarlo. Toda definición lógica *per genesim* o *per genus et differentiam specificam*, supone ya esta tematización, esta entrada en un mundo en el que resuenan las frases.

La objetivación misma de la verdad remite al lenguaje. Lo infinito sobre lo que se recorta toda definición no se define, no se ofrece a la mirada, pero se señala: no como tema sino como tematizador, como aquel a partir de *quien* toda cosa puede fijarse idénticamente. Pero señala también asistiendo a la obra que lo señala. No sólo se señala sino que habla, es rostro.

La enseñanza como final del equívoco o de la confusión es una tematización del fenómeno. Es gracias a que el fenómeno me ha sido enseñado por quien se presenta en sí mismo (retomando los actos de esta tematización que son los signos: hablando) por lo que en adelante no soy ya el juguete de una mistificación sino que considero objetos. La presencia del otro rompe el encantamiento anárquico de los hechos: el mundo se vuelve objeto. Ser objeto, ser tema, es ser algo de lo que puedo hablar con alguien que ha atravesado la pantalla del fenómeno y me ha asociado a sí. Una asociación cuya estructura describiremos luego: una estructura que, como hemos dejado que se prevea, sólo puede ser moral; de modo que la verdad se funda sobre mi relación con Otro o la justicia. Poner la palabra en el origen de la verdad es abandonar como obra primera de la verdad el des-velamiento –que supone la soledad de la visión.

La tematización como obra del lenguaje, como una *acción* ejercida por el Maestro sobre mí, no es una información misteriosa sino la llamada dirigida a mi atención. La atención y el pensamiento explícito que ella hace posible son la conciencia misma y no cierto afinarse la conciencia. Pero la atención eminentemente soberana en mí es lo que responde *esencialmente* a una llamada. La atención es atención a algo porque es atención a alguien. La exterioridad de su punto de partida le es esencial –a ella, que es la tensión misma del yo. La escuela, sin la cual ningún pensamiento es explícito, condiciona la ciencia. Ahí es donde se afirma la exterioridad que cumple la libertad en vez de herirla: la exterioridad del Maestro. La explicación de un pensamiento no puede hacerse más que al alimón: no se limita a encontrar lo que ya se poseía. Pero la primera enseñanza del enseñante es su presencia misma de enseñante, a partir de la cual viene la representación.

f) *Lenguaje y justicia*

Pero ¿qué puede significar que el que enseña y llama la atención desborde la conciencia? ¿Cómo es que quien enseña está fuera de la conciencia a la que enseña? No le es exterior como el contenido pensado es exterior al pensamiento que lo piensa. La exterioridad del contenido pensado respecto del pensamiento que lo piensa es asumida por el pensamiento y, en este sentido, no *desborda* la conciencia. Nada de lo que toca la conciencia puede desbordarla: todo se asume libremente. *Nada, a no ser el juicio que juzga a la libertad misma del pensamiento.* La presencia del Maestro que da mediante su palabra sentido a los fenómenos y permite tematizarlos, no se ofrece a un saber objetivo: ya por su presencia, está en sociedad conmigo. La presencia del ser en el fenómeno, que rompe el hechizo del mundo encantado, que profiere el *sí* del que es incapaz el yo, que aporta la positividad por excelencia del Otro, es *ipso facto* as-sociación. Pero la referencia al comienzo no es saber del comienzo. Muy al contrario, toda objetivación se refiere ya a esta referencia. La as-sociación, como experiencia por excelencia del ser, no des-vela. Se la puede llamar des-velamiento de lo que se revela –experiencia de un rostro–, pero así se escamotea la originalidad de este des-velamiento. En este des-velamiento desaparece precisamente la conciencia de la certeza solitaria en la que se juega todo saber, incluso el que cabe tener de un rostro. En efecto, la certeza reposa sobre mi libertad y, en este sentido, es solitaria. Ya sea por conceptos *a priori* que me permiten asumir lo dado, ya sea por adhesión de la voluntad (como en Descartes), finalmente es sólo mi libertad lo que toma la responsabilidad por lo verdadero. La as-sociación, la acogida del maestro, es su inversa: en ella, el ejercicio de mi libertad está puesto en cuestión. Si llamamos conciencia moral a una situación en que mi libertad está puesta en cuestión, la asociación o la acogida del Otro es la conciencia moral. La originalidad de esta situación no está sólo en su antítesis formal respecto de la conciencia cognitiva. La puesta en cuestión de sí es tanto más severa cuanto más rigurosamente se controla ya el yo a sí mismo. Este alejarse de la meta a medida que uno se acerca a ella es la vida de la conciencia moral. El crecer las exigencias que tengo respecto de mí mismo agrava el juicio que se me hace, acrecienta mi responsabilidad. Es en este sentido concretísimo como el juicio que se me hace nunca está asumido por mí. Esta imposibilidad de asumir es la vida misma –la esencia– de esta conciencia moral. Mi libertad no tiene la última palabra; yo no estoy solo. Y diremos entonces que sólo la conciencia moral sale de sí misma. En otras palabras: en la conciencia moral hago una experiencia que no es a la medida de ningún marco apriórico: una experiencia sin concepto. Todas las demás experiencias son conceptuales, o sea, se vuelven mías, son cosa de mi libertad. Acabamos de describir la insaciabilidad esencial de la conciencia moral, que no es del orden del hambre ni de la saciedad. Así fue como antes definimos el deseo. La conciencia moral y el deseo no son modalidades, entre otras más, de la conciencia, sino su condición. Son, en concreto, la acogida del Otro a través de su juicio.

La transitividad de la enseñanza, y no la interioridad de la reminiscencia, manifiesta el ser. La sociedad es el lugar de la verdad. La relación *moral* con el Maestro que me juzga sostiene la libertad de mi adhesión a lo verdadero. Así comienza el lenguaje. El que me habla y, a través de las palabras, se me propone, conserva la condición de honda extranjería del otro que me juzga: nuestras relaciones nunca son reversibles. Esta supremacía lo pone en sí, fuera de mi saber, y respecto de esto absoluto, lo *dado* adquiere sentido.

La «comunicación» de las ideas, la reciprocidad del diálogo, ocultan ya la esencia profunda del lenguaje. Reside ésta en la irreversibilidad de la relación entre Yo y Otro: en la Maestría del maestro, que coincide con su posición de Otro y de exterior. El lenguaje no puede hablarse, en efecto, más que si el interlocutor es el comienzo de su discurso; si se queda, por tanto, más allá del sistema; si no está *en el mismo plano* que yo. El interlocutor no es un Tú, es un Usted. Se revela en su condición de señor. La exterioridad coincide, pues, con la maestría.

Mi libertad, por tanto, está puesta en tela de juicio por un Maestro que puede investirme con ella. Entonces es cuando la verdad, ejercicio soberano de la libertad, se hace posible.

D. SEPARACIÓN Y ABSOLUTO

Mismo y Otro están, a la vez, en relación y se *ab-suelven* de esta relación y quedan absolutamente separados. La idea de Infinito exige esta separación. Se planteó como la estructura última del ser, como la *producción* de su misma infinitud. La sociedad la cumple *en concreto*. Pero abordar el ser en el nivel de la separación, ¿no es abordarlo deteriorado? Las posiciones que acabamos de resumir contradicen el antiguo privilegio de la unidad, que se afirma de Parménides a Espinosa y Hegel. La separación y la interioridad serían incomprensibles e irracionales. El conocimiento metafísico, que vincula Mismo a Otro, sería entonces el reflejo de este deterioro. La metafísica se esforzaría por suprimir la separación, por unir. El ser metafísico debería absorber al metafísico. La separación de hecho en la que comienza la metafísica resultaría de una ilusión o una falta. Como etapa que recorre el ser separado en el camino de vuelta hacia su fuente metafísica, como momento de una historia que acabará en la unión, la metafísica sería una Odisea y su inquietud, la nostalgia. Pero la filosofía de la unidad nunca ha sabido decir de dónde venían esta ilusión y esta caída accidentales, inconcebibles en lo Infinito, lo Absoluto y lo Perfecto.

Concebir la separación como deterioro, privación o ruptura provisional de la totalidad, es no conocer más separación que la que testimonia la *necesidad*. La necesidad testimonia vacío y carencia en el necesitado, su dependencia de lo exterior, la insuficiencia del ser necesitado, precisamente porque no posee por entero su ser y, por tanto, no está, hablando con propiedad, *separado*. Una de las vías de la metafísica griega consistía en buscar el retorno a la Unidad, la confusión con ella. Pero la metafísica griega concibe el Bien como separado de la totalidad de la esencia y, así, entrevé (sin que haga en ello aportación ninguna un sedicente pensamiento oriental) una estructura tal que la totalidad pueda admitir un más allá. El Bien es el Bien *en sí*, no por relación a la necesidad que carece de él. Es un lujo, en relación con las necesidades. Precisamente por esto es por lo que está más allá del ser. Cuando antes se oponía cierto desvelar a la revelación en que la verdad se expresa y nos ilumina antes de que la busquemos, ya estábamos retomando la noción del Bien en sí. Plotino regresa a Parménides cuando figura mediante la emanación y el *descenso* la aparición de la esencia a partir del Uno. Platón no deduce en absoluto el ser del Bien: pone la trascendencia como sobrepasando la totalidad. Es Platón quien, al lado de las necesidades cuya satisfacción viene a llenar un vacío, entrevé también aspiraciones que no están precedidas por un sufrimiento y una carencia, y en las que reconocemos el perfil del Deseo: necesidad de aquel al que nada le falta, aspiración de quien posee por entero su ser, de quien va más allá de su plenitud, de quien tiene la idea de Infinito. El Lugar del Bien, por encima de toda esencia, es la más profunda enseñanza, la enseñanza definitiva no de la teología sino de la filosofía. La paradoja de un Infinito que admite un ser fuera de sí al que no engloba –y que cumple, gracias a esta vecindad de un ser separado, su infinitud misma–, en una palabra: la paradoja de la creación, pierde entonces su audacia.

Pero así hay que renunciar a interpretar la separación como disminución pura y simple del Infinito, como una degradación. La separación respecto del Infinito –compatible con el Infinito– no es una simple «caída» del Infinito. *Mejores* relaciones que las que vinculan formalmente, en lo abstracto, lo finito con lo infinito –las relaciones del Bien– se anuncian a través de una aparente disminución. La disminución no entra en cuenta más que si de la separación (y de la criatura) sólo se retiene, en el pensamiento abstracto, su finitud, en vez de situar la finitud en la trascendencia en que ella accede al Deseo y la bondad. La ontología de la existencia humana –la antropología filosófica–

no deja de parafrasear este pensamiento abstracto insistiendo con *pathos* en la finitud. En realidad, se trata de un orden, el único en el que la noción misma del Bien cobra sentido. Se trata de la sociedad. La relación no vincula términos que se completan y que, por tanto, están ambos a falta el uno del otro, sino términos que se bastan. Esta relación es Deseo: vida de seres que han llegado a la posesión de sí. El infinito, pensado concretamente, o sea, partiendo del ser separado vuelto hacia él, se *sobrepasa*. Dicho de otro modo: se abre el orden del Bien. Diciendo que el infinito está *pensado* concretamente partiendo del ser separado vuelto a él, de ninguna manera suponemos relativo el pensamiento que parte del separado. La separación es la constitución misma del pensamiento y de la interioridad, o sea, de una relación en la independencia mutua.

El Infinito se produce renunciando a invadir una totalidad, en una contracción que deja sitio al ser separado. Así se bosquejan relaciones que se abren camino fuera del ser. Un infinito que no se cierra circularmente sobre sí mismo sino que se retira de la extensión ontológica para dejar sitio a un ser separado, existe divinamente. Inaugura, por encima de la totalidad, una sociedad. Las relaciones que se establecen entre el ser separado y el Infinito rescatan lo que había de disminución en la contracción creadora del Infinito. El hombre rescata la creación. La sociedad con Dios no es una suma a Dios ni el desvanecerse del intervalo que separa a Dios de la criatura. Por oposición a la totalización, la hemos llamado religión. La limitación del Infinito creador y la multiplicidad son compatibles con la perfección del Infinito. Articulan el sentido de esta perfección.

El infinito se abre el orden del Bien. Se trata de un orden que no contradice sino que sobrepasa las reglas de la lógica formal. La distinción entre necesidad y Deseo no se podría reflejar en la lógica formal: en ésta el Deseo siempre se deja trasvasar a las formas de la necesidad. De esta necesidad puramente formal procede la fuerza de la filosofía parmenídea. Pero el orden del Deseo –de la relación entre extraños que no están ambos faltos el uno del otro–, del deseo en su positividad, se afirma mediante la idea de la creación *ex nihilo*. Se desvanece entonces el plano del ser necesitado, ávido de sus complementos, y se inaugura la posibilidad de una existencia sabática, en la que la existencia suspende las necesidades de la existencia. En efecto, un ente no es ente más que en la medida en que es libre, o sea, en que está fuera del sistema, que supone dependencia. Toda restricción que se haga a la libertad es una restricción que se hace al ser. Por esta razón, la multiplicidad sería el deterioro ontológico de unos seres que se limitan mutuamente por ser vecinos unos de otros. Desde Parménides, pasando por Plotino, no logramos pensar de otro modo. Pues la multiplicidad nos aparecía aunada en una totalidad cuya multiplicidad no podía ser más que apariencia –por otra parte, inexplicable. Pero lo que expresa la idea de creación *ex nihilo* es una multiplicidad no aunada en totalidad. La criatura es una existencia que, desde luego, depende de Otro, pero no como una parte que se separa de él. La creación *ex nihilo* rompe el sistema, pone un ser fuera de todo sistema, o sea, allí donde su libertad es posible. La creación deja a la criatura una huella de dependencia, pero de una dependencia que no tiene igual: el ser dependiente saca de esta excepcional dependencia, de esta relación, su misma independencia, su exterioridad respecto del sistema. Lo esencial de la existencia creada no consiste en el carácter limitado de su ser, y la estructura concreta de la criatura no se deduce de esta finitud. Lo esencial de la existencia creada consiste en su separación respecto del Infinito. Esta separación no es simplemente negación. Al cumplirse como psiquismo, precisamente se abre a la idea del Infinito.

El pensamiento y la libertad nos vienen de la separación y de la consideración del Otro. Esta tesis está en los antípodas del espinosismo.

Sección II
INTERIORIDAD Y ECONOMÍA

A. LA SEPARACIÓN COMO VIDA

1. Intencionalidad y relación social

Al describir la relación metafísica como desinteresada, como desprendida de toda participación, nos equivocaríamos si reconociéramos en ella la intencionalidad, la conciencia de..., que simultáneamente es proximidad y distancia. En efecto, el término husserliano evoca la relación con el objeto, con lo puesto, con lo *temático*, mientras que la relación metafísica no ata un sujeto a un objeto. En absoluto estamos defendiendo algún antiintelectualismo. Contra las filosofías de la existencia, no vamos a fundar la relación con el ente respetado en su ser –y, en este sentido, absolutamente exterior, o sea, metafísico– en el ser en el mundo, en el *cuidado* y el *hacer* del *Dasein* heideggeriano. El hacer, o sea, el trabajo, supone ya la relación con lo trascendente. Si el conocimiento, bajo la forma de acto objetivador, no nos parece al nivel de la relación metafísica, no es porque la exterioridad contemplada como objeto –el tema– se aleje del sujeto a la velocidad de las abstracciones; al contrario, es porque no se aleja de él lo bastante. La contemplación de objetos está cerquísima de la acción: dispone de su tema y se juega, por tanto, en un plano en el que un ser limita a otro. La metafísica aborda sin tocar. Su *manera* no es acto sino relación social. Sostenemos, sin embargo, que la relación social es la experiencia por excelencia. En efecto, se sitúa ante el ente que se expresa, o sea, que permanece en sí. Al distinguir acto objetivador y metafísica, no vamos camino de denunciar el intelectualismo, sino de desarrollarlo muy rigurosamente; eso sí:

si es verdad que el intelecto desea el ser en sí. Luego habrá que mostrar la diferencia que separa las relaciones análogas a la trascendencia y las de la misma trascendencia. Éstas llevan a Otro, cuya manera nos ha permitido fijarla la idea de Infinito. Aquéllas –y entre ellas, el acto objetivador–, incluso aunque se apoyan en la trascendencia, permanecen en Mismo.

El análisis de las relaciones que se producen en el seno de Mismo –a él se consagra la sección presente– describirá en realidad el intervalo de la separación. El bosquejo formal de la separación no es el de toda relación: simultaneidad de la distancia entre los términos y de su unión. En la separación, la unión de los términos mantiene la separación en un sentido eminente. El ser, en la relación, se ab-suelve de la relación: es ab-soluto en la relación. Su análisis concreto, el que emprende un ser que la cumple (y que, al analizarla, no deja de cumplirla), reconocerá la separación como vida interior o como psiquismo. Ya lo hemos indicado. Pero esta interioridad aparecerá, a su vez, como una presencia cabe sí mismo, en casa, lo que quiere decir habitación y economía. El psiquismo y las perspectivas que abre mantienen la distancia que separa al metafísico de lo metafísico y la resistencia de ambos a la totalización.

2. Vivir de... (disfrute). La noción de cumplimiento

Vivimos de «buenas sopas», de aire, de luz, de espectáculos, de trabajo, de ideas, de sueño, etc... No se trata de objetos de representaciones. Vivimos de ellos. Eso de lo que vivimos tampoco es «medio de vida», como la pluma es medio respecto de la carta que permite que escribamos; ni meta de la vida, como la comunicación es la meta de la carta. Las cosas de que vivimos no son útiles, ni siquiera son utensilios, en el sentido heideggeriano del término. Su existencia no se agota en el esquematismo utilitario que los bosqueja, como sí ocurre con la existencia de los martillos, las agujas o las máquinas. Siempre son, en cierta medida –e incluso lo son también los martillos, las agujas y las máquinas–, objetos de disfrute, que se ofrecen a «gustar» ya adornados, embellecidos. Además, mientras que el recurso a un instrumento supone la finalidad y marca una dependencia respecto de algo otro, vivir de... bosqueja la independencia misma: la independencia del disfrute y su felicidad, que es el perfil original de toda independencia.

A la inversa, la independencia de la felicidad siempre depende de un contenido: es el gozo o la pena de respirar, de mirar, de alimentarse, de trabajar, de manejar el martillo y la máquina, etc. La independencia de la felicidad respecto del contenido no es, sin embargo, la del efecto respecto a la causa. Los contenidos de los que vive la vida no siempre son indispensables para el mantenimiento de ésta como medios suyos, o como el carburante necesario para que la existencia «funcione». O, al menos, no se los vive como tales. Con ellos, morimos; y a veces preferimos morir a que nos falten. Con todo, el «momento» de restauración está fenomenológicamente incluido en el hecho, por ejemplo, de alimentarse, e incluso en él es lo esencial, sin que para darse cuenta de ello haya que recurrir a ningún conocimiento de fisiólogo o economista. El alimento, como medio de revigorización, es la trasmutación de otro en Mismo que está en la esencia del disfrute: una energía diferente, otra, reconocida como otra, reconocida, según veremos, como sostenedora del acto mismo que se dirige a ella, se vuelve en el disfrute mi energía, mi fuerza, yo. Todo disfrute es, en este sentido, alimentación. El hambre es la necesidad, la privación por excelencia, y, en este sentido precisamente, *vivir de...* no es una simple toma de conciencia de lo que llena la vida. Esos contenidos son vividos: ellos alimentan la vida. Uno vive su vida. Vivir es como un verbo transitivo cuyos complementos directos son los contenidos de la vida. Y el acto de vivir estos contenidos es, *ipso facto*, contenido de la vida. La relación con el complemento directo del verbo existir, que se ha vuelto transitivo a partir de las filosofías de la existencia, en realidad recuerda a la relación con el alimento, en la que, a la vez, se da relación con un objeto y relación con esta relación, la cual también alimenta y llena la vida. Uno no existe sólo su dolor o su gozo, sino que existe de dolores y gozos. Este modo, para el acto, de alimentarse de su misma actividad es, precisamente, disfrutar. Vivir de pan no es, pues, representarse el pan, ni actuar sobre él, ni actuar gracias a él. Claro que hace falta ganarse el pan, y hace falta alimentarse para ganar el pan; de manera que el pan que como es también eso gracias a lo cual me gano el pan y mi vida. Pero si como pan para trabajar y vivir, vivo *de* mi trabajo y *de* mi pan. El pan y el trabajo no me divierten, en el sentido pascaliano, del hecho desnudo de la existencia, ni ocupan el vacío de mi tiempo: el disfrute es la última conciencia de todos los contenidos que llenan mi vida; ésta los abarca. La vida que me gano no es una existencia *desnuda*: es una vida de trabajo y alimentos, que son contenidos que no sólo la preocupan sino que la «ocupan», que la «entretienen», de los que ella disfruta. Aunque el contenido de la vida me asegura la vida, en seguida se busca el medio como fin y perseguir este fin se vuelve a su vez fin. Así, las cosas siempre son más que lo estrictamente necesario: hacen la gracia de la vida. Se vive del trabajo, que asegura la subsistencia; pero se vive del trabajo también porque llena (alegra o entristece) la vida. A este segundo sentido de «vivir del trabajo» es al que vuelve, si las cosas están donde deben, el primer sentido. El objeto visto ocupa la vida en tanto que objeto, pero la visión del objeto hace la «alegría» de la vida.

No se trata aquí de visión de la visión: la relación de la vida con su propia dependencia respecto de las cosas es disfrute, el cual, como felicidad, es independencia. Los actos de la vida no son rectos, no están como tendidos a su finalidad. Vivimos en la conciencia de la conciencia, pero esta conciencia de la conciencia no es reflexión. No es saber sino disfrute y, como ahora diremos, el egoísmo mismo de la vida.

Decir que vivimos de contenidos no es, por tanto, afirmar que recurrimos a ellos como a las condiciones con las que asegurarnos la vida, suponiendo desnudo el hecho de existir. El hecho desnudo de la vida no está nunca desnudo. La vida no es desnuda voluntad de ser, *Sorge* [cuidado][1] ontológica de la vida. La relación de la vida con las condiciones misma de la vida se vuelve alimento y contenido de la vida. La vida es *amor de la vida*, relación con contenidos que no son mi ser sino más caros que mi ser: pensar, comer, dormir, leer, trabajar, calentarme al sol. Estos contenidos, distintos de mi sustancia, pero que la constituyen, hacen el precio de mi vida. Reducida a la existencia pura y desnuda, como es la existencia de las sombras que visita Ulises en los infiernos, la vida se disuelve en sombra. La vida es una existencia que no precede a su esencia. Ésta hace el precio de aquélla, y aquí el valor constituye el ser. La realidad de la vida está ya en el nivel de la felicidad y, en este sentido, más allá de la ontología. La felicidad no es un accidente del ser, porque se arriesga el ser por la felicidad.

Si «vivir *de*...» no es simplemente representación de algo, «vivir de...» no entra en las categorías de actividad y potencia, determinantes para la ontología aristotélica. El acto aristotélico equivalía al ser. Situado en un sistema de fines y medios, el hombre se actualizaba saliendo, *gracias al acto,* de sus límites aparentes. Como todas las demás naturalezas, la naturaleza humana se cumplía, o sea, llegaba a ser enteramente ella misma, funcionando, entrando en relación. Todo ser es ejercicio de ser, y la identificación del pensamiento con el acto no es, por tanto, metafórica. Si bien el vivir de..., el disfrutar, consiste igualmente en entrar en relación con algo distinto, otro, esta relación no se bosqueja en el plano del *puro ser*. El acto mismo que se despliega en el plano del ser entra, además, en nuestra felicidad. Vivimos de actos y del acto mismo de ser, igual que vivimos de ideas y de sentimientos. Lo que hago y lo que soy es a la vez aquello *de lo que* vivo. Nos relacionamos con ello con una relación que no es ni teórica ni práctica. Tras la teoría y la práctica, hay disfrute de la teoría y de la práctica: egoísmo de la vida. La relación última es disfrute, *felicidad*.

---

1. También se trata en este caso de un *existenciario* (el fundamental) en los análisis de *Ser y tiempo* [N. del T.].

Disfrutar no es un estado psicológico entre otros, una tonalidad afectiva en psicología empirista, sino el estremecimiento mismo del yo. En él nos mantenemos siempre en el segundo grado que, con todo, aún no es el de la reflexión. La felicidad, en la que nos movemos ya por el simple hecho de vivir está, en efecto, siempre más allá del ser en que las cosas están talladas. Es desenlace, punto de llegada, pero en el que el recuerdo de la aspiración confiere al desenlace el carácter de cumplimiento, que vale *más* que la ataraxia. El existir puro es ataraxia; la felicidad es cumplimiento. El disfrute está hecho del recuerdo de su sed: es saciedad de esa sed. Es acto que se acuerda de su «potencia». No expresa, como querría Heidegger, el modo de mi implantación –mi *disposición*– en el ser, el tono en que me mantengo. No es mi mantenerme en el ser, sino ya sobrepasar el ser. El ser mismo «llega» a quien puede buscar la felicidad como una gloria nueva, por encima de la sustancialidad. El ser mismo es un contenido que hace la felicidad o la desgracia de quien no sólo realiza su naturaleza sino que busca en el ser un triunfo inconcebible en el orden de las sustancias. Éstas son nada más lo que son. La independencia de la felicidad es diferente, pues, de la independencia que, para los filósofos, posee la sustancia. Como si además de la plenitud del ser pudiera el ente pretender un triunfo nuevo. Y es verdad que se nos puede objetar que únicamente la imperfección del existir de que dispone un ente hace este triunfo posible y precioso, y que no coincide éste más que con la plenitud del existir. Pero replicaremos nosotros entonces que la posibilidad extraña de un ser incompleto es ya la apertura del orden de la felicidad y la prenda de esta promesa de independencia, más alta que la sustancialidad.

La felicidad es condición de la actividad, si actividad significa comienzo en la duración –que, sin embargo, es continua. Es verdad que el acto supone el ser, pero marca en un ser anónimo –en el que final y comienzo no tienen sentido– un comienzo y un final. Ahora bien, el disfrute realiza la independencia respecto de la continuidad, en el seno de esta continuidad: cada felicidad llega por primera vez. La subjetividad toma su origen en la independencia y la soberanía del disfrutar.

Platón habla del alma que se regala con verdades (*Fedro*, 246 e). En el pensamiento razonable, en el que se manifiesta la soberanía del alma, distingue una relación con el objeto que no es sólo contemplativa sino que confirma en su soberanía el Mismo de quien piensa. Del prado que se encuentra en la llanura de la verdad «proviene precisamente el pasto que, como es sabido, conviene a lo que hay de más profundo en el alma: de ello se alimenta la naturaleza de aquel plumaje de alas al que debe el alma su ligereza» (*ibid.*, 248 b-c). Lo que permite al alma elevarse a la verdad está alimentado por la verdad. En todo este libro nos oponemos a la analogía total entre verdad y alimento, justamente porque el Deseo metafísico está por encima de la vida y no cabe hablar en él de saciedad. Pero la imagen platónica describe, en lo que hace al pensamiento, la relación misma que cumplirá la vida, en la que el apego a los contenidos que la llenan le proporciona un contenido supremo. El consumir alimentos es el alimento de la vida.

3. Disfrute e independencia

Hemos dicho que *vivir de algo* no viene a ser sacar de algún sitio energía vital. La vida no consiste en buscar y consumir los carburantes que proporcionan el respirar y el alimentarse, sino, si cabe decirlo así, en consumar alimentos terrestres y celestes. Si bien depende así de lo que ella misma no es, esta dependencia tiene una contrapartida que, a fin de cuentas, la anula. Aquello de lo que vivimos no nos esclaviza, sino que lo disfrutamos. No cabe interpretar la necesidad como simple carencia, pese a las psicologías que sobre esto traza Platón; ni como pura pasividad, a pesar de la moral kantiana. El ser humano goza de sus necesidades, está feliz con sus necesidades. Lo paradójico del «vivir de algo», o, como diría Platón, la locura de estos placeres, está precisamente en complacerse con aquello de lo que la vida depende. No hay dominio de un lado y dependencia del otro, sino dominio en esta dependencia. Es quizá la definición misma de la complacencia y el placer. Vivir de... es la dependencia que gira y se vuelve soberanía, felicidad esencialmente egoísta. La necesidad —Venus vulgar— es también, en cierto sentido, hija de πόρος y de πενία [Recurso y Pobreza]: es la πενία como fuente de πόρος, al revés que el deseo, que es la πενία del πόρος[2]. Lo que le falta es fuente de plenitud y riqueza. La necesidad, dependencia feliz, es susceptible de satisfacción, como un vacío que se llena. Desde fuera, la fisiología enseña que la necesidad es una carencia. Que el hombre pueda ser feliz por sus necesidades indica que el nivel fisiológico queda trascendido en la necesidad humana; que ya con la necesidad estamos fuera de las categorías del ser —aunque en la lógica formal la estructura de la felicidad (independencia por dependencia, o yo, o criatura humana) no puede transparentarse sin contradicción.

Necesidad y disfrute no quedan cubiertos con las nociones de actividad y pasividad, ni aunque a éstas se las confunda en la noción de libertad finita. El disfrute en relación con el alimento que es lo *otro* de la vida, es una independencia *sui generis*: la independencia de la felicidad. La vida que es vida *de* algo, es felicidad. La vida es afectividad y sentimiento. Vivir es disfrutar la vida. Desesperar de la vida no tiene sentido más que porque la vida es originalmente felicidad. El sufrimiento es un desmayo de la felicidad, y no es exacto decir que la felicidad es ausencia de sufrimiento. La felicidad no está hecha de ausencia de necesidades —cuya tiranía e imposición se denuncia con frecuencia—, sino de la satisfacción de todas las necesidades. Y es que la privación de la necesidad no es una privación cualquiera, sino privación en un ser que conoce el plus de la felicidad: privación en un ser colmado. La felicidad es cumplimiento: se la encuentra en un alma satisfecha, y no en un alma que ha extirpado sus necesidades, en un alma cas-

---

2. Alusiones a la intervención de Sócrates recordando, en el *Banquete* platónico, las enseñanzas de Diótima [N. del T.].

trada. Y es porque la vida es felicidad por lo que es personal. La personalidad de la persona, la ipseidad del yo, más que la particularidad del átomo y el individuo, es la particularidad de la felicidad del disfrute. El disfrute cumple la separación atea: desformaliza la noción de separación, que no es un tajo en algo abstracto, sino la existencia consigo mismo, en casa, de un yo autóctono. El alma no es, como en Platón, lo que «cuida todo lo que está desprovisto de almas» (*Fedro*, 246 b); habita, ciertamente, en lo que no es ella misma, pero es gracias a esta habitación en lo «otro» (y no lógicamente, por oposición a lo otro) como adquiere el alma su identidad.

4. LA NECESIDAD Y LA CORPOREIDAD

Siendo el disfrute la agitación, el remolino mismo de Mismo, no es ignorancia de lo otro sino explotación de lo otro. La alteridad de esto otro que es el mundo está superada por la necesidad de la que se acuerda (y se abrasa) el disfrute. La necesidad es el primer movimiento de Mismo. Es verdad que la necesidad también es dependencia respecto de lo otro, pero una dependencia a través del tiempo: una dependencia que no es una traición instantánea de Mismo, sino una suspensión o un aplazamiento de la dependencia y, de este modo, la posibilidad de quebrar, con el trabajo y la economía, lo que tiene de alteridad eso de que depende la necesidad.

Platón, al denunciar como ilusorios los placeres que acompañan a la satisfacción de las necesidades, fijó la noción negativa de la necesidad: ha de ser un *menos*, una carencia que la satisfacción vendrá a llenar. La esencia de la necesidad se manifestaría, así, en la necesidad de rascarse cuando se tiene sarna –en la enfermedad. ¿Tenemos que quedarnos en una filosofía de la necesidad que la capta en la pobreza? La pobreza es uno de los peligros que corre la liberación del hombre, que rompe la condición animal y vegetal. Lo esencial de la necesidad está en esta ruptura, a pesar de aquel riesgo. Concebir la necesidad como simple privación es captarla en el seno de una sociedad desorganizada, que no le deja ni tiempo ni conciencia. Lo que constituye la esencia de la necesidad es la distancia que se interpone entre el hombre y el mundo del que el hombre depende. ¡Se ha separado del mundo un ser que, sin embargo, se alimenta del mundo! La parte del ser que se ha separado del todo en que estaban sus raíces, dispone de su ser, y desde ese momento su relación con el mundo no es sino necesidad. Se libera de todo el peso del mundo, de los contactos inmediatos e incesantes. Está a distancia. Esta distancia puede convertirse en tiempo y subordinar el mundo al ser liberado pero necesitado. Hay aquí una ambigüedad cuya articulación misma es el cuerpo. La necesidad animal está liberada de la dependencia vegetal, pero esta liberación es dependencia e incertidumbre. La necesidad de la fiera es inseparable de la lucha y el miedo. El mundo exterior del que está liberado sigue siéndole amenaza. Pero la necesidad es también el tiempo del trabajo: relación con algo otro que entrega su alteridad. Tener frío, hambre, sed, estar desnudo, buscar abrigo: todas estas dependencias respecto del mundo, al convertirse en necesidades, arrancan al ser instintivo de las amenazas anónimas, para constituir un ser independiente del mundo: verdadero *sujeto* capaz de asegurar la satisfacción de sus necesidades, reconocidas como materiales, o sea, como susceptibles de satisfacción. Las necesidades están en mi poder: me constituyen en tanto que Mismo, y no en tanto que dependiente de Otro. Mi cuerpo no es solamente una manera, para el sujeto, de reducirse a la esclavitud, de depender de lo que no es él mismo; sino una manera de poseer y trabajar, de tener tiempo, de superar la alteridad misma de aquello de lo que debo vivir. El cuerpo es la posesión misma de sí por la que el yo, liberado del mundo por la necesidad, consigue superar la miseria misma de esta liberación. Más adelante volveremos sobre ello.

Una vez que ha reconocido sus necesidades como necesidades materiales, o sea, como capaces de satisfacerse, el yo puede volverse a lo que no le falta. Distingue lo material de lo espiritual; se abre al Deseo. Pero el trabajo ya exige el discurso y, por tanto, la altura de Otro irreducible a Mismo: la presencia del Otro. No hay religión natural, pero ya el egoísmo humano sale de la pura naturaleza *gracias al cuerpo humano, erguido hacia lo alto*, abierto al *sentido de la altura*. El cuerpo no es la *ilusión empírica* de todo ello, *sino su producción ontológica y el testimonio irrecusable en su favor*. El «yo puedo» procede de esta altura.

Volvamos a subrayar la diferencia entre necesidad y Deseo. En la necesidad, puedo morder lo real y satisfacer, puedo asimilar lo otro. En el Deseo no se muerde el ser, no hay saciedad, sino futuro sin hitos ante mí. Y es que el tiempo que la necesidad supone me lo proporciona el Deseo. La necesidad humana reposa ya sobre el Deseo. Así, la necesidad tiene tiempo de convertir eso *otro* en *mismo* trabajando. Existo como cuerpo, o sea, como ex-altado: órgano que podrá coger y, por tanto, colocarse, en este mundo del que dependo, ante fines técnicamente realizables. No está todo, pues, ya cumplido, ya hecho, para un cuerpo que trabaja; y así es como ser cuerpo es tener tiempo en medio de los hechos, ser *yo* a la vez que vivo en lo *otro*.

Revelación de la distancia; revelación ambigua, porque el tiempo, a la vez, destruye la seguridad de la felicidad instantánea y permite superar la fragilidad que así se descubre. Y es la relación con Otro –que se inscribe en el cuerpo como su elevación– lo que hace posible la trasformación del disfrute en conciencia y trabajo.

5. Afectividad como ipseidad del Yo

Vislumbramos una posibilidad de hacer inteligible la unicidad del yo. La unicidad del Yo traduce la separación. La separación por excelencia es soledad, y el disfrute –felicidad o infelicidad– es el aislamiento mismo.

El yo no es único como lo son la Torre Eiffel o la Gioconda. La unicidad del yo no consiste sólo en que no se lo encuentra más que en un único ejemplar; sino en que existe sin tener género, sin ser individuación de un concepto. La ipseidad del yo consiste en permanecer fuera de la distinción entre lo individual y lo general. Este negarse al concepto no es una resistencia que el τόδε τι [esto-de-aquí] opone a la generalización (el τόδε τι se encuentra en el mismo plano que el concepto y se define por éste como por su término antitético). Negarse al concepto, aquí, no es sólo uno de los aspectos de su ser, sino todo su contenido: él es interioridad. Este negarse al concepto empuja al ser que así se niega a la dimensión de la interioridad. Está consigo mismo, en su propia casa. El yo es, pues, la manera en la que se cumple en concreto la ruptura de la totalidad, que determina la presencia de lo absolutamente otro. Es soledad por excelencia. El secreto del yo garantiza la discreción de la totalidad.

Esta estructura de la unicidad, lógicamente absurda, esta no-participación en el género, es el egoísmo mismo de la felicidad. La felicidad se basta a sí misma en su relación con lo «otro» de los alimentos; incluso se basta *a causa* de esta relación con Otro: consiste en satisfacer sus necesidades, no en suprimirlas. La felicidad se basta a sí misma por el «no bastarse a sí misma» de la necesidad. La carencia que hay en el disfrute y que denunció Platón, no pone en riesgo, no compromete el instante de la suficiencia. La oposición entre lo efímero y lo eterno no nos entrega el verdadero sentido de la suficiencia. Ésta es la contracción misma del ego. Es una existencia *para sí*, pero no, inicialmente, en vista de su propia existencia ni como representación de sí por sí mismo. Es para sí como en la expresión «cada uno para sí»; es para sí como es para sí «un vientre hambriento que no tiene oídos»[3], capaz de matar por un trozo de pan; es para sí como el saciado que no comprende al hambriento y que se dirige a él como filántropo ante el miserable, ante una especie extraña. La suficiencia del *disfrutar* escande el egoísmo o la ipseidad de Ego y de Mismo. El disfrute es una retirada a sí, una involución. Eso que se llama

---

3. El proverbio latino seguramente está aquí tomado del *Gargantúa* de F. Rabelais (II, 9) [N. del T.].

estado afectivo no tiene la tristona monotonía de un estado, sino que es una exaltación vibrante en la que el sí mismo se alza. El yo, en efecto, no es el *soporte* del disfrute. La estructura «intencional» es aquí completamente distinta. El yo es la contracción misma del sentimiento, el polo de una espiral cuyos giros e involuciones dibuja el disfrute: el foco de la curva forma parte de la curva. El disfrute se despliega y pone en juego precisamente como este «enroscarse», como movimiento hacia sí. Y ahora se comprende en qué sentido pudimos decir anteriormente que el yo es una apología: el yo habla en su defensa debido a la felicidad constitutiva de su mismo egoísmo, sean cuales sean las trasfiguraciones que este egoísmo recibirá de la palabra.

La ruptura de la totalidad, que se cumple por el disfrute de la soledad –o por la soledad del disfrute–, es radical. Cuando la presencia crítica del Otro ponga en cuestión este egoísmo, no destruirá su soledad. A esta soledad se la reconocerá en la preocupación por *saber*, que se formula como un problema originario (inconcebible en una totalidad) al que la noción de causalidad no puede aportar solución alguna, ya que se trata, precisamente, de un *sí mismo*, de un ser absolutamente aislado, cuyo aislamiento quedaría comprometido por la causalidad, que lo restituiría a una serie. Sólo la noción de creación estará a la altura de esta cuestión, porque respeta a la vez la novedad absoluta del yo y su vinculación a un principio, su ser puesto en cuestión siempre de nuevo. La soledad del sujeto se reconocerá también en la bondad a la que va a parar la apología.

El surgimiento de sí a partir del disfrute, y en el que la sustancialidad del yo se ve no como sujeto del verbo ser, sino como implicada en la felicidad –sin tener que ver con la ontología, sino con la axiología–, es la exaltación del *ente* sin más. El ente, por lo tanto, no cae en la jurisdicción de la «comprensión del ser» u ontología. Se llega a ser sujeto del ser no por asumir el ser, sino disfrutando de la felicidad: por la interiorización del disfrute, que es también una exaltación, un «por encima del ser». El ente es «autónomo» respecto del ser. Él no indica participación en el ser sino felicidad. El ente por excelencia es el hombre.

El yo identificado con la razón –como poder de objetivación y tematización– pierde su ipseidad misma. Representarse es vaciarse de sustancia subjetiva e insensibilizar el disfrute. Al imaginar esta anestesia ilimitada, Espinosa hizo que la separación se disipara. Pero el gozo de esta coincidencia intelectual y la libertad de esta obediencia señalan una línea divisoria en la unidad que así se conquistó. La razón hace posible la sociedad humana, pero una sociedad cuyos miembros sólo fueran razones se disiparía como sociedad. Un ser por completo razonable, ¿de qué podría hablar a otro ser por completo razonable? La razón no tiene plural: ¿cómo se diferenciarían tantas razones? ¿Cómo sería posible el reino kantiano de los fines si los seres razonables que lo componen no hubieran conservado como principio de individuación su exigencia de felicidad, salvada milagrosamente del naufragio de la naturaleza sensible? El yo se vuelve a encontrar, en Kant, en esta necesidad de felicidad.

Ser yo es existir de tal manera que se está ya más allá del ser: en la felicidad. Para el yo, ser no significa ni oponerse algo, ni representarse algo, ni servirse de algo, ni aspirar a algo, sino disfrutar de ese algo.

6. El yo del disfrute no es biológico ni sociológico

La individuación por la felicidad individúa a un «concepto» cuyas comprensión y extensión coinciden. La individuación del concepto por identificación de sí constituye el contenido de este concepto. La noción de persona separada, a la que hemos accedido describiendo el disfrute y que se alza en la independencia de la felicidad, se diferencia de la noción de persona tal como la forjan la filosofía de la vida o la filosofía de la raza. En la exaltación de la vida biológica, la persona surge como producto de la especie o de la vida impersonal, que recurre al individuo para asegurar su triunfo impersonal[4]. La unicidad del yo, su estatus de individuo sin concepto, han de desaparecer en esta *participación* en lo que los sobrepasa.

Lo patético del liberalismo –que hacemos nuestro por uno de sus lados– consiste en promover una persona como no representando nada más, o sea, como siendo precisamente un sí mismo. La multiplicidad, entonces, sólo puede producirse si los individuos conservan su secreto, si la relación que los reúne en multiplicidad no es visible por de fuera sino que va de uno a otro. Si fuese enteramente visible por de fuera, si el punto de vista exterior se abriera sobre la realidad última de la multiplicidad, formaría ésta una totalidad en la que participarían los individuos. El vínculo entre las personas no habría preservado a la multiplicidad de la suma. Para mantener la multiplicidad, es preciso que la relación que va de mí al Otro –actitud de una persona respecto de otra– sea más fuerte que la significación formal de la conjunción, en la que toda relación corre el peligro de degradarse. Esta mayor fuerza se afirma en concreto en el hecho de que la relación que va de Mí a Otro no se deja englobar en una red de relaciones que sea visible a un tercero. Si este vínculo de Yo con Otro se dejara captar enteramente por de fuera, suprimiría, en la mirada con que la abarcaría, la multiplicidad misma atada por ese vínculo. Los individuos aparecerían participando en la totalidad: el otro se reduciría a un segundo ejemplo del yo, englobados ambos por el mismo concepto. El pluralismo no es una multiplicidad numérica. Para que se realice un pluralismo en sí, que la lógica formal no podría reflejar, es preciso que se produzca en profundidad el

---

4. Cf., por ejemplo, Kurt Schilling, «Einführung in die Staats– und Rechtsphilosophie», en *Rechtswissenschaftliche Grundrisse*, ed. O. Koellreuter, Junker und Dünhaupt, Berlin 1939. Según este libro, típico de la filosofía racista, individualidad y sociedad serían acontecimientos de la vida que preceden a los individuos y los crean para adaptarse mejor, para poder vivir. El concepto de felicidad, con lo que evoca de individual, falta en esta filosofía. La miseria, *Not*, es lo que amenaza la vida. El Estado no es más que una organización de esta multiplicidad, para hacer posible la vida. La persona está por completo –aun si se trata de la persona del jefe– al servicio de la vida y de la creación de vida. El principio propio de la personalidad nunca es fin.

movimiento de yo a otro: una actitud de yo respecto del Otro (actitud ya *cualificada* como amor u odio, como obediencia o imperio, como aprendizaje o enseñanza, etc...) que no sería una especie de la relación en general; lo que quiere decir que el movimiento de yo a otro no cabe que se ofrezca como tema a una mirada objetiva liberada de esta confrontación con Otro –a una reflexión. El pluralismo supone una alteridad radical del otro, que yo no simplemente *concibo* en relación conmigo, sino que *afronto* partiendo de mi egoísmo. La alteridad del Otro está en él y no es en relación a mí: se *revela*; pero accedo a ella partiendo de mí y no por comparación de mí con Otro. Accedo a la alteridad del Otro partiendo de la sociedad que con él mantengo, y no abandonando esta relación para reflexionar sobre sus términos. La sexualidad proporciona el ejemplo de esta relación, cumplida antes de ser objeto de reflexión alguna: el otro sexo es una alteridad que porta un ser como esencia suya y no como envés de su identidad, pero no podría afectar a un yo asexuado. El Otro como maestro puede también servirnos como ejemplo de una alteridad que no sólo es tal por *relación* a mí, sino que pertenece a la esencia de Otro y, sin embargo, no es visible más que partiendo de un yo.

B. DISFRUTE Y REPRESENTACIÓN

Aquello de lo que vivimos y que disfrutamos no se confunde con la vida misma. Como pan, oigo música, sigo el curso de mis ideas. Aunque vivo mi vida, la vida que vivo y el hecho de vivirla son distintos; y eso que es verdad que la vida misma se vuelve continua y esencialmente su propio contenido.

¿Cabe precisar esta relación? El disfrute, como modo en que la vida se refiere a sus contenidos, ¿no es acaso una forma de intencionalidad –tomado este término en el sentido husserliano, pero en una acepción latísima: como hecho universal de la existencia humana–? Todo momento de la vida (de la consciente y hasta de la inconsciente, tal como la adivina la conciencia) está en relación con algo *otro* que ese momento mismo. Es bien conocido el ritmo conforme al cual se expone esta tesis: toda percepción es percepción de algo percibido; toda idea es idea de un *ideatum*; todo deseo, deseo de algo deseado; toda emoción, emoción de algo emocionante; y todo oscuro pensamiento de nuestro ser también se orienta hacia *algo*. Todo presente en su desnudez temporal tiende al futuro y vuelve sobre el pasado o retoma el pasado (es prospección y retrospección). Sin embargo, desde la primera exposición de la intencionalidad como tesis filosófica, aparecía el privilegio de la representación. La tesis según la cual toda intencionalidad o bien es una representación, o bien está fundada en una representación, domina las *Investigaciones lógicas* y vuelve una y otra vez, como una obsesión, en toda la obra ulterior de Husserl. ¿Qué relación hay entre la intencionalidad teorética del acto objetivador, como lo llama Husserl, y el disfrute?

1. Representación y constitución

Para responder a ello, intentaremos seguir el movimiento propio de la intencionalidad objetivadora.

Esta intencionalidad es un momento necesario del acontecimiento de la separación en sí, que describimos en esta sección y que se articula, a partir del disfrute, en la morada y en la posesión[1]. La posibilidad de representarse y la tentación de idealismo que de ella deriva, ya se benefician, desde luego, de la relación metafísica y de la relación con lo absolutamente Otro, pero dan testimonio de la separación en el seno de esta misma trascendencia (sin reducirse, con todo, a eco de la trascendencia). La describiremos, en primer lugar, desligándola de sus fuentes. Tomada en sí misma, desarraigada en cierto modo, la representación parece orientarse en sentido opuesto al disfrute y nos permitirá mostrar, por oposición, el contorno «intencional» del disfrute y de la sensibilidad (aunque la

---

1. Cf. *infra*, 167ss.

representación está en realidad tramada con ésta y repite el acontecimiento de ésta, que es separación).

La tesis husserliana acerca del primado del acto objetivador –se ha visto en ella el atenimiento excesivo de Husserl a la conciencia teorética y ha servido de pretexto a todos los que acusaban a Husserl de intelectualismo (¡como si tal cosa fuera una acusación!)– conduce a la filosofía trascendental a la afirmación –tan sorprendente, tras los temas realistas que parecía abordar la idea de la intencionalidad– de que el objeto de la conciencia, que es distinto de la conciencia, viene a ser un producto de la conciencia como «sentido» prestado por ella, como resultado de la *Sinngebung* [donación de sentido]. El objeto de la representación se distingue del acto de la representación: ésta es la afirmación fundamental y más fecunda de la fenomenología husserliana, a la que uno se apresura a dar alcance realista. Pero ¿acaso la teoría de las imágenes mentales, la confusión entre el acto y el objeto de la conciencia que denuncia la teoría de Husserl, sólo se apoya en una descripción falsa de la conciencia, inspirada por los prejuicios del atomismo psicológico? En cierto sentido, el objeto de la representación es, por supuesto, interior al pensamiento: pese a su independencia, cae bajo el poder del pensamiento. No estamos aludiendo a la ambigüedad berkeleyana entre el sintiente y lo sentido en el seno de la sensación, y no limitamos nuestra reflexión a los objetos que llamamos sensibles. Por el contrario, se trata de lo que, según la terminología cartesiana, llega a ser idea clara y distinta. En la claridad, un objeto –que en primera instancia es exterior– *se da*, o sea, se entrega a quien se encuentra con él, como si hubiera sido enteramente determinado por éste. En la claridad, el ser exterior se presenta como la obra del pensamiento que lo recibe. La inteligibilidad, caracterizada por la claridad, es una adecuación total del pensante a lo pensado –en el sentido bien preciso de un dominio ejercido por el pensante sobre lo pensado–, en la que en el objeto se desvanece su resistencia de ser exterior. Este dominio es total y como creador. Se lleva a cabo como una donación de sentido: el objeto de la representación se reduce a noemas. Lo inteligible es justamente lo que se reduce por entero a los noemas y aquello cuyas relaciones todas con la inteligencia se reducen a las que instaura la luz. En la inteligibilidad de la representación se borra la diferencia entre yo y el objeto, entre lo interior y lo exterior. La idea clara y distinta de Descartes se manifiesta como verdadera y enteramente inmanente al pensamiento: enteramente presente, sin nada clandestino (su misma novedad carece de misterio). Inteligibilidad y representación son nociones equivalentes: una exterioridad que entrega al pensamiento, en la claridad y sin impudor, todo su ser, o sea, que está totalmente presente sin que, *de iure*, nada choque al pensamiento y sin que el pensamiento se sienta nunca indiscreto. La claridad es la desaparición de cuanto pudiera chocar. La inteligibilidad, el hecho mismo de la representación, es la posibilidad para Otro de determinarse por Mismo sin determinar a Mismo, sin introducir en él alteridad: ejercicio libre de Mismo; desaparición en Mismo del yo opuesto al no-yo.

Así, la representación ocupa en la obra de la intencionalidad el lugar de un acontecimiento privilegiado. La relación intencional de la representación se diferencia de toda relación (causalidad mecánica o relación analítica o sintética del formalismo lógico) y de toda intencionalidad que no sea representativa, en que Mismo está en ella en relación con Otro, sí, pero de tal modo que Otro no determina a Mismo, sino que es siempre Mismo quien determina a Otro. Desde luego que la representación es sede de verdad: el movimiento propio de la verdad consiste en que el objeto que se presenta al pensante determina al pensante; pero lo determina sin tocarlo, sin pesar sobre él; de modo que el pensante que se pliega a lo pensado, se pliega «de buena gana», como si el objeto, incluso en las sorpresas que reserva al conocimiento, hubiera sido anticipado por el sujeto.

Como toda actividad, de un modo u otro, se aclara mediante una representación, avanza, pues, por un terreno ya familiar: la representación es un movimiento que parte de Mismo sin que lo preceda ningún explorador. «El alma es algo adivinatorio» (*Fedro*, 242 c), según la expresión de Platón. Hay una libertad absoluta, creadora, anterior a la empresa aventurera de la mano[2] que se arriesga hacia la meta que está buscando, puesto que para la mano se ha abierto paso, se ha proyectado ya al menos, la visión de su meta. La representación es este pro-yecto mismo, que está como inventando la meta que se ofrecerá como conquistada *a priori* a los actos que aún avanzan a tientas. Hablando con propiedad, el «acto» de la representación no descubre nada ante sí mismo.

La representación es espontaneidad pura, aunque más acá de toda actividad. De manera que la exterioridad del objeto representado aparece a la reflexión como el sentido que el sujeto representante presta a un objeto, reducible a obra del pensamiento.

Desde luego, el yo que piensa la suma de los ángulos de un triángulo está también determinado por este objeto. Es precisamente quien piensa esta suma y no quien piensa el peso atómico. Está determinado por el hecho de haber pasado por el pensamiento de la suma de los ángulos, tanto si se acuerda de ello como si se olvida. Será así como se le manifestará al historiador, para quien el yo representador es ya algo representado. En el momento mismo de la representación, el yo no está *marcado* por el pasado, pero lo *utiliza* como un elemento representado y objetivo. ¿Se trata de una ilusión? ¿Es ignorancia de sus propias implicaciones? La representación es la fuerza de esta ilusión y de estos olvidos. La representación es puro presente. La posición de un puro presente sin ataduras, que incluso es tangente respecto del tiempo, es la maravilla de la representación. Vacío de tiempo, que se interpreta como eternidad. Y es verdad que el yo que conduce sus pensamientos *deviene* (más exactamente: envejece) en el tiempo en que se van exponiendo sus pensamientos sucesivos, a través de los cuales piensa en el presente. Este devenir en el tiempo no aparece en el plano

---

2. Cf. *infra*, 184s.

de la representación: la representación no comporta pasividad alguna. Mismo, al relacionarse con Otro, rechaza lo que es exterior a su propio instante, a su propia identidad, para volver a hallar, en este instante que no se debe a nada –pura gratuidad–, como noema, como «sentido prestado», todo lo que había sido rechazado. Su primer movimiento es negativo: consiste en volver a hallar en sí y en agotar el sentido de una exterioridad, justamente convertible en noemas. Tal es el movimiento de la ἐποχή [abstención] husserliana, característica, si hablamos con todo rigor, de la representación. Su posibilidad misma define la representación.

El hecho de que en la representación Mismo defina a Otro sin estar determinado por éste, justifica la concepción kantiana de la unidad de la apercepción trascendental como no siendo más que forma vacía en el seno de su obra sintética. ¡Lejos de nosotros el pensamiento de partir de la representación como de una condición no condicionada! La representación está *ligada* a una «intencionalidad» completamente distinta, a la que tratamos de aproximarnos en todo este análisis. Y su obra maravillosa de constitución es sobre todo posible en la reflexión. En efecto, nosotros hemos analizado la representación «desarraigada»; el modo en que la representación va ligada a una intencionalidad «completamente distinta» es diferente del modo en que el objeto va ligado al sujeto o del modo en que el sujeto va ligado a la historia.

La libertad total de Mismo en la representación tiene una condición positiva en Otro, que no es un algo representado, sino el Otro. Retengamos por ahora que la estructura de la representación, como determinación no recíproca de Otro por Mismo, es precisamente el hecho, para Mismo, de ser presente, y, para Otro, de estar presente a Mismo. Lo llamamos Mismo porque en la representación el yo pierde, precisamente, su oposición a su objeto: se borra ésta para que resalte la identidad del yo pese a la multiplicidad de sus objetos, o sea, precisamente, el carácter inalterable del yo. Permanecer siendo el mismo es representarse algo. El «yo pienso» es el pulso del pensamiento razonable. La identidad de Mismo, inalterado e inalterable en sus relaciones con Otro, es, ciertamente, el yo de la representación. El sujeto que piensa mediante la representación es un sujeto que oye su pensamiento: el pensamiento se piensa en un elemento análogo al sonido y no a la luz. Su propia espontaneidad es como una sorpresa para el sujeto, como si el yo sorprendiera lo que se estaba haciendo, pese a su pleno dominio de sí. Esta *genialidad* es la estructura misma de la representación: regreso, en el pensamiento presente, al pasado del pensamiento; asunción de este pasado en el presente; rebasamiento de este pasado y este presente, como en el recuerdo platónico, en el que el sujeto se iza a lo eterno. El yo particular se confunde con Mismo, coincide con el «demon» que le habla en el pensamiento y que es el pensamiento universal. El yo de la representación es el paso natural de lo particular a lo universal. El pensamiento universal es un pensamiento en primera persona. Por esto es por lo que la constitución, que, para el idealismo, rehace el universo a partir del sujeto, no es la libertad de un yo que sobrevive a esta constitución permaneciendo libre y como por encima de las leyes que él ha constituido. El yo constituyente se disuelve en la obra que él comprende y entra en lo eterno. La representación es la creación idealista.

Pero esto solamente es verdad respecto del yo de la representación, desvinculado de las condiciones de las que toma su nacimiento latente. Y el disfrute, desvinculado también él de las condiciones concretas, presenta una estructura completamente distinta. En seguida vamos a mostrarlo. Paremos mientes, por el momento, en la correlación esencial entre inteligibilidad y representación. Ser inteligible es ser representado y, por eso mismo, ser *a priori*. Reducir una realidad a su contenido pensado es reducirla a Mismo. El pensamiento pensante es el lugar en que concuerdan sin contradicción una identidad total y una realidad que debía negarla. La realidad de más peso, si se la ve como objeto de un pensamiento, se engendra en la espontaneidad gratuita de un pensamiento que la piensa. Toda la anterioridad de lo dado se reduce a la instantaneidad del pensamiento y, simultánea con ésta, surge en el presente. Así es como toma sentido. Representar no es simplemente volver «de nuevo» presente: es más bien traer al presente mismo una percepción actual que trascurre. Representar no es traer un hecho pasado a imagen actual, sino traer a la instantaneidad de un pensamiento todo lo que parece independiente de él. Es así como la representación es constituyente. El valor del método trascendental y su parte de verdad eterna estriban en la posibilidad universal de reducción de lo representado a su sentido, del ente al noema; y en la posibilidad extraordinariamente asombrosa de reducir a noema el ser mismo del ente.

2. DISFRUTE Y ALIMENTO

La intencionalidad del disfrute puede describirse por oposición a la intencionalidad de la representación. Consiste en atenerse a la exterioridad que el método trascendental (que va incluido en la representación) suspende. Atenerse a la exterioridad no equivale sencillamente a afirmar el mundo, sino a plantarse o ponerse corporalmente en él. El cuerpo es la elevación, pero es también todo el peso de la posición. El cuerpo desnudo e indigente es lo que identifica el *centro* del mundo que él percibe; pero, *condicionado* por su propia representación del mundo, está por ella como arrancado del centro del que partía: como agua que al manar de una roca se lleva consigo a esta misma roca. El cuerpo indigente y desnudo no es una cosa entre cosas y que yo «constituyo», o que veo yo en Dios en relación con un pensamiento; ni es el instrumento de un pensamiento gestual del que la teoría sencillamente señalaría un límite. El cuerpo desnudo e indigente es el girar mismo –irreducible a un pensamiento– de la representación a vida; de la subjetividad representante a vida soportada por esas representaciones y que *vive de* ellas. Su indigencia, sus necesidades, afirman «la exterioridad» como no constituida, como antes de toda afirmación.

Dudar de que la forma que se perfila en el horizonte o en la oscuridad existe; imponer a un trozo de hierro que se presenta cierta forma, para hacer de él un cuchillo; vencer un obstáculo o hacer desaparecer a un enemigo: dudar, trabajar, destruir, matar... Estos actos negadores asumen la exterioridad objetiva, en vez de constituirla. Asumir la exterioridad es entrar con ella en una relación en que Mismo determina a otro a la vez que está determinado por éste. Pero el modo como está determinado por éste no nos devuelve sencillamente a la reciprocidad que designa la tercera categoría kantiana de la relación. La manera en que Mismo está determinado por otro, y que esboza el nivel en el que se sitúan los actos negadores mismos, es precisamente la *manera* que antes denominamos «vivir de...» Se cumple gracias al cuerpo, cuya esencia es *cumplir* mi posición sobre la tierra, o sea, darme, si cabe decirlo así, una visión que ya va soportada por la imagen misma que veo. Ponerse o plantarse corporalmente, es tocar tierra, pero de tal modo que el tacto se encuentra ya condicionado por la posición; que el pie se instala en algo real que esta acción esboza o constituye –como si el pintor se diera cuenta de que se baja del cuadro que está pintando.

La representación consiste en la posibilidad de dar cuenta del objeto como si estuviera constituido por un pensamiento, como si fuera noema. Lo cual retrotrae el mundo al instante incondicionado del pensamiento. El proceso de constitución que se desarrolla allí donde hay representación, se invierte en el «vivir de...» Aquello de lo que vivo no está en mi vida como lo representado, que es interior a la representación en la eternidad de Mismo o en el presente incondicionado de la *cogitatio*. Si aún pudiera hablarse aquí de constitución, habría que decir que lo constituido, reducido a su sentido, desborda aquí su sentido: en el seno de la constitución, se convierte en la condición de quien constituye o, dicho con más exactitud, en el alimento de quien constituye. Este desbordamiento de sentido podemos fijarlo con el término alimentación. El plus de sentido no es a su vez un sentido que sencillamente se piensa como condición (lo que reduciría el alimento a un correlato representado). El alimento condiciona el pensamiento mismo que lo vaya a pensar como condición. No es sólo que este condicionamiento se constate únicamente a toro pasado: la originalidad de la situación está en que el condicionamiento se produce en el seno de la relación de representante a representado, de constituyente a constituido –relación esta que, en principio, encontramos en todos los hechos de conciencia. Comer, por ejemplo, no se reduce, desde luego, a la química de la alimentación; pero comer tampoco se reduce al conjunto de sensaciones gustativas, olfativas, kinésicas, etc., que constituirían la conciencia de comer. El bocado dado a las cosas, que es lo que por excelencia comporta el acto de comer, mide el plus que esta realidad del alimento posee respecto de toda realidad representada: un plus que no es cuantitativo, sino que es la manera en que el yo –comienzo absoluto– está suspendido del no-yo. La corporeidad del ser vivo y su indigencia de cuerpo desnudo y hambriento es el cumplirse estas estructuras (descritas en términos abstractos como afirmación de la exterioridad, que, sin embargo, no es una afirmación teórica) y como posición en tierra –que no es la posición de una masa sobre otra. Desde luego, en la satisfacción de la necesidad lo extraño del mundo que me funda pierde su alteridad: en la saciedad, lo real que yo mordía se asimila; las fuerzas que estaban en lo otro se vuelven fuerzas *mías*, se vuelven yo (toda satisfacción de una necesidad es en algún aspecto alimento). Gracias al trabajo y la posesión, la alteridad de los alimentos entra en Mismo. Pero la relación es aquí profundamente distinta de la genialidad de la representación, de la que hemos hablado antes. Aquí la relación se invierte, como si el pensamiento constituidor se pasara de entusiasmo en su juego, en su juego libre; como si la libertad, en tanto que comienzo presente absoluto, encontrara para sí misma una condición en su propio producto; como si este producto no recibiera su sentido de una conciencia que presta sentido al ser. El cuerpo es una permanente impugnación del privilegio que se atribuye a la conciencia: «prestar sentido» a todo. Vive como esta impugnación. El mundo en que vivo no es sencillamente la contraparte o lo contemporáneo del pensamiento y de su libertad constituidora, sino que es condicionamiento y anterioridad. El mundo que constituyo me alimenta y me baña. Es alimento y «medio». La intencionalidad que apunta a lo exterior cambia de sentido en su mismo apuntar y se vuelve interior a la exterioridad que constituye; viene, de alguna manera, del punto a donde va; se reconoce pasada en su futuro; vive de lo que piensa.

Si la intencionalidad del «vivir de...» –que es propiamente el disfrute– no es constituidora, no es porque un contenido inaprehensible, inconcebible, no convertible en sentido pensado, irreducible al presente y, por tanto, irrepresentable, ponga en peligro la universalidad de la representación y del método trascendental; es que se invierte el movimiento mismo de la constitución. No se trata del encuentro con algo irracional que detenga el juego de la constitución, sino que el juego cambia de sentido. El cuerpo indigente y desnudo es este mismo cambio de sentido. Tal fue la profunda intuición de Descartes al negar a los datos sensibles el rango de ideas claras y distintas, remitirlos al cuerpo y clasificarlos dentro de lo útil. En esto estriba su superioridad sobre la fenomenología husserliana, que no pone límites a la noematización. Se manifiesta un movimiento radicalmente diferente del pensamiento cuando la constitución mediante el pensamiento encuentra para sí misma una condición en aquello que ella acogió o rechazó libremente; cuando lo representado se trasmuta en un pasado que no atravesó el *presente* de la representación: un pasado absoluto que no recibe de la memoria su sentido.

El mundo del que vivo no se constituye sencillamente en el segundo grado, una vez que la representación tiende ante nosotros la tela de fondo de una realidad simplemente dada, y una vez que ciertas intenciones «axiológicas» prestan a este mundo un valor que lo vuelve apto para ser habitado. El «giro» de lo constituido volviéndose condición se cumple desde el mismo momento en que abro los ojos: no abro los ojos más que disfrutando ya del espectáculo. La objetivación, que parte de algún modo del centro del ser pensante, manifiesta, desde su contacto con la tierra, una excentricidad. Lo que el sujeto contiene como representado es también lo que soporta y alimenta su actividad de sujeto. Lo representado, el presente, es, está, *hecho*, es ya pasado.

3. EL ELEMENTO Y LAS COSAS; LOS UTENSILIOS

Pero ¿por qué resiste el mundo del disfrute a una descripción que tienda a presentarlo como correlato de la representación? Ese cambio universalmente posible de lo vivido en conocido en el que el idealismo filosófico se complace, ¿fracasa en el caso del disfrute? ¿En qué aspecto la residencia del hombre en el mundo del que disfruta permanece irreducible y anterior al conocimiento de ese mundo? ¿Por qué enunciar la interioridad del hombre en el mundo que lo condiciona (que lo sostiene y lo contiene)? ¿No viene a ser esto tanto como afirmar la exterioridad de las cosas respecto del hombre?

Para responder a estas preguntas, hay que analizar con más detenimiento la manera en que nos vienen las cosas de las que disfrutamos. El disfrute no las alcanza precisamente en tanto que cosas. Las cosas vienen a la representación a partir de un trasfondo del que emergen y al que vuelven en el disfrute que podamos gozar con ellas.

Las cosas, en el disfrute, no se hunden en la finalidad técnica que las organiza en sistema. Se escorzan en un medio dentro del cual se las toma. Se encuentran en el espacio, en el aire, sobre la tierra, en la calle, en el camino. Un medio que es esencial para las cosas incluso cuando éstas se refieren a la *propiedad*, cuyo esbozo haremos más adelante, y que es lo que constituye en cosas a las cosas. Ese medio no se reduce a un sistema de referencias operativas ni equivale a la totalidad de tal sistema, ni a una totalidad en que la mirada o la mano tengan la posibilidad de elegir –virtualidad de las cosas, que iría actualizando a cada vez la elección. El medio tiene un espesor propio. Las cosas se refieren a la posesión, pueden llevarse, son *muebles*; el medio a partir del cual vienen a mí, está ahí sin que lo herede nadie: fondo o terreno común, que no puede poseerlo, por esencia, nadie, «persona alguna». Tierra, mar, luz, ciudad. Toda relación o posesión se sitúa en el seno de lo no poseíble, que rodea o contiene sin poder ser contenido ni rodeado. Lo llamamos lo elemental.

El navegante que utiliza el mar y el viento, domina esos elementos pero no por ello los trasforma en cosas. Conservan la indeterminación de elementos, por más precisas que sean las leyes que los gobiernan, y que pueden conocerse y enseñarse. El elemento no tiene formas que lo contengan: contenido sin forma. Mejor dicho, no tiene más que un lado: superficie de la mar y del campo, soplo del viento; el medio en el que se dibuja esa faz no se compone de cosas, sino que se despliega en su dimensión propia: la profundidad, que no puede convertirse en anchura y largura por las que se extiende la cara del elemento. Es verdad que tampoco la cosa se ofrece más que por una sola cara, pero podemos rodearla y vale entonces tanto el revés como el derecho. Todos los puntos de vista tienen vigencia. La profundidad del elemento lo prolonga y lo pierde en la tierra y el cielo. «Nada acaba, nada empieza»[3].

Digamos toda la verdad: el elemento no tiene cara alguna. No es posible abordarlo. La relación adecuada a su esencia lo descubre precisamente como un medio: en él bañamos, estamos sumergidos en él. Al elemento le soy siempre interior. El hombre no ha vencido a los elementos más que superando esta interioridad fatal gracias al domicilio, que le confiere una extra-territorialidad. Hace pie en lo elemental por un lado ya apropiado: un campo cultivado por mí, el mar en que pesco o amarro mis barcas, el bosque donde corto leña; y todos estos actos, todo este trabajo, se refiere al domicilio. El hombre se hunde en lo elemental a partir del domicilio, apropiación primera de la que luego hablaremos. El hombre es *interior* a

---

3. Se trata de un verso de Leconte de Lisle, perteneciente a sus *Claros de luna* (III, 3) [N. del T.].

lo que posee, de modo que podremos decir que el domicilio, condición de toda propiedad, hace posible la vida interior. Es así como el yo está en casa. Gracias a la casa, nuestra relación con el espacio como distancia y extensión reemplaza al sencillo «bañar en el elemento». Pero la relación adecuada con el elemento es precisamente el hecho de bañar en él, de estar sumergido en él. La interioridad de la inmersión no se convierte en exterioridad. La cualidad pura del elemento no se adhiere a una sustancia que la soporte. Bañarse en el elemento es estar en un mundo al revés, y aquí el revés no es lo mismo que el derecho. La cosa se ofrece a nosotros por su cara, como una solicitación que viene de su sustancialidad, de una solidez –ya suspendida por la posesión. Cierto que podemos representarnos lo líquido, lo gaseoso, una multiplicidad de sólidos; pero estamos entonces haciendo abstracción de nuestra presencia en el seno del elemento. Lo líquido manifiesta su liquidez, sus cualidades sin soporte, sus adjetivos sin sustantivo, cuando el bañista se mete en ello. El elemento nos ofrece como el envés de la realidad, sin origen en un ser, aunque ofreciéndose en la familiaridad del disfrute; como si estuviéramos en las entrañas del ser. Podemos, pues, decir que el elemento viene hacia nosotros desde ninguna parte. La cara que nos ofrece no determina un objeto: se queda en el pleno anonimato. Es viento, tierra, mar, cielo, aire. Aquí la indeterminación no equivale a lo infinito que sobrepasa los límites. Es algo que precede a la distinción de lo finito y lo infinito. Pero no se trata, precisamente, de cierto *algo*, de un ente que se manifiesta como refractario a la determinación cualitativa. La cualidad se manifiesta en el elemento como no determinando nada.

Por tanto, el pensamiento no fija el elemento como un objeto. El elemento, pura cualidad, se mantiene fuera de la distinción de lo finito y lo infinito. La cuestión de saber cuál es la «otra cara» de lo que nos ofrece una no surge en la relación que mantenemos con el elemento. El cielo, la tierra, el mar, el viento... esto basta. En cierto modo, el elemento obtura lo infinito en relación con lo cual habría habido que pensarlo y en relación a lo cual lo localiza de hecho el pensamiento científico, que ha recibido de otro sitio la idea de lo infinito. El elemento nos separa de lo infinito.

Todo objeto se propone al disfrute (categoría universal de la empiria), incluso si lo que cojo es un objeto-utensilio, si lo manejo como *Zeug*[4]. El manejo y la utilización de instrumentos, el recurso a todos los aperos instrumentales de una vida (ya sirvan para fabricar otros utensilios o para hacer accesibles las cosas), acaba en disfrute. En tanto que material o aperos, los objetos de uso corriente se subordinan al disfrute: el mechero, al cigarrillo que fumamos; el tenedor, a la comida; la copa, a los labios. Las cosas se refieren a mi disfrute. Es una constatación absolutamente banal y que los análisis de la *Zeughaftigkeit* no logran borrar. La posesión misma y todas las relaciones con las nociones abstractas, se invierten en disfrute. El caballero avaro[5] de Pushkin disfruta poseyendo la posesión del mundo.

El disfrute –relación última con la plenitud sustancial del ser, con su materialidad– abarca todas las relaciones con las cosas. La estructura del *Zeug* como *Zeug* y el sistema de referencias en que se sitúa, es verdad que se manifiestan como irreducibles a la visión en el manejo lleno de preocupación, pero no llegan a encerrar la sustancialidad de los objetos, que siempre queda por encima. Por otra parte, el mueble, la casa, el alimento, el vestido no son *Zeuge* en el sentido propio del término: el vestido sirve para proteger el cuerpo o adornarlo; la casa, para albergarlo; el alimento, para restaurarlo. Pero de todo esto o se disfruta o se sufre: se trata de fines. Los útiles mismos, que son con-vistas-a..., se convierten en objetos del disfrute. Disfrutar de una cosa –aunque sea un instrumento– no consiste sólo en llevarla al uso para el que fue fabricada

---

4. En alemán, «instrumento». Es el término que emplea Heidegger en *Ser y tiempo*, § 15, para denominar a los entes a mano (*zuhanden*). El plural es *Zeuge*, y aparece unas líneas más abajo. *Zeughaftigkeit* es la condición de instrumento [N. del T.].

5. Este personaje da título a una de las *Pequeñas tragedias* del poeta ruso [N. del T.].

(la pluma, a la escritura; el martillo, al clavo que hay que clavar), sino que también consiste en sufrir o disfrutar con este ejercicio. Las cosas que no son instrumentos (el pedazo de pan, el fuego en la chimenea, el cigarrillo) se ofrecen al disfrute; pero este disfrute acompaña a todo utilizar cosas, incluso cuando se trata de una faena complicada y el fin del trabajo absorbe por completo la exploración. Utilizar una cosa con vistas a..., esta referencia a una totalidad, se queda en el nivel de los atributos. Cabe amar el oficio y disfrutar de sus gestos materiales y de aquellas cosas que permiten llevarlos a cabo. La maldición de trabajar puede transformarse en un deporte. La actividad no toma su sentido y su valor a cierta meta última y única, como si el mundo formara un sistema de referencias útiles cuyo término concerniera a nuestra misma existencia. El mundo responde a un conjunto de finalidades autónomas que se ignoran las unas a las otras. Disfrutar sin utilidad alguna, a fondo perdido, gratuitamente, sin que ello remita a nada, no haciendo más que gasto: he ahí lo humano. Una acumulación no sistemática de ocupaciones y gustos, a igual distancia del sistema de la razón, en que el encuentro con el Otro abre lo infinito, y del sistema del instinto; anterior al ser separado; anterior al ser verdaderamente nacido, separado de su causa; naturaleza.

¿Se me dirá que esta acumulación tiene como condición suya que se perciba la utilidad, que sí es reducible a la preocupación por la existencia? Pero es que preocuparse por los alimentos no va unido a preocuparse por la existencia. La inversión de los instintos de la nutrición que han perdido su finalidad biológica, señala el desinteresarse mismo del hombre. La suspensión o la ausencia de finalidad última tiene una cara positiva: la alegría desinteresada del juego. Vivir es jugar, pese a la finalidad y a la tensión del instinto; vivir de algo sin que este algo tenga el sentido de meta o de medio ontológico; nada más que juego o disfrute de la vida. Despreocupación en lugar de existencia; despreocupación que tiene un sentido positivo. Consiste en masticar a dos carrillos los alimentos del mundo; en dar nuestra aprobación al mundo como a un tesoro; en hacer que brille su esencia de elemento. En el disfrute, las cosas vuelven a sus cualidades elementales. El disfrute, la sensibilidad (cuya esencia desarrolla el disfrute), se producen precisamente como una posibilidad de ser ignorando que el hambre se alarga hasta volverse preocupación por conservarse. En esto estriba la permanente verdad de las morales hedonistas: en no buscar tras la satisfacción de una necesidad un orden respecto del cual sea como únicamente adquiere valor esa satisfacción; tomar como término la satisfacción que es el sentido mismo del placer. La necesidad de alimento no tiene por meta la existencia sino el alimento. La biología enseña que la alimentación se alarga hasta llegar a existencia; que la necesidad es ingenua. En el disfrute soy absolutamente para mí mismo; estoy, egoísta sin referencia al otro, solo sin soledad, inocentemente egoísta y solo. No contra los demás, no «guardando mis distancias», sino completamente sordo al otro; fuera de toda comunicación y de toda negativa a comunicarme; sin oídos; como vientre hambriento.

El mundo, en cuanto conjunto de utensilios que forman sistema y que está suspendido de la preocupación de una existencia angustiada por su ser (interpretado como una onto-logía), da testimonio del trabajo, la habitación, la casa y la economía; pero además, de una organización particular del trabajo, en virtud de la cual los «alimentos» toman el valor de carburantes en la maquinaria económica. Es curioso constatar que Heidegger no toma en consideración la relación de disfrute. El utensilio oculta en él por completo el uso y la llegada a término: la satisfacción. El *Dasein*[6], en Heidegger, nunca tiene hambre. El alimento no puede ser interpretado como un utensilio más que en un mundo de explotación.

---

6. Esta palabra, que literalmente significa «existencia» (con el matiz de «existencia contingente», de simple «ser o estar ahí»), reemplaza en *Ser y tiempo*, como es muy conocido, a la palabra «hombre». Al igual que se venía haciendo en francés, la moda hoy es dejar en español también sin traducir este término [N. del T.].

4. LA SENSIBILIDAD

Pero poner el elemento como una cualidad sin sustancia no significa admitir la existencia de un «pensamiento» mutilado o todavía balbuceante, como correlato de tal fenómeno. Estar-en-el-elemento es verdad que separa al ser de la participación ciega y sorda en un todo, pero se diferencia de un pensamiento que se dirige hacia lo de fuera. Aquí, por el contrario, el movimiento viene incesantemente sobre mí como la ola que engulle, traga y ahoga. Un movimiento incesante que afluye sin dar tregua; un contacto global sin fisuras ni vacíos de los que pudiera volver a salir el movimiento reflejo de un pensamiento. Estar dentro; estar en el interior de... Esta situación no se reduce a una representación, ni siquiera a una representación balbuciente. Se trata de la sensibilidad, que es la *manera* del disfrute. Cuando se interpreta la sensibilidad como representación y pensamiento mutilado, es cuando se está obligado a invocar la finitud de nuestro pensamiento, a fin de dar cuenta de tales pensamientos «oscuros». La sensibilidad que describimos partiendo del disfrute del elemento no pertenece al orden del pensamiento sino al del sentimiento, o sea, al de la afectividad en que se estremece el egoísmo del yo. No se conoce las cualidades sensibles, se las vive: el verde de estas hojas, el rojo de este sol poniente. Los objetos me *contentan* en su finitud sin aparecerme sobre un fondo de infinito. Lo finito sin lo infinito no es posible más que como contento. Lo finito como contento es la sensibilidad. La sensibilidad no constituye el mundo, porque el llamado mundo sensible no tiene por función constituir una representación, sino que constituye el contenido mismo de la existencia, dado que su insuficiencia racional ni siquiera comparece en el disfrute que me procura. Sentir es estar dentro, sin que el carácter condicionado y, por consiguiente, inconsistente de suyo de este ambiente –que inquieta al pensamiento racional– venga envuelto en modo alguno en la sensación. La sensibilidad, esencialmente ingenua, se basta a sí misma en un mundo que al pensamiento no le basta. Los objetos del mundo, que para el pensamiento se sostienen en el vacío, para la sensibilidad –o para la vida– se despliegan sobre un horizonte que oculta por completo ese vacío. La sensibilidad toca el revés sin preguntarse por el derecho; lo cual se produce precisamente en el contento.

La profundidad de la filosofía cartesiana de lo sensible, dijimos, consiste en afirmar el carácter irracional de la sensación, que es sin remedio idea ni clara ni distinta, perteneciente al orden de lo útil y no al de lo verdadero. La fuerza de la filosofía kantiana de lo sensible consiste asimismo en separar sensibilidad y entendimiento; en afirmar, siquiera negativamente, la independencia de la «materia» del conocimiento respecto del poder sintético de la representación. Desde luego, al postular las cosas en sí para evitar el absurdo de fenómenos que aparecen sin que haya nada que aparezca, Kant sobrepasa la fenomenología de lo sensible, pero al menos reconoce así que lo sensible es, de suyo, un aparecer sin que haya nada que aparezca.

La sensibilidad pone en relación con una pura cualidad sin soporte: con el elemento. La sensibilidad es disfrute. El ser sensible, el cuerpo, concreta esta *manera de ser,* que consiste en encontrar una condición en lo que, por otra parte, puede aparecer como objeto de pensamiento, como algo sencillamente constituido.

Así, pues, la sensibilidad se describe no como un momento de la representación sino como el hecho del disfrute. Su intención –si es lícito recurrir a este término– no va en el sentido de la representación. No basta con decir que a la sensación le falta claridad y distinción, como si estuviera situada en el nivel de la representación. La sensibilidad no es un conocimiento teórico inferior vinculado, por íntimamente que sea, a estados afectivos: en su misma *gnosis,* la sensibilidad es disfrute; se satisface con lo dado, se contenta. El «conocimiento» sensible no tiene que superar la regresión al infinito, vértigo de la inteligencia; ni siquiera la experimenta. Se encuentra ya inmediatamente al final; acaba, termina, sin referirse a lo infinito. La «finición» sin referencia a lo infinito, la «finición» sin limitación, es la relación con el final como fin. El dato sensible del que se nutre la sensibilidad viene, pues, siempre, a colmar una necesidad, responde a una tendencia. No es que al principio hubiera el hambre; la simultaneidad del hambre y el alimento constituye la condición paradisíaca inicial del disfrute, de modo que la teoría platónica de los placeres negativos se atiene únicamente al esbozo formal del disfrute y desconoce la originalidad de una estructura que no se manifiesta en lo formal sino que trama de modo concreto el vivir de... Una existencia que tiene esta manera es cuerpo, a la vez separado de su fin (o sea, necesidad) pero yendo ya hacia este fin sin tener que conocer los medios necesarios para obtenerlo; una acción desencadenada por el fin, realizada sin el conocimiento de ningún medio, o sea, sin útiles o instrumentos. La finalidad pura, irreducible a un resultado, no se produce más que por la acción corporal ignorante del mecanismo de su fisiología. Pero el cuerpo no es sólo lo que baña en el elemento, sino lo que *mora* (o sea, habita y posee). En la sensibilidad misma, y con independencia de todo pensamiento, se anuncia una inseguridad que pone en cuestión otra vez la ancianidad casi eterna del elemento que ha de inquietarla como lo *otro* y del que ella se apropiará recogiéndose en una morada.

El disfrute parece que toca a cierto «otro» en la medida en que se anuncia un porvenir en el elemento que lo amenaza con la inseguridad. Más adelante hablaremos de esta inseguridad que es del orden del disfrute. Lo que nos importa por ahora es mostrar que la sensibilidad es del orden del disfrute y no del orden de la experiencia. Así comprendida, la sensibilidad no se confunde con las formas, aún vacilantes, de la «conciencia de». No se separa del pensamiento por una simple diferencia de grado; ni siquiera por una diferencia que tenga que ver con la nobleza o el grado de esplendor de sus objetos. La sensibilidad no apunta a un objeto ni aun rudimentario. Concierne incluso a las formas elaboradas de la conciencia, pero su obra propia consiste en el disfrute, a través del cual todo objeto se disuelve en elemento dentro del cual está sumergido el disfrute. Pues, de hecho, los objetos sensibles de los que disfrutamos ya han sufrido cierto trabajo. La cualidad sensible va ya enganchada a una sustancia. Y más adelante tendremos que analizar la significación del objeto sensible como cosa. Pero el contento, en su ingenuidad, se oculta tras la relación con las cosas. Esta tierra en que me encuentro y partiendo de la cual acojo los objetos sensibles o me dirijo hacia ellos, me basta. La tierra que me sostiene, me sostiene sin que me inquiete yo por saber qué sostiene a la tierra. Este pedazo del mundo, universo de mi comportamiento cotidiano; esta ciudad o este barrio o esta calle por los que me muevo; este horizonte en que vivo: me contento con la cara que me ofrecen, no los fundo en un sistema más vasto. Son ellos los que me fundan a mí. Yo los acojo sin pensarlos. Yo disfruto de este mundo de cosas como de elementos puros; como de cualidades sin soporte, sin sustancia.

Pero ¿no supone este «para mí» una representación de sí en el sentido idealista de la palabra? El mundo es para mí; lo que no significa que me represente yo el mundo como siendo para mí y que me represente, a mi vez, este yo, este «mí». Esta relación de mí conmigo se cumple cuando *me mantengo* en el mundo que me precede como un absoluto de irrepresentable antigüedad. Desde luego, no puedo *pensar* el horizonte en el que me encuentro como siendo algo absoluto, pero sí que estoy y me *mantengo* en él como en un absoluto. Estar y mantenerse difiere, precisamente, de «pensar». El pedazo de tierra que me soporta no es sólo objeto mío: soporta mi experiencia del objeto. Los lugares que piso no me resisten sino que me soportan. La relación con mi lugar a través de este «mantenerme» precede al pensamiento y al trabajo. El cuerpo, la posición, el hecho de tenerse y mantenerse –esbozos de la relación primera conmigo mismo, de mi coincidencia conmigo– no se parecen en nada a la representación idealista. Yo soy yo mismo; yo soy, yo estoy aquí, en casa: habitación, inmanencia en el mundo. Mi sensibilidad está aquí. En mi posición no hay el sentimiento de la localización sino la localización de mi sensibilidad. La posición –absolutamente sin trascendencia– no se parece a la comprensión del mundo por el *Da*⁷ heideggeriano. No cuidado de ser ni relación con el ente, y tampoco negación del mundo, sino su accesibilidad en el disfrute. Sensibilidad: estrechez misma de la vida; ingenuidad del yo irreflejo; más allá del instinto y más acá de la razón.

Pero la «cara de las cosas» que se ofrecen como elemento, ¿no remite implícitamente a la otra cara? Implícitamente, desde luego. Y a los ojos de la razón el contenido de la sensibilidad se vuelve ridículo. Pero la sensibilidad no es una razón ciega y una locura. Está antes de la razón. No hay en absoluto que referir lo sensible a la totalidad sobre la que se cierra. La sensibilidad pone en juego la separación misma del ser (separado e independiente). La aptitud para mantenerse en lo inmediato no se reduce a nada; no significa el desfallecimiento del poder que pudiera explicitar dialécticamente los presupuestos de lo inmediato, ponerlos en movimiento y suprimirlos sublimándolos. La sensibilidad no es un pensamiento que se ignora a sí mismo. Para pasar de lo implícito a lo explícito hace falta un maestro que llame la atención. Llamar la atención no es una obra subsidiaria. En la atención, el yo se trasciende; pero hacía falta una relación con la exterioridad del maestro para atender. La explicitación supone esta trascendencia.

La limitación del contenido sin referencia a lo ilimitado precede a la distinción de lo finito y lo infinito, tal como ésta se impone al pensamiento. Las descripciones de la psicología contemporánea, que hacen de la sensación un islote que emerge de un fondo viscoso y oscuro de lo inconsciente –respecto del cual lo consciente de lo sensible ya habría perdido su sinceridad– desconocen la profunda e irreducible suficiencia de la sensibilidad: del hecho de tenerse y mantenerse en el interior de su horizonte. Sentir es justo contentarse since-

---

7. Literalmente, el *ahí* (primer componente, desde luego, del término *Dasein*, que José Gaos tradujo por *ser-ahí*). Cf. M. Heidegger, *Ser y tiempo*, sobre todo §§ 29-34. La palabra «cuidado», *souci*, que viene inmediatamente en el texto, es la traducción de *Sorge*, el término alemán que describe la estructura fundamental del existir en *Ser y tiempo* [N. del T.].

ramente con lo que se siente; disfrutar; rechazar las prolongaciones inconscientes; ser sin pensar, o sea, sin segundos pensamientos, sin segunda intención, sin equívoco; romper con todas las implicaciones; estarse en casa. Desprendido de todas las implicaciones, de todas las prolongaciones que el pensamiento ofrece, el cumplimiento de todos los instantes de nuestra vida es posible precisamente porque la vida prescinde de la búsqueda intelectual de lo incondicionado, pasa de ella. Reflexionar sobre cada uno de mis actos es, desde luego, situarlos respecto de lo infinito; pero la conciencia irrefleja e ingenua constituye la originalidad del disfrute. La ingenuidad de la conciencia se describía como pensamiento adormilado, cuando la verdad es que de este adormilamiento no se podrá sacar pensamiento de ninguna manera. Es la vida, en el sentido en que se dice gusto por la vida. Disfrutamos del mundo antes de referirnos a sus prolongaciones: respiramos, andamos, vemos, nos paseamos, etc.

La descripción del disfrute, tal como hasta aquí la hemos hecho, por supuesto que no traduce al hombre concreto. En realidad, el hombre tiene ya la idea de lo infinito, o sea, vive en sociedad y se representa las cosas. La separación, que se cumple como disfrute, es decir, como interioridad, se vuelve conciencia de objetos. Las cosas se fijan gracias al yo que las da, que las comunica y que las tematiza. Y la nueva fijeza que las cosas adquieren gracias al lenguaje supone mucho más que añadir un sonido a una cosa. Por encima del disfrute, con la morada se esboza la posesión, la puesta en común –un discurso sobre el mundo. La apropiación y la representación añaden al disfrute un acontecimiento nuevo. Se fundan en el lenguaje como relación entre seres humanos. Las cosas tienen un nombre y una identidad; a las cosas que permanecen siendo las mismas les suceden transformaciones: la piedra se erosiona, mas sigue siendo la misma piedra; encuentro que son los mismos mi pluma y mi sillón; en el palacio mismo de Luis XIV es donde se firmó el tratado de Versalles; el mismo tren es el tren que sale a la misma hora. El mundo de la percepción es, por lo tanto, un mundo en el que las cosas tienen una identidad, y ya se ve que la subsistencia de este mundo no es posible más que gracias a la memoria. La identidad de las personas y la continuidad de sus trabajos proyectan sobre las cosas la retícula en que encontramos las cosas idénticas. Una tierra habitada por los seres humanos dotados de lenguaje se puebla de cosas estables.

Pero esta identidad de las cosas permanece siendo inestable y no clausura el regreso de las cosas al elemento. La cosa existe en medio de sus residuos. Cuando la leña para calentarse se vuelve humo y cenizas, la identidad de mi mesa desaparece. Los residuos se vuelven indiscernibles; el humo se va quién sabe a dónde. Aunque mi pensamiento sigue la trasformación de las cosas, yo pierdo muy pronto –en cuanto ellas abandonan lo que las contiene– la huella de su identidad. El razonamiento que Descartes hace a propósito del pedazo de cera indica el itinerario por el que todas las cosas pierden su identidad. En las cosas, la distinción de la materia y la forma es esencial, como también lo es la disolución de la forma en la materia. Ésta impone una física cuantitativa en el lugar del mundo de la percepción.

La distinción entre forma y materia no caracteriza todas las experiencias. El rostro no tiene forma que se le añada, pero no se ofrece como lo informe, como materia a la que falta la forma y que la llama. Las cosas tienen una forma; se ven *a* la luz, *en* la luz (silueta, perfil). El rostro *se* significa. Como silueta y perfil, la cosa tiene su naturaleza gracias a una perspectiva: permanece relativa a un punto de vista. La situación de la cosa constituye, pues, su ser. Hablando con propiedad, la cosa no tiene identidad: se la puede convertir en otra, puede volverse dinero. Las cosas no tienen rostro. Como son convertibles, «realizables», tienen un precio. Representan dinero porque son algo elemental: son riquezas. Esto confirma su arraigo en lo elemental, su accesibilidad a la física y su significación de útiles o instrumentos. La orientación estética que el hombre da al conjunto de su mundo representa, en un plano superior, un retorno al disfrute y a lo elemental. El mundo de las cosas hace apelación al arte, en el que el acceso intelectual al ser se trasmuta en disfrute; en el que lo Infinito de la idea es idolatrado en la imagen finita pero que basta. Toda arte es plástica. Los útiles y los utensilios, que suponen ellos mismos el disfrute, se ofrecen a su vez al disfrute. Son juguetes[8]: el bonito encendedor, el coche hermoso. Se adornan con artes decorativas; se sumergen en lo bello, en el que todo sobrepasar el disfrute vuelve al disfrute.

5. El formato mítico del elemento

El mundo sensible, que desborda la libertad de la representación, no anuncia el fracaso de la libertad sino el disfrute de un mundo: de un mundo «para mí» y que ya me contenta. Los elementos no acogen al hombre como tierra de exilio, humillando y limitando su libertad. El ser humano no se encuentra en un mundo absurdo, en el que ha sido *geworfen*[9]. Y esto es absolutamente verdadero. La inquietud que se manifiesta en el disfrute del elemento, en el desbordamiento del instante que escapa al dulce dominio del disfrute, se compensa, como veremos más adelante, mediante el trabajo. El trabajo es lo que compensa cómo la sensación se ralentiza en el elemento.

Pero este desbordar el elemento la sensación, que se muestra en la indeterminación con la que el elemento se ofrece a mi disfrute, toma un sentido temporal. La cualidad, en el disfrute, no es cualidad de algo. Lo sólido de la tierra que me soporta, el azul del cielo sobre mi cabeza, el soplo del viento, el rizarse el mar, el brillo de la luz, no van aferrados a una sustancia. No vienen de ninguna parte. Este hecho de no venir de ninguna parte, de venir de «algo» que no es, de aparecer sin que haya nada que aparezca –y, por consiguiente, de *venir*

---

8. No es posible reproducir en español el juego de palabras que utiliza Levinas en francés: *jouet*, «juguete», se relaciona con *jouir*, «disfrutar», y con *jouissance*, «disfrute» [N. del T.].

9. «Arrojado»; nueva alusión directa a *Ser y tiempo*, cf. § 31 [N. del T.].

siempre, sin que pueda yo *poseer* la fuente–, esboza el porvenir de la sensibilidad y del disfrute. Aún no se trata de una representación del porvenir, en la que la amenaza ofrece plazo y liberación. Es mediante la representación como el disfrute, al recurrir al trabajo, se vuelve a convertir en absoluto dueño del mundo interiorizándolo respecto de su morada. El porvenir como inseguridad está ya en esta cualidad pura a la que falta la categoría de la sustancia, el algo, una cierta cosa. No es que la fuente se me escape *de hecho*: la cualidad, en el disfrute, se pierde en *ninguna parte*. Es lo *ápeiron*[10], distinto de lo infinito, y que, por oposición a la cosa, se presenta como cualidad refractaria a la identificación. La cualidad no hace resistencia a la identificación porque ésta represente un trascurso y una duración; su carácter elemental, su venir partiendo de nada, constituye, por el contrario, su fragilidad, su desmoronarse en el devenir, ese tiempo anterior a la representación que es amenaza y destrucción.

Lo elemental me conviene; disfruto de ello; la necesidad a la que responde es la *manera* misma de este convenir y de esta felicidad. Sólo la indeterminación de lo porvenir trae inseguridad a la necesidad, le trae indigencia: lo elemental pérfido se da escapándose. Así, pues, no es la relación de la necesidad con una alteridad radical lo que indica la no-libertad de la necesidad. La resistencia de la materia no choca contra nosotros como choca lo absoluto. Es resistencia ya vencida, que se ofrece al trabajo y abre un abismo en el propio disfrute. El disfrute no se refiere a un infinito más allá de aquello que lo alimenta, sino al desvanecimiento virtual de lo que se ofrece, a la inestabilidad de la felicidad. El alimento viene como un feliz azar. Ambivalencia del alimento, que, por una parte, se ofrece y contenta, pero que ya se aleja, para perderse, en lo finito y en la estructura de la cosa, de lo infinito.

---

10. «Indefinido», «ilimitado»: el término que usa Homero para la dimensión del mar y que luego emplea Anaximandro de Mileto, el primero de los cosmólogos prosistas arcaicos, para designar lo Dominante sobre cuanto nace, muere y se presenta ante el ser humano [N. del T.].

Este no provenir de ninguna parte opone el elemento a lo que describimos con el título de rostro, donde precisamente se presenta personalmente un ente. Estar afectado por una cara del ser, mientras todo su espesor permanece indeterminado y viene a mí de ninguna parte, es inclinarse sobre la inseguridad del día de mañana. El porvenir del elemento como inseguridad se vive de manera concreta como divinidad mítica del elemento. Dioses sin rostro, dioses impersonales a los que no se habla, marcan la nada que rodea al egoísmo del disfrute en el seno de su familiaridad con el elemento. Sin embargo, es así como el disfrute realiza la separación. El ser separado debe correr el riesgo del paganismo, que da testimonio de su separación y en el que se realiza esta separación, hasta el momento en que la muerte de estos dioses lo conducirá al ateísmo y a la verdadera trascendencia.

La nada del porvenir asegura la separación: el elemento del que disfrutamos desemboca en la nada que separa. El elemento en que habito está en la frontera de una noche. Lo que oculta la cara del elemento que se vuelve hacia mí no es «algo», no es «una cierta cosa» susceptible de revelarse, sino una profundidad, siempre nueva, de ausencia: existencia sin existente, lo impersonal por excelencia. Esta manera de existir sin revelarse, fuera del ser y del mundo, debe ser llamada mítica. La prolongación nocturna del elemento es el reino de los dioses míticos. El disfrute carece de seguridad. Pero este porvenir no toma el carácter de una *Geworfenheit*[11], porque la inseguridad amenaza un disfrute ya feliz en el elemento y al que tan sólo esta felicidad le hace notar la inquietud.

Hemos descrito esta dimensión nocturna del porvenir con el título *hay*. El elemento se prolonga en el *hay*. El disfrute, como interiorización, choca contra la extrañeza misma de la tierra.

Pero le queda el recurso al trabajo y a la posesión.

---

11. El «estado de arrojado» o, como se ha traducido con frecuencia tanto en francés como en español este término tan característico de *Ser y tiempo*, la «derelicción». Cf. *supra*, 41, nota 6 [N. del T.].

C. YO Y DEPENDENCIA

1. El gozar y su día de mañana

El movimiento hacia sí del disfrute y la felicidad señala el bastarse, la suficiencia del yo, aunque la imagen de la espiral que va enrollándose y que hemos usado no permita traducir también el arraigo de esta suficiencia en la insuficiencia y el no bastarse del vivir de... El yo es felicidad, presencia junto a sí y en casa, desde luego; pero como es suficiencia en su no-suficiencia, mora en el no-yo: es disfrute de «otra cosa», nunca de sí mismo. Es autóctono, o sea, arraiga en lo que él no es; y sin embargo es, en este arraigo, independiente y separado. La relación del yo con el no-yo que se produce como felicidad que promueve al yo, no consiste ni en asumir el no-yo ni en rechazarlo. Entre el yo y *aquello de lo que vive* no se extiende la distancia absoluta que separa a Mismo del Otro. La aceptación o el rechazo de aquello de que vivimos supone un previo *consentimiento*, un *gustarse* previo, a la vez dado y recibido: el consentimiento y el gusto de la felicidad. El primer gustoso consentimiento –vivir– no aliena al yo, sino que lo mantiene, constituye su *estar en casa*. La morada, la habitación, pertenece a la esencia –al egoísmo– del yo. Contra el *hay* anónimo –horror, temblor y vértigo, conmoción del yo, que no coincide consigo mismo–, la felicidad del disfrute afirma al Yo en casa. Pero si bien en la relación con el no-yo del mundo habitado por él, se produce el yo como suficiencia y se mantiene, en un instante, arrancado a la continuidad del tiempo, dispensado de asumir o rechazar un pasado, no goza de esta dispensa por un privilegio que le conceda la eternidad. La verdadera posición del yo en el tiempo consiste en interrumpirlo escandiéndolo con comienzos. Lo cual se produce bajo las especies de la acción. El comienzo, en el seno de una continuidad, no es posible más que como acción. Pero el tiempo en que el yo puede comenzar su acto anuncia la labilidad de su independencia. Las incertidumbres del porvenir que echan a perder el disfrute recuerdan a éste que su independencia encierra una dependencia.

La felicidad no llega a disimular esta quiebra en su soberanía, que queda denunciada como «subjetiva», «psíquica», «únicamente interna». El regreso hacia el yo –hacia la inevitable subjetividad que se constituye en la felicidad del disfrute– de todos los modos de ser, no instaura una subjetividad absoluta, independiente del no-yo. El no-yo alimenta el disfrute y el yo tiene necesidad del mundo que lo exalta. La libertad del disfrute se experimenta, pues, como limitada. La limitación no tiene que ver con el hecho de que el yo no ha escogido su nacimiento y, por tanto, está ya de entrada y siempre en situación; sino con el hecho de que la plenitud de su instante de disfrute no está asegurada contra lo desconocido del elemento mismo que está disfrutando: disfrutar no deja de ser buena suerte, hallazgo feliz. El hecho de que el disfrute no sea más que un vacío que se llena, de ninguna manera podría arrojar sospechas respecto de la plenitud cualitativa del disfrute. El disfrute y la felicidad no se calculan por las cantidades de ser y de nada que se compensan o que son deficitarias. El disfrute es una exaltación, una subida que sobrepasa el puro ejercicio de ser. Pero la felicidad del disfrute –satisfacción de las necesidades, y tal que el ritmo necesidad-satisfacción no la pone en peligro– puede empañarse por el cuidado del día de mañana, que va incluido en la insondable profundidad del elemento en que está sumido el disfrute. La felicidad del disfrute florece sobre el «mal» de la necesidad y depende, pues, de «otro»: hallazgo feliz, buena suerte. Ahora bien, esta coyuntura no justifica ni la denuncia del placer como ilusorio, ni caracterizar al hombre en el mundo por la derelicción. No hay que confundir la indigencia que *amenaza* al vivir como *vivir de...* –ya que aquello de que la vida vive puede llegar a faltarle– con lo vacío del apetito, ya instalado en el disfrute, que hace posible, en la satisfacción, más allá del simple ser, su júbilo. El «mal» de la necesidad, por otra parte, no atestigua en absoluto cierta pretendida irracionalidad de lo sensible, como si lo sensible viniera a obstaculizar la autonomía de la persona razonable. En el dolor de las necesidades, la razón no se rebela contra el escándalo de lo *dado* que preexiste a la libertad. Y es que no cabe empezar poniendo un yo para preguntarse a continuación si el disfrute y la necesidad lo obstaculizan, lo limitan, lo dañan o lo niegan. En el disfrute, el yo, sencillamente, cristaliza.

2. EL AMOR POR LA VIDA

Originalmente hay un ser pleno, un ciudadano del paraíso. El «vacío» sentido supone que la necesidad que de él toma conciencia está ya en el seno de un disfrute, siquiera sea del disfrutar el aire que se respira. Ese vacío anticipa el gozo de la satisfacción, que es *más y mejor* que la ataraxia. El dolor, lejos de poner la vida sensible en cuestión, se sitúa en sus horizontes y se refiere a la alegría de vivir. La vida, de entrada, se ama. Es verdad que el yo puede rebelarse contra lo dado de su situación, puesto que, viviendo en ella, no se pierde en su casa y permanece siendo diferente de aquello de lo que vive. Pero este desnivel entre el yo y lo que lo alimenta no autoriza la negación del alimento como tal. Si bien por este desnivel puede ponerse en juego cierta oposición, se mantiene ésta en los límites de la misma situación que rechaza y de la que se alimenta. Toda oposición a la vida se refugia en la vida y se refiere a sus valores. He aquí el *amor por la vida*: armonía preestablecida con lo que, sencillamente, va a sucedernos.

El amor de la vida no se parece al cuidado por ser, el cual se refiere a la inteligencia del ser u ontología. El amor de la vida no ama el ser, sino la felicidad de ser. La vida amada es el disfrute mismo de la vida, el contento, que ya gusto en el rechazo que le opongo: contento negado en nombre del contento mismo. Siendo relación de la vida con la vida, el amor por la vida no es ni una representación de la vida ni una reflexión sobre la vida. El desnivel entre yo y mi gozo no deja sitio a un rechazo total. No hay en la rebelión rechazo radical, igual que en el acceso a la vida disfrutando de la vida no hay asunción alguna. La famosa pasividad del sentir es tal que no deja juego alguno al movimiento de una libertad que la asuma. *La gnosis de lo sensible es ya disfrute*. Lo que estaríamos tentados de presentar como negado o consumido en el disfrute no se afirma para sí, sino que, de entrada, se da. El disfrute accede a un mundo que no tiene secreto ni es ciertamente extraño. La originaria positividad del disfrute, perfectamente inocente, no se opone a nada y, en este sentido, se basta a sí misma desde el principio: instante o parada, logro del *carpe diem*, soberanía del «después de mí, el diluvio». Estas pretensiones serían puros absurdos y no tentaciones eternas, si el instante del disfrute no pudiera arrancarse absolutamente a quedar pulverizado en la duración.

Así pues, no cabe caracterizar la necesidad ni como libertad, puesto que es dependencia, ni como pasividad, puesto que vive de aquello que, ya familiar y sin secretos, no la esclaviza, sino que la hace disfrutar. Los filósofos de la existencia que insisten en la derelicción se equivocan en lo que hace a la oposición que surge entre el Yo y su gozo, tanto si esta oposición proviene de la inquietud que se insinúa en el disfrute –amenazado por lo indeterminado del porvenir, que es esencial a la sensibilidad–, como si proviene de lo penoso inherente al trabajo. En ninguno de estos casos, de ninguna manera, el ser se rechaza en su totalidad. Al oponerse al ser, el yo pide amparo al ser mismo. El suicidio es trágico debido a que la muerte no aporta solución a todos los problemas que hizo surgir el nacer, pues es impotente para humillar los valores de la tierra. De ahí el grito final de Macbeth al enfrentarse con la muerte, derrotado porque el universo no se deshace al mismo tiempo que su vida. El sufrimiento desespera por estar clavado al ser y, a la vez, ama el ser al que está clavado. Imposibilidad de salir de la vida. ¡Qué tragedia! ¡Qué comedia! El *taedium vitae* está sumido en el amor de la vida que rechaza. La desesperación no rompe con el ideal del gozo. En realidad, este pesimismo tiene una infraestructura económica: expresa la angustia por el mañana y lo penoso del trabajo, cuyo papel en el deseo metafísico veremos luego. Las intuiciones marxistas conservan aquí toda su fuerza, aunque en una perspectiva diferente. El sufrimiento de la necesidad no se calma con la anorexia, sino con la satisfacción. Amamos la necesidad; el hombre es feliz de tener necesidades. Un ser sin necesidades no sería más feliz que uno con ellas, sino que estaría fuera de la felicidad y la infelicidad. El hecho de que la indigencia pueda dejar marcado el placer de la satisfacción y que, en vez de tener la plenitud pura y simple, accedamos al disfrute por la necesidad y el trabajo, es una coyuntura que tiene que ver con la estructura misma de la separación. La separación, que se cumple por el egoísmo, sólo sería una palabra si el ser separado y suficiente, el ego, no oyera el sordo rumor de la nada a la que refluyen y en donde se pierden los elementos.

El trabajo puede superar la indigencia que aporta al ser no la necesidad sino la incertidumbre del porvenir.

La nada del porvenir, ya lo veremos, se trasmuta en intervalo del tiempo en que se insertan la posesión y el trabajo. El paso del disfrute instantáneo a la fabricación de cosas está referido a la habitación, a la economía, la cual supone la acogida del otro. El pesimismo de la derelicción no es, pues, irremediable: el hombre tiene en sus manos el remedio de sus males, y los remedios preexisten a los males.

Pero el trabajo mismo, gracias al cual vivo libremente, al darme seguridad contra la incertidumbre de la vida, no aporta a la vida su significación última. También él se convierte en algo *de lo que* vivo. Yo vivo de todo contenido de la vida, incluso del trabajo que me asegura el porvenir. Vivo de mi trabajo como vivo del aire, de la luz y del pan. El mundo absurdo de la *Geworfenheit* es el caso límite en el que la necesidad se impone, más allá del disfrute: la condición proletaria, que condena al trabajo maldecido y en la que la indigencia de la existencia corporal no halla en casa ni refugio ni ocio.

3. Disfrute y separación

En el disfrute se estremece el ser egoísta. El disfrute separa al mismo tiempo que sume en los contenidos de que vive. La separación se ejerce como la obra positiva de este sumir. No resulta de un simple corte, como el distanciamiento espacial.

Ser separado es estar en casa. Pero estar en casa es vivir de..., es disfrutar de lo elemental. El «fracaso» de la constitución de los objetos de que se vive no reside en la irracionalidad o la oscuridad de estos objetos, sino en su función de alimentos. El alimento no es irrepresentable; él sos-tiene su propia representación, pero en él el yo vuelve a encontrarse. La ambigüedad de una constitución en la que el mundo representado condiciona el acto de representación es la *manera de ser* de quien no está solamente puesto, sino que *se* pone. El vacío absoluto, el «ninguna parte» en que se pierde y en que surge el elemento, bate por todos lados el islote del Yo que vive interiormente. La interioridad que el disfrute abre no se añade como un atributo al sujeto «dotado» de vida consciente, al modo de una propiedad psicológica entre otras. La interioridad del disfrute es la separación en sí, el modo según el cual un acontecimiento como la separación puede producirse en la economía del ser.

La felicidad es un principio de individuación; sin embargo, la individuación en sí no se concibe más que desde lo interior, por la interioridad. En la felicidad del disfrute es donde se ponen en juego la individuación, la autopersonificación, la sustancialización y la independencia del sí mismo (olvido de las infinitas profundidades del pasado y del instinto que las resume). El disfrute es la producción misma de un ser que *nace*, que rompe la eternidad tranquila de su existencia seminal o uterina para encerrarse en una persona; la cual, viviendo del mundo, vive en su casa. La transmutación incesante de la representación extática en disfrute –que hemos sacado a la luz– resucita a cada instante: es la anterioridad de lo que constituyo, respecto de esta misma constitución. Es el pasado vivo y vivido no en el sentido en que llamamos así a un recuerdo muy intenso o muy próximo; ni tampoco un pasado que nos tiene marcados y, de esa manera, nos esclaviza; sino un pasado que funda aquello que de él se separa y se libera. Liberación que brilla en la claridad de la felicidad: separación. Su libre vuelo y su gracia se sienten y se producen como la holgura misma de la hora buena. Libertad que se refiere a la felicidad, hecha de felicidad y que, por tanto, es compatible con un ser que no es *causa sui*, que está creado.

Hemos intentado elaborar la noción de disfrute, en que se alza y estremece el yo; no hemos determinado al yo por la libertad. La libertad, como posibilidad del comienzo y referida a la felicidad –a la maravilla de la hora buena cortando la continuidad de las horas–, es la producción del Yo y no una experiencia entre tantas otras que «llegan» al Yo, que le suceden. La separación, el ateísmo –nociones negativas–, se producen por acontecimientos positivos. Ser yo, ateo, en casa, separado, feliz, creado: todos, sinónimos.

Egoísmo, disfrute y sensibilidad, y toda la dimensión de la interioridad –articulaciones de la separación– son necesarios a la idea de Infinito –o a la relación con el Otro que se establece a partir del ser separado y finito. El Deseo metafísico, que no puede producirse más que en un ser separado, es decir, que disfruta, egoísta y satisfecho, no mana, pues, del disfrute. Pero si el separado –o sea, sintiente– es necesario a la producción de lo infinito y de la exterioridad en la metafísica, destruiría esta exterioridad al constituirse como tesis o como antítesis, en un juego dialéctico. Lo infinito no suscita lo finito por oposición. Al igual que la interioridad del disfrute no se deduce de la relación trascendente, ésta tampoco se deduce, a guisa de antítesis dialéctica, del ser separado, como contrapartida de la subjetividad, al modo en que la unión es la contrapartida de la distinción entre dos términos de una relación cualquiera. El movimiento de la separación no se encuentra en el mismo plano que el movimiento de la trascendencia. Estamos fuera de la conciliación dialéctica del yo y el no-yo, en lo eterno de la representación (o en la identidad del yo).

Ni el ser separado ni el ser infinito se producen como términos antitéticos. Es preciso que la interioridad que asegura la separación (y no a título de réplica abstracta de la noción de relación) produzca un ser absolutamente cerrado sobre sí, que no extrae dialécticamente su aislamiento de su oposición al Otro. Y es preciso que esta cerrazón no impida la salida fuera de la interioridad, para que la exterioridad pueda hablarle, revelársele, en un movimiento imprevisible que el aislamiento del ser separado no podría suscitar por simple contraste. Luego es preciso que en el ser separado la puerta a lo exterior esté a la vez abierta y cerrada. Luego es preciso que la cerrazón del ser separado sea lo bastante ambigua como para que, por una parte, la interioridad necesaria a la idea de infinito permanezca siendo *real* y no sólo aparente; como para que el destino del ser interior prosiga en un ateísmo egoísta que nada externo refuta; como para que prosiga éste sin que, en todos los movimientos de descenso a la interioridad, el ser que desciende a sí se relacione, por puro juego de dialéctica y en forma de una correlación abstracta, con la exterioridad. Pero, por otra parte, es preciso que *en la misma interioridad* excavada por el disfrute se produzca una heteronomía que incita a un destino distinto de esta complacencia animal en sí mismo. Si bien la dimensión de interioridad no puede desmentir su interioridad porque aparezca un elemento heterogéneo en el curso de este descenso a sí mismo por la pendiente del placer (descenso que, en realidad, se limita a excavar esta dimensión), es preciso, sin embargo, que en este descenso se produzca un choque u obstáculo que, sin invertir el movimiento de la interiorización, sin romper la trama de la sustancia interior, proporcione la *ocasión* de reanudar las relaciones con la exterioridad. La interioridad debe, a la vez, estar cerrada o abierta. Es así como se describe ciertamente la posibilidad de despegar de la condición animal.

A esta singular pretensión el disfrute responde, efectivamente, con la inseguridad que perturba su seguridad fundamental. Esta inseguridad no tiene que ver con la heterogeneidad del mundo respecto del disfrute y que haría, según se dice, fracasar la soberanía del yo. La felicidad del disfrute es más fuerte que toda inquietud; pero la inquietud puede perturbarla. He aquí el desnivel entre lo animal y lo humano. La felicidad del disfrute es más fuerte que toda inquietud: sean cuales

sean las inquietudes del día de mañana, la felicidad de vivir
–respirar, ver, sentir: «¡Un minuto más, señor verdugo!»[1]– permanece siendo, en el seno de la inquietud, el término que se propone a toda evasión del mundo, perturbado por la inquietud hasta un punto intolerable. *Se huye de la vida hacia la vida.* El suicidio le parece una posibilidad a un ser que ya está en relación con el Otro, que ya está elevado a la vida *para el otro.* Es posibilidad de una existencia ya metafísica. Sólo un ser capaz ya de sacrificio es capaz de suicidio. Antes de definir al hombre como animal que puede suicidarse, hay que definirlo como capaz de vivir para el otro y de *ser* a partir del otro, exterior a sí mismo. Pero el carácter trágico del suicidio y el sacrificio da testimonio del carácter radical del amor por la vida. La relación original del hombre con el mundo material no es la negatividad, sino el disfrute y el agrado de la vida. Es únicamente respecto de este agrado, que no puede ser superado en la interioridad, puesto que la constituye, como el mundo puede aparecer hostil: mundo por negar y por conquistar. Aunque la inseguridad del mundo –con la que se está plenamente conforme en el disfrute– perturbe el disfrute, no podría la inseguridad suprimir el agrado fundamental de la vida. Pero esta inseguridad aporta, en la interioridad del disfrute, una frontera que no procede ni de la revelación del Otro, ni de un contenido heterogéneo cualquiera, sino, de alguna manera, de la nada. Tiene que ver con la manera en que el elemento en que se contenta y se basta el ser separado viene a este ser: con el espesor mitológico que prolonga el elemento y en el que el elemento se pierde. Esta inseguridad –que dibuja así un ribete de nada alrededor de la vida interior, en confirmación de su insularidad– se vive en el instante del disfrute como el cuidado por el día de mañana.

Pero así se abre en la interioridad una dimensión a través de la cual podrá ésta alcanzar y acoger la revelación de la trascen-

---

1. Son las palabras que, según la tradición, pronunció Madame du Barry cuando estaba a punto de ser guillotinada [N. del T.].

dencia. En el cuidado por el día de mañana brilla el fenómeno original del porvenir esencialmente incierto de la sensibilidad. Para que este porvenir surja con su significación de postergación y *aplazamiento*, a través de la cual el *trabajo*, al domeñar la incertidumbre del porvenir y su inseguridad y al instaurar la *posesión*, dibuje la separación bajo las especies de la independencia económica, el ser separado debe poder recogerse y tener representaciones. El *recogimiento* y la *representación* se producen en concreto como *habitación en una morada* o Casa. Pero la interioridad de la casa está hecha de extraterritorialidad en el seno de los elementos del disfrute de los que la vida se alimenta. Extra-territorialidad que tiene una cara positiva. Se produce en la dulzura o el calor de la intimidad. Lo cual no es un estado de calma subjetivo, sino un acontecimiento en la ecumene del ser: un delicioso «desfallecimiento» o «desmayo» del orden ontológico. Por su estructura intencional, la dulzura viene al ser separado a partir del Otro: el Otro que se *revela* precisamente –y por su alteridad– no en un choque que niega al yo, sino como el fenómeno original de la dulzura.

El conjunto de este trabajo tiende a mostrar una relación con Otro que no sólo rompe la lógica de la contradicción, en la que lo otro de A es lo no-A, negación de A, sino también la lógica dialéctica, en la que Mismo participa dialécticamente de Otro y se concilia con él en la Unidad del sistema. La acogida del rostro –que es de entrada pacífica, porque responde al Deseo inextinguible de Infinito, y de la que la guerra misma no es más que una posibilidad (de la que de ninguna manera es ella su condición)– se produce de manera originaria en la dulzura del rostro femenino, en la que el ser separado puede recogerse y gracias a la cual *habita* –y cumple en su morada la separación. La habitación y la intimidad de la morada que hace posible la separación del ser humano, supone, pues, una primera revelación del Otro.

Así pues, la idea de infinito –revelándose en el rostro– *no exige* sólo un ser separado. La luz del rostro es necesaria para la separación; pero al fundar la intimidad de la casa, la idea de infinito no provoca la separación mediante una fuerza cualquiera de oposición y de llamada dialéctica, sino por la gracia femenina de su irradiación. La fuerza de oposición y de llamada dialéctica destruiría la trascendencia integrándola en una síntesis.

D. LA MORADA

1. LA HABITACIÓN

Cabe interpretar la habitación como la utilización de un «utensilio» entre los «utensilios». La casa serviría para habitar como el martillo para clavar un clavo o la pluma para escribir. Pertenece, en efecto, a todo el equipo de las cosas que son necesarias para la vida del hombre. Sirve para guarecerlo de las intemperies, para ocultarlo a los enemigos o a los importunos. Pero en el sistema de finalidades en que se halla la vida humana, la casa ocupa un lugar privilegiado; mas en absoluto el lugar de un fin último. Es verdad que se la puede buscar como meta, que puede uno «disfrutar» de su casa; pero la casa no manifiesta su originalidad en esta posibilidad de disfrute. Pues todos los «utensilios», fuera de su utilidad de medios con vistas a un fin, comportan un interés inmediato. Puedo, en efecto, *complacerme* en manejar un útil, en trabajar, en cumplir usándolo los gestos que se insertan, desde luego, en un sistema de finalidad, pero cuyo fin se sitúa más lejos que el placer o la pena que procuran esos mismos gestos aislados, los cuales, en todo caso, llenan o *alimentan* una vida. El papel privilegiado de la casa no consiste en ser el fin de la actividad humana, sino en ser la condición de ésta y, en este sentido, su comienzo. El recogimiento necesario para que la naturaleza pueda ser representada y trabajada, para que empiece a perfilarse como mundo, se cumple como casa. El hombre está en el mundo como venido a él a partir de un dominio privado, de su casa, a donde en todo momento puede retirarse. No viene al mundo de un espacio intersideral en el que ya se posea a sí mismo y a partir del cual tenga en todo momento que recomenzar un peligroso aterrizaje. Pero tampoco se encuentra en el mundo brutalmente arrojado y abandonado en él. Simultáneamente fuera y dentro, va afuera a partir de una intimidad. Por otra parte, esta intimidad se abre en una casa, que se sitúa en aquel fuera. En efecto, la morada, como edificio, pertenece a un mundo de objetos; pero esta pertenencia no anula el alcance del hecho de que toda consideración de objetos –así sean éstos los edificios– se produce a partir de una morada. En concreto, la morada no se sitúa en el mundo objetivo, sino que el mundo objetivo se sitúa en relación a mi morada. El sujeto idealista, que constituye *a priori* su objeto y hasta el lugar en que él mismo se encuentra, no los constituye, hablando rigurosamente, a priori, sino precisamente *a posteriori*, después de haber morado, como ser concreto, en él, desbordando el saber, el pensamiento y la idea en los que luego querrá el sujeto encerrar el acontecimiento de morar, que es inconmensurable con el saber.

El análisis del disfrute y del *vivir de...* ha mostrado que el ser no se resuelve en acontecimientos empíricos y en pensamientos que reflejen esos acontecimientos o que apunten a ellos «intencionalmente». Presentar la habitación como una toma de conciencia de cierta coyuntura de cuerpos humanos y edificios, es dejar de lado, es olvidar cómo la conciencia se vierte en las cosas; lo cual, para la conciencia, no consiste en una representación de las cosas, sino en una intencionalidad específica de concretización. Cabe formularla así: la conciencia de un mundo es ya conciencia *a través de* ese mundo. Algo de este mundo que se ve es órgano o medio esencial de la visión: la cabeza, los ojos, las gafas, la luz, las lámparas, los libros, la escuela. La civilización del trabajo y de la posesión surge toda ella como concretización del ser separado que efectúa su separación. Pero esta civilización remite a la encarnación de la conciencia y a la habitación: a la existencia a partir de la intimidad de una casa –concretización primera. La noción misma de un sujeto idealista salió de tergiversar este desbordamiento de la concretización. El *para sí* del sujeto se ponía en una especie de éter, de modo que su posición no añadía nada a la representación de sí por sí mismo que englobaba esa misma posición. La contemplación, con su pretensión de constituir a posteriori la morada misma, da testimonio, desde luego, en favor de la separación, o, mejor todavía, es un momento indispensable de su producción. Pero no cabe olvidar la morada en el recuento de las condiciones de la representación, aun cuando la representación es un algo condicionado privilegiado, que se traga su condición misma –pues sólo a posteriori se la traga. El sujeto que contempla un mundo supone, pues, el acontecimiento de la morada, el retiro partiendo de los elementos (o sea, partiendo del disfrute inmediato, pero ya inquieto por el día de mañana), el recogerse en la intimidad de la casa.

El aislamiento de la casa no suscita mágicamente, no provoca «químicamente» el recogimiento, la subjetividad humana. Hay que invertir los términos: el recogimiento, obra de separación, se concreta como existencia en una morada, como existencia económica. Como el yo existe recogiéndose, se refugia empíricamente en la casa. El edificio no toma esta significación de morada más que a partir de ese recogimiento. Pero la «concretización» no refleja sólo la posibilidad que ella concreta, a fin de explicitar sus articulaciones aún implícitas. La interioridad, *cumplida* concretamente por la casa, el paso a acto –*la energía*– del recogimiento a través de la morada, abre nuevas posibilidades que no contenía analíticamente la posibilidad del recogimiento, pero que, siendo esenciales a su *energía*, no se manifiestan más que cuando ésta se despliega. ¿Cómo es que la habitación, al actualizar este recogerse, esta intimidad y este calor o esta dulzura de la intimidad, hace posibles el trabajo y la representación, que culminan la estructura de la separación? Lo veremos a continuación. Importa antes describir las «implicaciones intencionales» del recogimiento mismo y de la dulzura en que se lo vive.

2. La habitación y lo femenino

El recogimiento, en el sentido corriente del término, indica una suspensión de las reacciones inmediatas que el mundo solicita, con vistas a una mayor atención a *sí* mismo, a las posibilidades y la situación de sí mismo. Coincide ya con un movimiento de la atención liberada del disfrute inmediato porque ya no saca su libertad del agrado de los elementos. ¿De dónde la saca? ¿Cómo podría estarle permitida la reflexión total a un ser que jamás llega a ser el *hecho desnudo* de existir y cuya existencia es vida, o sea, vivir de algo? ¿Cómo cabe que se produzca una distancia en el seno de una vida que es vivir de…, que disfruta de los elementos y que se preocupa por superar la inseguridad del disfrute? ¿Acaso consiste el recogimiento en mantenerse en una región indiferente, en un vacío, en uno de esos intersticios del ser en que están los dioses epicúreos? El Yo perdería así la confirmación que en tanto que vivir de… y disfrute de…, recibe en el elemento que lo alimenta, sin por eso pasar a recibir de otra parte esta confirmación. A menos que la distancia respecto del disfrute, en vez de significar el frío vacío de los intersticios del ser, se viva positivamente como una dimensión de interioridad a partir de la familiaridad íntima en la que la vida está sumida.

La familiaridad del mundo no resulta únicamente de hábitos adquiridos en el mundo, que le quitan sus rugosidades y que miden la adaptación del viviente a un mundo del que disfruta y se alimenta. La familiaridad y la intimidad se producen como una dulzura que se extiende sobre la cara de las cosas. No sólo es un convenir la naturaleza a las necesidades del ser separado que la disfruta desde el principio y que se constituye como ser separado –o sea, como yo– en este disfrute; sino que también es dulzura que proviene de una amistad respecto de este yo. La intimidad que la familiaridad ya supone es una *intimidad con alguien*. La interioridad del recogimiento es una soledad en un mundo ya humano. El recogerse se refiere a un acoger.

Pero, cara al Otro, ¿cómo pueden producirse la separación de la soledad y la intimidad? La presencia del Otro, ¿no es ya lenguaje y trascendencia?

Para que en la ecumene del ser pueda producirse la intimidad del recogimiento, es preciso que la presencia del Otro no se revele sólo en el rostro que traspasa su propia imagen plástica, sino que se revele, simultáneamente con esta presencia, en su retirada y su ausencia. Esta simultaneidad no es una construcción abstracta de la dialéctica, sino la esencia misma de la discreción. Y el Otro cuya presencia es discretamente una ausencia y a partir de la cual se cumple la acogida hospitalaria por excelencia, que circunscribe el campo de la intimidad, es la Mujer. La mujer es la condición del recogimiento, de la interioridad de la Casa y de la habitación.

El simple vivir de…, el agrado espontáneo en los elementos, no es aún la habitación. Pero la habitación no es aún la trascendencia del lenguaje. El Otro que acoge en la intimidad no es el *usted* del rostro, que se revela en una dimensión de altura, sino precisamente el *tú* de la familiaridad: lenguaje sin enseñanza, lenguaje silencioso, acuerdo sin palabras, expresión en lo secreto. El yo-tú en que ve Buber la categoría de la relación interhumana, no es la relación con el interlocutor, sino con la alteridad femenina. Esta alteridad se sitúa en otro plano que el lenguaje y no representa en absoluto un lenguaje truncado, balbuciente, aún elemental. Muy al contrario, la discreción de esta presencia incluye todas las posibilidades de la relación trascendente con el otro. No se comprende, y no ejerce su función de interiorización, más que sobre el trasfondo de la plena personalidad humana pero que, en la mujer, puede precisamente reservarse para abrir la dimensión de la interioridad. La cual es una posibilidad nueva e irreducible, un desfallecimiento delicioso en el ser y la fuente de la dulzura en sí.

La familiaridad es un cumplimiento, una *en-ergía* de la separación. Partiendo de ella, la separación se constituye como morada y habitación. Existir, pues, significa morar. Morar no es precisamente el simple hecho de la realidad anónima de un ser arrojado en la existencia como una piedra que lanzamos hacia atrás. Es un recogimiento, un venir hacia sí, una retirada a la casa de uno como tierra de asilo, que responde a una hospitalidad, a una espera, a una acogida humana. Acogida humana en que el lenguaje que calla permanece siendo una posibilidad esencial. Estas idas y venidas silenciosas del ser femenino, que hace resonar con sus pasos las secretas espesuras del ser, no es el misterio turbio de la presencia animal y felina, cuya extraña ambigüedad se complacía Baudelaire en evocar.

La separación, que se concreta a través de la intimidad de la morada, perfila relaciones nuevas con los elementos.

3. LA CASA Y LA POSESIÓN

La casa no arraiga al ser separado en un territorio para dejarlo en comunicación vegetal con los elementos. Se sitúa en cierto retraimiento respecto del anonimato de la tierra, el aire, la luz, el bosque, la carretera, el mar, el río. Es solvente, pero también tiene su secreto. Partiendo de la morada, el ser separado rompe con la existencia natural, sumido en un medio en que su disfrute, sin seguridad, crispado, se invierte en cuidado. Circula entre la visibilidad y la invisibilidad: está siempre partiendo hacia el interior, cuyo vestíbulo es su casa, o su rincón, o su tienda, o su caverna. La función original de la casa no consiste en orientar al ser gracias a la arquitectura del edificio, y en descubrir un lugar, sino en romper la plenitud del elemento, en abrir en él la utopía donde el «yo» se recoja morando en su casa y permaneciendo en ella. Pero la separación no me aísla, como si sencillamente se me arrancara a estos elementos. Ella es lo que hace posible el trabajo y la propiedad.

El disfrute extático e inmediato al que –absorbido de algún modo por la sima incierta del elemento– el yo ha podido entregarse, se aplaza, se da un plazo en la casa. Pero esta suspensión no anula la relación del yo con los elementos. La morada permanece, a su modo, abierta sobre el elemento del que separa. A distancia, de por sí ambigua, a la vez lejanía y cercanía, la ventana suprime esta ambigüedad para hacer posible una mirada que domine, una mirada de quien escapa a las miradas: la mirada que contempla. Los elementos quedan a disposición del yo: puede tomarlos, puede dejarlos. Ahora el trabajo arrancará las cosas a los elementos y *descubrirá* así el mundo. Este asir original, esta empresa dominadora del trabajo, que *suscita* las cosas y trasforma la naturaleza en mundo, supone, igual que la contemplación de la mirada, el recogerse del yo en su morada. El movimiento por el que un ser construye su casa, se abre la interioridad y se la asegura, se constituye en un movimiento por el que el ser separado se recoge. El nacimiento latente del mundo se produce partiendo de la morada.

Aplazar el disfrute hace accesible un mundo, o sea, el ser que ahí está sin que nadie lo herede, pero a disposición del que tome posesión de él. No hay ahí causalidad alguna: el mundo no *resulta* de este aplazamiento *decidido* en algún pensar abstracto. El aplazar el disfrute no tiene más significación concreta que este poner a disposición que lo cumple, que es su en-ergía. Una coyuntura nueva en el ser, cumplida por la estancia en una morada, y no por cierto pensamiento abstracto, es necesaria para el despliegue de esta *en-ergía*. Esta estancia en una morada, la habitación, antes de imponerse como hecho empírico, condiciona todo empirismo y hasta la estructura del hecho que se impone a la contemplación. Y a la inversa, la presencia «en casa» desborda la aparente sencillez que encuentra en ella el análisis abstracto del «para sí».

Vamos a describir en las páginas que siguen la relación que instaura la casa con un mundo por poseer, por adquirir, por volver *interior*. En efecto, el primer movimiento de la economía es egoísta: no es trascendencia, no es expresión. El trabajo, que arranca las cosas a los elementos en que estoy sumido, descubre sustancias duraderas, pero suspende inmediatamente la independencia de su ser perdurable adquiriéndolas como bienes muebles, trasportables, almacenados, metidos en casa.

La casa, que funda la posesión, no es posesión en el mismo sentido que las cosas muebles que puede recoger y guardar.

La casa es poseída porque, desde el comienzo, es hospitalaria para con su propietario. Lo cual nos remite de nuevo a su interioridad esencial y al habitante que la habita antes que todo habitante, al acogedor por excelencia, al acogedor en sí: al ser femenino. ¿Hay que añadir que aquí no se trata, en absoluto, de sostener, desafiando el ridículo, la verdad o la contra-verdad empírica de que toda casa suponga *de hecho* una mujer? En este análisis se ha encontrado lo femenino como uno de los puntos cardinales del horizonte en que se sitúa la vida interior, y la ausencia empírica del ser humano de «sexo femenino» en una morada no cambia nada en la dimensión de feminidad que ahí permanece abierta como la acogida misma de la morada.

4. Posesión y trabajo

Abordar el mundo es algo que se produce en el movimiento que, partiendo de la utopía de la morada, recorre un espacio para efectuar en él una presa original: para agarrar y llevarse. El porvenir incierto del elemento queda suspendido. El elemento se fija entre las cuatro paredes de la casa, se aquieta en la posesión. Aparece en ella como cosa, que quizá pueda definirse por la tranquilidad. Como en una «naturaleza muerta». Este asir operado sobre lo elemental es el trabajo.

La posesión de las cosas partiendo de la casa, que se produce gracias al trabajo, se diferencia de la relación inmediata con el no-yo en el disfrute; se diferencia de la posesión sin adquisición de que disfruta la sensibilidad que está sumida en el elemento –que «posee» sin coger. En el disfrute, el yo no asume nada. De entrada, vive de... La posesión por el disfrute se confunde con el disfrute. Ninguna actividad precede a la sensibilidad. Pero, en cambio, poseer disfrutando es también ser poseído y estar entregado a la profundidad insondable, o sea, al porvenir inquietante, del elemento.

La posesión partiendo de la morada se diferencia del contenido poseído y del disfrute de este contenido. Asiendo para poseer, el trabajo suspende en el elemento –que exalta pero que se lleva al yo que disfruta– la independencia del elemento: su ser. La cosa da testimonio en favor de esta presa o com-prensión, de esta ontología. La posesión neutraliza este ser: la cosa, en tanto que haber, es un ente que ha perdido su ser. Pero así la posesión, gracias a esta suspensión, com-prende el ser del ente, y sólo de este modo hace surgir la cosa. La ontología, que prende o agarra o capta el ser del ente –la ontología: relación con las cosas y que manifiesta las cosas–, es una obra espontánea y preteórica de todo habitante de la tierra. El porvenir imprevisible del elemento –su independencia, su ser– lo suspenden, lo aplazan, la posesión y el dominio. «Porvenir imprevisible» no porque supere el alcance de la visión, sino porque, sin rostro y perdiéndose en la nada, se inscribe en la profundidad insondable del elemento, que viene de un espesor opaco sin origen, del infinito malo o indefinido, del *ápeiron*. No tiene origen porque no tiene sustancia, no se adhiere a cierto «algo»; cualidad que no califica nada, sin punto cero por el que pase algún eje de coordenadas; materia primera absolutamente indeterminada. Suspender esta independencia del ser, esta materialidad del no-yo elemental, gracias a la posesión, no consiste ni en *pensar* esta suspensión, ni en obtenerla por efecto de una fórmula. El modo de acceder a la oscuridad insondable de la materia no es una idea de infinito sino el trabajo. La posesión se cumple por la toma de posesión o el trabajo, que es el destino propio de la mano. La mano es el órgano de toma y presa, de la primera y ciega presa en el pulular, en el hormigueo: ella relaciona conmigo, con mis fines egoístas, cosas arrancadas al elemento, el cual, sin comienzo ni fin, sume y ahoga al ser separado. Pero la mano, al *referir* lo elemental a la finalidad de las necesidades, no constituye las cosas más que separando su presa del disfrute inmediato, depositándola en la morada, confiriéndole el estatus de un haber. El trabajo es la *en-ergía* misma de la adquisición. Le sería imposible a un ser sin morada.

La mano cumple su función propia antes de todo ejecutar un plan, de todo proyectar un proyecto, de toda finalidad que lleve fuera de casa. El movimiento de la mano, rigurosamente económico, de toma y adquisición, lo disimulan las huellas y los «residuos» y las «obras» que esta adquisición deja en su movimiento de regreso hacia la interioridad de la casa. Estas obras recomienzan su existencia elemental como ciudad, como campo, como jardín, como paisaje. El trabajo, en su intención primera, es esta adquisición, este movimiento hacia sí. No es una trascendencia.

El trabajo se ajusta a los elementos a los que arranca las cosas. Coge la materia en tanto que materia primera. En esta presa original, la materia, a la vez, anuncia su anonimato y renuncia a él. Lo anuncia, ya que el trabajo, la presa sobre la materia, no es una visión ni un pensamiento en que la materia, ya determinada, se defina respecto de lo infinito; en la presa permanece, precisamente, indefinida a fondo y, en el sentido intelectual de esta palabra, incomprensible. Pero renuncia a su anonimato, dado que la presa original del trabajo la introduce en un mundo de lo identificable, la domeña y la pone a disposición de un ser que se recoge y se identifica antes de todo estado civil, de toda cualidad, sin proceder más que de sí mismo.

La presa sobre lo indefinido mediante el trabajo no se parece a la idea de infinito. El trabajo «define» la materia sin recurrir a la idea de infinito. La técnica original no pone en práctica un «conocimiento» previo, sino que apresa inmediatamente la materia. El poder de la mano que coge o que arranca, que muele o que amasa, refiere el elemento no a un infinito respecto del cual la cosa se defina, sino a un fin en el sentido de meta: a la meta de la necesidad. La profundidad insondable que el disfrute sospechaba en el elemento se somete al trabajo, que domeña el porvenir y aplaca el murmullo anónimo del *hay*, el trajín incontrolable de lo elemental, que inquieta incluso en el seno del propio disfrute. Esta oscuridad insondable de la materia se le presenta al trabajo como resistencia y no como el cara a cara. No como una idea de la resistencia, no como una resistencia que se anuncia mediante una idea o que se anuncia como absoluta (como un rostro); sino ya al contacto de la mano que la dobla, virtualmente vencida. El trabajador llegará en ello hasta el final; ella no se opone frontalmente, sino ya como abdicando, a la mano que busca su punto vulnerable y que ya, toda ella astucia e industria, la alcanza por el flanco. El trabajo aborda la resistencia falaz de la materia sin nombre –lo infinito de su nada. Así, a fin de cuentas, el trabajo no puede llamarse violencia. Se aplica a lo que no tiene rostro, a la resistencia de la nada. Actúa en el fenómeno. Sólo se dirige contra lo sin rostro de los dioses paganos, cuya nada pasa a denunciar. Prometeo que roba el fuego del cielo simboliza el trabajo industrial en su impiedad.

El trabajo domeña o suspende *sine die* el porvenir indeterminado del elemento. Asiendo las cosas, tratando al ser como mueble, como algo trasportable adentro de una casa, dispone del porvenir imprevisible en que se anunciaba la presa del ser sobre nosotros. Él se reserva este porvenir. La posesión sustrae el ser a su cambio. Ella, perdurable por esencia, no dura sólo como un estado del alma. Afirma su poder sobre el tiempo, sobre lo que no es de nadie: sobre lo porvenir. La posesión pone el producto del trabajo como aquello que mora permanente en el tiempo: como sustancia.

Las cosas se presentan como sólidos de contornos netamente delimitados. Junto a las mesas, las sillas, los sobres, los cuadernos, las plumas, las cosas fabricadas, las piedras, los granos de sal, las pellas de tierra, los carámbanos, las manzanas son cosas. Esta forma que separa el objeto, que le perfila lados, parece que lo constituye. Una cosa se diferencia de otra porque un intervalo la separa de ella. Pero la parte de una cosa es, a su vez, cosa: por ejemplo, el respaldo o la pata de la silla; pero también cualquier fragmento de la pata, aunque no constituya la articulación de ésta: todo lo que cabe desgajar y llevárselo. El contorno de la cosa señala la posibilidad de desprenderla, de moverla sin las demás, de llevársela. La cosa es *mueble*. Conserva cierta proporción con el cuerpo humano. Una proporción que la somete a la mano, y no sólo al disfrute de la mano. La mano lleva a la vez las cualidades elementales al disfrute y las coge y las guarda con vistas al disfrute futuro. La mano perfila un mundo arrancando su presa al elemento, perfilando seres definidos que tienen formas, o sea, sólidos; la información de lo informe es la solidificación: surgimiento de lo aprehensible, del *ente soporte* de las cualidades. Así, la sustancialidad no reside en la naturaleza sensible de la cosa, ya que la sensibilidad coincide con el disfrute que goza de un «adjetivo» sin sustantivo, de una cualidad pura, de una cualidad sin soporte. La abstracción que ha de elevar lo sensible al concepto no le puede conferir la sustancialidad que falta al contenido sensible; a menos que se insista no sobre el contenido del concepto, sino sobre el nacimiento latente del concepto mediante la presa original operada por el trabajo. La inteligibilidad del concepto designará entonces su referencia a la presa del trabajo, gracias a la cual se produce la posesión. La sustancialidad de la cosa está en su solidez –que se ofrece a la mano que coge y se lleva.

La mano no es, pues, sólo el extremo por el que comunicamos cierta cantidad de fuerzas a la materia. Ella atraviesa la indeterminación del elemento, suspende sus sorpresas imprevisibles, aplaza el disfrute –en el que ya amenazan esas sorpresas. La mano prende y comprende; reconoce el ser del ente, ya que lo que coge es presa y no sombra, y, al mismo tiempo, lo suspende, ya que el ser es su haber. Y sin embargo, este ser suspendido y domesticado se mantiene, no se desgasta en el disfrute que consume y usa. Por cierto tiempo, se pone como duradero, como *sustancia*. En alguna medida, las cosas son lo no comestible, el útil, el objeto de uso, el instrumento de trabajo, un bien. La mano *comprende* la cosa no porque la toque por todas sus partes a la vez (no la toca por todas ellas), sino porque ya no es un órgano del sentir, no es puro disfrute, pura sensibilidad, sino señorío, dominación, disposición –aspectos todos que no pertenecen al orden de la sensibilidad. Órgano de presa, de adquisición, la mano coge el fruto pero lo mantiene lejos de los labios: lo guarda, lo reserva, lo posee en una casa. La morada condiciona el trabajo. La mano que adquiere queda cargada y ocupada con su presa. No funda por sí misma la posesión. Por otra parte, el mismo proyecto de adquirir supone el recogimiento de la morada. Boutroux dice en algún lugar que la posesión prolonga nuestro cuerpo. Pero el cuerpo, como cuerpo desnudo, no es la posesión primera, sino que aún está fuera del haber y el no haber, del tener y el no tener. Disponemos de nuestro cuerpo conforme hemos ya suspendido el ser del elemento en que estamos sumidos: en cuanto *habitamos*. El cuerpo es mi posesión en la medida en que mi ser está en una casa, en el límite de la interioridad y la exterioridad. La extra-territorialidad de una casa condiciona la posesión misma de mi cuerpo.

La sustancia remite a la morada, o sea, en el sentido etimológico de la palabra, a la economía. La posesión coge en el objeto el ser, pero inmediatamente lo capta, o sea, lo impugna. Al colocarlo en mi casa como un haber, le confiere un ser de pura apariencia, un ser fenoménico. La cosa, mía o de otro, no es en sí. La posesión es lo único que toca la sustancia: las demás relaciones con la cosa sólo alcanzan atributos. La función de utensilio, como el valor portado por las cosas, no se impone a la conciencia espontánea como la sustancia, sino como uno entre los atributos de estos seres. El acceso a los valores y el uso, la manipulación y la manufactura, descansan sobre la posesión: sobre la mano que prende, que adquiere, que trae a casa. La sustancialidad de la cosa, correlativa de la posesión, no consiste, para la cosa, en presentarse absolutamente. En su presentarse, las cosas se adquieren, se dan.

Y como no es en sí, la cosa puede intercambiarse y, por tanto, compararse, cuantificarse; y por consiguiente, puede ya perder su identidad misma, puede reflejarse en dinero. Así pues, la identidad de la cosa no es su estructura originaria: desaparece en cuanto se aborda la cosa como materia. Tan sólo la propiedad instaura la permanencia en la cualidad pura del disfrute, pero esta permanencia desaparece al punto en la fenomenalidad reflejada en dinero. Siendo haber, mercancía que se compra y se vende, la cosa se revela en el mercado, como susceptible de pertenecer y ser intercambiada y, por ello, como convertible en dinero y susceptible de dispersarse en el anonimato del dinero.

Pero la misma posesión remite a relaciones metafísicas más profundas. La cosa no resiste a la adquisición; los otros poseedores –aquellos a los que no se puede poseer– impugnan la posesión y, por ello mismo, pueden consagrarla. De modo que la posesión de las cosas viene a parar en un discurso. Y la acción, por encima del trabajo, que supone la resistencia absoluta del rostro de otro ser, es mandamiento y palabra –o violencia criminal.

5. El trabajo, el cuerpo, la conciencia

La doctrina que interpreta el *mundo* como horizonte a partir del cual se presentan las cosas como utensilios, como los aperos que emplea una existencia en cuidado por su ser, tergiversa esta instalación en las lindes de una interioridad que la morada hace posible. Todo manipular un sistema de útiles y utensilios, todo trabajo, supone una *presa* original sobre las cosas: la posesión, cuyo nacimiento latente señala la casa, en los bordes de la interioridad. El mundo es posesión posible, y toda trasformación del mundo por la industria es una variación del régimen de propiedad. Partiendo de la morada, la posesión, cumplida por la presa casi milagrosa de una cosa en la noche, en el *ápeiron* de la materia primera, descubre un mundo. Coger una cosa ilumina la noche misma del *ápeiron*; no es el mundo lo que hace posibles las cosas. Por otra parte, la concepción intelectualista del mundo como espectáculo ofrecido a la contemplación impasible, tergiversa igualmente el recogimiento de la morada, en el que el zumbido incesante del elemento no puede ofrecerse a la mano que coge, ya que la mano, como tal mano, no puede surgir en el cuerpo inmerso en el elemento sin el recogimiento de la morada. La contemplación no es la suspensión de la actividad del hombre; viene después de la suspensión del ser caótico y, por ello, independiente, del elemento, y después del encuentro con el Otro que pone en cuestión la posesión misma. La contemplación supone, en todo caso, la movilización misma de la cosa cogida por la mano.

El cuerpo apareció en las consideraciones precedentes no como un objeto entre otros objetos, sino como el régimen bajo el cual se ejerce la separación: como el *cómo* de esta separación y, si cabe decirlo así, como adverbio más que como sustantivo. Como si en la vibración del existir separado se produjera esencialmente un nudo en el que se encuentran un movimiento de interiorización y un movimiento de trabajo y adquisición, dirigido hacia la profundidad insondable de los elementos; lo que sitúa al ser separado entre dos vacíos, en ese «en alguna parte» en que se pone precisamente como separado. Es preciso deducir y describir con más pormenor esta situación.

En el disfrute paradisíaco, sin tiempo ni cuidado, la diferencia entre actividad y pasividad se confunde en el agrado. El disfrute se alimenta todo él del fuera en que habita, pero su agrado y ajuste manifiesta su soberanía: una soberanía tan ajena a la libertad de una *causa sui* que nada de fuera podría afectarla, como a la *Geworfenheit* heideggeriana –que, cogida en lo *otro* que la limita y la niega, *sufre* por esta alteridad tanto como sufriría por ella una libertad idealista. El ser separado está separado o contento en su gozo de respirar, de ver, de sentir. Lo *otro* en medio de lo cual despliega su júbilo –los elementos– no está inicialmente ni a su favor ni en su contra. No hay asunción alguna escandiendo la relación primera del disfrute: ni supresión alguna de lo «otro», ni ninguna reconciliación con ello. Pero la soberanía del yo que vibra en el disfrute tiene de particular que está sumida en un medio y, por eso, sufre *influencias*. La originalidad de la influencia reside en que el ser autónomo del disfrute puede descubrirse, en este disfrute mismo al que va adherido, como determinado por lo que él no es, pero sin que el disfrute se rompa, sin que se produzca la violencia. Ese ser se aparece como el producto del medio en el que, sin embargo, bastándose a sí mismo, está sumido. Ser autóctono es a la vez atributo de soberanía y de sumisión. Ambas son simultáneas. Lo que influye en la vida, se infiltra en ella como un dulce veneno. La vida se aliena, pero incluso en el sufrimiento, la alienación le viene del interior. Esta inversión de la vida, siempre posible, no puede decirse en términos de libertad limitada o finita. La libertad se presenta aquí como una de las posibilidades del equívoco originario que se pone en juego en la vida autóctona. La existencia de este equívoco es el cuerpo. La soberanía del disfrute alimenta su independencia de una dependencia respecto de otro. La soberanía del disfrute corre el riesgo de una traición: la alteridad de la que vive ya la expulsa del paraíso. La vida es cuerpo, no sólo cuerpo propio en que aflora su suficiencia, sino encrucijada de fuerzas físicas, cuerpo-efecto. La vida da testimonio, en su profundo miedo, de esta inversión, siempre posible, del cuerpo-señor en cuerpo-esclavo, de la salud en enfermedad. *Ser cuerpo* es, por una parte, *tenerse*, ser señor de sí, y, por otra, tenerse sobre la tierra, estar en lo *otro* y, por tanto, cargar con el cuerpo. Pero, repitámoslo, este cargar con el cuerpo no se produce como pura dependencia: hace la felicidad de quien lo disfruta. Lo que mi existencia necesita para subsistir interesa a mi existencia. Paso de esta dependencia a esta independencia gozosa y, en mi propio sufrimiento, saco mi existencia del interior. Estar en casa en algo otro que sí mismo; ser sí mismo viviendo de algo otro que sí mismo; vivir de... se concreta en la existencia corporal. El «pensamiento encarnado» no se produce inicialmente como un pensamiento que actúa sobre el mundo, sino como una existencia separada que afirma su independencia en la feliz dependencia de la necesidad. No es que en esta equivocidad se trate de dos puntos de vista sucesivos sobre la separación: es que su simultaneidad constituye el cuerpo. A ninguno de estos aspectos que se revelan sucesivamente le pertenece la última palabra.

    La morada suspende o aplaza esta traición al hacer posibles la adquisición y el trabajo. La morada, al superar la inseguridad de la vida, es un perpetuo aplazar el vencimiento en que la vida corre el peligro de irse a pique. La conciencia de la muerte es la conciencia del aplazamiento perpetuo de la muerte, en la ignorancia esencial de su fecha. El disfrute, como cuerpo que trabaja, se mantiene en este aplazamiento primero: el que abre la dimensión misma del tiempo.

El sufrimiento del ser recogido, que es la paciencia por excelencia, pura pasividad, es a la vez apertura a la duración, aplazamiento dentro de este sufrimiento. En la paciencia coinciden la inminencia de la derrota y también cierta distancia respecto de ella. La ambigüedad del cuerpo es la *conciencia*.

Luego no existe *dualidad* del cuerpo propio y el cuerpo físico, entre los que habría que lograr conciliación. La morada que aloja y prolonga la vida, el mundo que la vida adquiere y utiliza mediante el trabajo, es también el mundo físico, en el que el trabajo se interpreta como un juego de fuerzas anónimas. La morada no es, para las fuerzas del mundo exterior, más que un aplazamiento. El ser domiciliado no rompe con las cosas más que porque se concede un plazo, porque «retarda el efecto», porque trabaja.

No hemos impugnado la espontaneidad de la vida. Por el contrario, hemos referido el problema de la interacción entre el cuerpo y el mundo a la habitación, al «vivir de...», en el que no cabría ya reencontrar el esquema de una libertad *causa sui* incomprensiblemente limitada. La libertad como relación de la vida con algo *otro* que la aloja y por el que la vida está *en casa*, no es una libertad finita: es virtualmente una libertad nula. La libertad es como el subproducto de la vida. Su adherencia al mundo en el que corre el riesgo de perderse es precisamente –y a la vez– aquello con lo que se defiende y está en su casa. Este cuerpo, eslabón de una realidad elemental, es también lo que permite hacer presa en el mundo, trabajar. Ser libre es construir un mundo en que se pueda ser libre. El trabajo viene de un ser, cosa entre las cosas y en contacto con las cosas, pero que, en este contacto, viene de su casa. La conciencia no cae en un cuerpo, no se encarna; es una desencarnación o, más exactamente, un aplazamiento de la corporeidad del cuerpo. Lo cual no se produce en el éter de la abstracción, sino como lo concretísimo de la morada y del trabajo. Tener conciencia es estar en relación *con lo que es*, pero como si el presente de *lo que es* no estuviera aún enteramente cumplido y tan sólo constituyera el *porvenir* de un ser recogido. Tener conciencia es precisamente tener tiempo; no desbordar el tiempo presente en el proyecto que anticipa lo porvenir, sino tener respecto del presente mismo una distancia: referirse al elemento en que se está instalado como a lo que aún no está ahí. Toda la libertad de la habitación está en el tiempo que aún le queda siempre al habitante. Lo inconmensurable, o sea, el formato incomprensible del medio, deja tiempo. La distancia respecto del elemento al que el yo está entregado no lo amenaza en su morada más que en lo que hace al porvenir. El presente no es, *por el momento*, más que la conciencia del peligro, el miedo –sentimiento por excelencia. La indeterminación del elemento, su porvenir, se vuelve conciencia, posibilidad de utilizar el tiempo. El trabajo no caracteriza a una libertad que se ha despegado del ser, sino a una voluntad: a un ser amenazado pero que dispone de tiempo para precaverse de la amenaza.

En la economía general del ser, la voluntad marca el punto en que lo definitivo de un acontecimiento se produce como no-definitivo. La fuerza de la voluntad no se desarrolla como una fuerza más poderosa que el obstáculo. Consiste en abordar el obstáculo no chocando con él, sino concediéndose siempre una distancia a su respecto: viendo un intervalo entre sí mismo y la inminencia del obstáculo. Querer es prevenir el peligro. Concebir el porvenir es pre-venir. Trabajar es retardar el decaer. Pero el trabajo sólo le es posible a un ser que tiene la estructura del cuerpo: un ser que coge seres, o sea, recogido en casa y que sólo está *en relación* con el no-yo.

Pero el tiempo que se manifiesta en el recogimiento de la morada, como diremos luego, supone la relación con algo otro que no se ofrece al trabajo: la relación con el Otro, con lo infinito, la metafísica.

Esta ambigüedad del cuerpo, por el que el yo está metido en lo otro pero siempre viene de aquí, de más acá, *se produce* en el trabajo. El trabajo no consiste en ser causa primera en una cadena *continua* de causas, según lo ve el pensamiento ya ilustrado; no consiste en ser la causa que ha de actuar en el momento en que el pensamiento, yendo marcha atrás desde el fin, se detenga en esta causa, la más próxima a nosotros porque coincide con nosotros. Las diferentes causas, estrechamente encadenadas, forman un mecanismo cuya esencia la expresa la máquina. Los engranajes de la máquina ajustan unos en otros perfectamente y forman una continuidad sin fisuras. Para una máquina, se puede decir con el mismo derecho que el resultado es la causa final del primer movimiento y que es el efecto de este primer movimiento. En cambio, el movimiento del cuerpo que provoca la acción de la máquina, la mano que va hacia el martillo o hacia el clavo que tiene que clavar, no es simplemente la *causa eficiente* de este fin –fin que sería la causa final de ese primer movimiento; pues en el movimiento de la mano se trata siempre, en cierta medida, de buscar y *atrapar* la meta, con todo lo azaroso que esto comporta. Esta distancia que el cuerpo excava y recorre hasta la máquina o el mecanismo que él acciona, puede ser más o menos grande; su margen puede reducirse mucho en el gesto rutinario. Pero incluso cuando el gesto es hábito, hacen falta habilidad y maña para guiar al hábito.

En otras palabras, la acción del cuerpo –que podrá decirse a posteriori en términos de causalidad– se despliega en el momento del acto bajo el imperio de una causa –en el verdadero sentido del término– final, en que los intermediarios que permitirán llenar esta distancia aún no se han encontrado –para que unos desencadenen los otros automáticamente–; en un momento en que la mano va a la aventura y atrapa su meta con una parte inevitable de *buena o mala suerte*, debido al hecho de que puede fallar. La mano es por esencia tanteo y presa. Tantear no es una acción técnicamente imperfecta, sino la condición de toda técnica. El fin no se ve como fin en una aspiración desencarnada, cuyo destino fijaría ese fin como fija la causa el destino del efecto. Si el determinismo del fin no se deja convertir en determinismo de la causa, es debido a que la concepción del fin no se separa de su realización. El fin no atrae; no es, en cierta medida, inevitable; sino que se lo atrapa y, por tanto, supone el cuerpo en tanto que mano. Sólo un ser dotado de órganos puede concebir una finalidad técnica, una relación entre el fin y el útil. El fin es un término que la mano busca a riesgo de no dar con él. El cuerpo, en tanto que posibilidad de una mano –y su corporeidad entera puede reemplazar a la mano– existe en la virtualidad de este movimiento que va hacia el útil.

Tantear, obra por excelencia de la mano, y obra adecuada a lo *ápeiron* del elemento, es lo que hace posible toda la originalidad de la causa final. Si la atracción que ejerce un fin no se reduce por completo a una serie continua de choques, a una continua propulsión, es debido, según se dice, a que la idea del fin dirige el desencadenarse de estos choques. Pero esta idea de fin sería un epifenómeno si no se manifestara en la manera como se da el primer choque: un jalar que se hace en el vacío, a la aventura. En realidad, la «representación» del fin y el movimiento de la mano que se lanza hacia él a través de una distancia inexplorada, no precedida por ningún espía explorador, no constituyen más que un solo y mismo acontecimiento y definen a un ser que, en el seno de un mundo donde está implantado, viene a este mundo de más acá de este mundo: de una dimensión de *interioridad*; un ser que *habita* en el mundo, o sea, que está en él en casa. Tantear revela esta posición del cuerpo, que a la vez se integra en el ser y mora en sus intersticios, siempre invitado a franquear una distancia a la aventura, y sosteniéndose ahí él solo: la posición de un ser separado.

6. La libertad de la representación y la donación

Ser separado es morar en alguna parte. La separación se produce positivamente en la localización. El cuerpo no le llega al alma como un accidente. ¿Inserción de un alma en la extensión? Esta metáfora no resuelve nada. Quedaría por comprender la inserción del alma en la extensión del cuerpo. El cuerpo, que aparece a la representación como una cosa entre las cosas, es de hecho la *manera* como existe separadamente un ser ni espacial ni extraño a la extensión geométrica o física. Es el régimen de la separación. El *en alguna parte* de la morada se produce como un acontecimiento original, respecto del cual (y no a la inversa) debe comprenderse el del despliegue de la extensión físico-geométrica.

Y sin embargo, el pensamiento representativo, que se alimenta y vive del ser mismo que se representa, remite a una posibilidad excepcional de esta existencia separada. No es que a una intención llamada teórica y base del yo se le añadan voluntades, deseos y sentimientos, a fin de trasformar el pensamiento en vida. La tesis estrictamente intelectualista subordina la vida a la representación. Se afirma que, para querer, hay antes que representarse lo que uno quiere; que, para desear, hay antes que representarse la meta; que, para sentir, hay antes que representarse el objeto del sentimiento; y que, para actuar, hay antes que representarse lo que va uno a hacer. Pero ¿cómo podrían nacer de la impasible representación la tensión y el cuidado de una vida? La tesis inversa no presenta menos dificultades. La representación, como caso límite de inmersión comprometida en la realidad, como residuo de un acto suspendido y vacilante; la representación como fracaso de la acción, ¿acaso agota la esencia de la teoría?

Si no es posible sacar de la contemplación impasible de un objeto la finalidad necesaria para el acto, ¿es que es más fácil sacar del compromiso, del acto, del cuidado, la libertad de la contemplación que la representación anuncia?

Por otro lado, el sentido filosófico de la representación no resulta de la mera oposición de la representación al acto. ¿Acaso la impasibilidad, opuesta al compromiso, caracteriza suficientemente la representación? La libertad, a la que se la aproxima, ¿es que es ausencia de relación, final de historia en el que no queda nada que sea *otro* y, por tanto, soberanía en el vacío?

La representación está condicionada. Su pretensión trascendental está constantemente desmentida por la vida, que desde siempre está ya implantada en el ser que la representación pretende constituir. Pero la representación pretende *a posteriori* reemplazar a esta vida en la realidad, para constituir esta realidad misma. Hay que poder dar cuentas, mediante la separación, de este condicionamiento constitutivo cumplido por la representación, aunque la representación haya de producirse *a posteriori*. Por ser a posteriori, por ser esencialmente recuerdo, lo teórico no es, desde luego, creador, pero su esencia crítica –su remontar a más acá– no se confunde con ninguna posibilidad del disfrute ni del trabajo. Da testimonio de una energía nueva, orientada como remontando la corriente, a contracorriente, y a la que sólo traduce superficialmente la impasibilidad de la contemplación.

Que la representación esté condicionada por la vida, pero que este condicionamiento pueda a posteriori invertirse –que el idealismo sea una tentación eterna–, tiene que ver con el acontecimiento mismo de la separación, que no hay que interpretar en ningún momento como corte abstracto en el espacio. El hecho de lo a posteriori es verdad que muestra que la posibilidad de la representación constituyente no restituye a la eternidad abstracta o al instante el privilegio de medirlo todo; por el contrario, muestra que la producción de la separación está ligada al tiempo, e incluso muestra que la articulación de la separación en el tiempo se produce, pues, en sí misma, y no sólo secundariamente, para nosotros.

La posibilidad de una representación constituyente pero que reposa ya sobre el disfrute de una realidad enteramente constituida, designa el carácter radical del desarraigo de quien se ha recogido en una casa en la que el yo, aun sumido en los elementos, se sitúa cara a una Naturaleza. Los elementos en los que vivo y de los que vivo, son también aquello a lo que me he opuesto. El hecho de haber delimitado una parte de este mundo y haberla cerrado, de acceder a los elementos que disfruto por la puerta y la ventana, realiza la extra-territorialidad y la soberanía del pensamiento, anterior al mundo al que ella es posterior. La separación, *anterior posteriormente*, no es «conocida» así, sino que es así como se produce. El recuerdo es precisamente el cumplimiento de esta estructura ontológica: una ola de marisma que vuelve, lamiendo la playa, más acá del punto del que partió; espasmo del tiempo, que condiciona la rememoración. Sólo así veo sin ser visto, como Giges; ya no estoy invadido por la naturaleza; ya no estoy sumido en un medio ambiente o una atmósfera. Sólo así la esencia equívoca de la casa excava intersticios en la continuidad de la tierra. Los análisis heideggerianos del mundo nos han acostumbrado a pensar que el «por mor de sí» que caracteriza al *Dasein*, que el cuidado en situación, condiciona, a fin de cuentas, todo producto humano. En *Ser y tiempo*, la casa no comparece aparte del sistema de los utensilios. Pero ¿es que acaso el «por mor de sí» del cuidado puede cumplirse sin un cierto desasirse respecto de la situación, sin recogimiento y sin extra-territorialidad, sin *la casa de uno*? El instinto permanece inserto en su situación; la mano que tantea atraviesa a la aventura un vacío.

¿De dónde me vienen esta energía trascendental, este aplazar que es el tiempo mismo, este porvenir en que la memoria asirá un pasado que fue antes del pasado («profundo ayer, ayer nunca bastante»)[1]; esta energía que supone ya el recogerse en una casa?

Hemos definido la representación como una determinación de Otro por Mismo, sin que Mismo se determine por Otro. Esta definición excluía a la representación de entre las relaciones recíprocas, cuyos términos se tocan y se limitan. Representarse eso de que vivo equivaldría a permanecer exterior a los elementos en los que estoy sumido. Pero aunque no puedo abandonar el espacio en que estoy sumido, sí puedo, partiendo de una morada, simplemente *abordar* estos elementos, poseer cosas. Desde luego, no puedo recogerme en el seno de mi vida, que es vivir de... Sencillamente, el momento negativo de este *morar* que determina la posesión, el recogimiento que me arranca a la inmersión, no es un simple eco de la posesión. No se puede ver en él la réplica de la presencia junto a las cosas, como si la posesión de las cosas, en tanto que

---

1. A lo largo de su obra, Levinas usó muchas veces este fragmento del *Cántico de las columnas*, de Paul Valéry [N. del T.].

presencia junto a ellas, contuviera dialécticamente la retirada de ellas. Esta retirada implica un acontecimiento nuevo. Es preciso que haya yo estado en relación con algo de lo que no viva. Este acontecimiento es la relación con el Otro que me acoge en la Casa, la presencia discreta de lo Femenino. Pero para que pueda yo liberarme de la posesión misma que instaura la acogida de la Casa, para que pueda ver las cosas en sí, o sea, representármelas, rechazar tanto el disfrute como la posesión, es preciso que sepa *dar* lo que poseo. Sólo así podría situarme absolutamente por encima de mi estar introducido en el no-yo y comprometido con él. Pero para esto hace falta que me encuentre el rostro indiscreto del Otro, que me pone en cuestión. El Otro –otro absolutamente– paraliza la posesión que impugna por su epifanía en el rostro. No puede impugnar mi posesión sino porque me aborda no desde fuera sino desde arriba. El Mismo no podría apoderarse de este Otro a no ser suprimiéndolo. Pero lo infinito infranqueable de esta negación del crimen se anuncia precisamente gracias a esta dimensión de altura en la que viene a mí el Otro: en concreto, en la imposibilidad ética de cometer tal crimen. Acojo al otro que se presenta en mi casa abriéndole mi casa.

A la puesta en cuestión de mí, coextensiva de la manifestación del Otro en el rostro, la llamamos lenguaje. A la altura de la que viene el lenguaje la designamos con la palabra enseñanza. La mayéutica socrática daba buena cuenta de una pedagogía que introducía ideas en un espíritu violando y seduciendo (lo que viene a ser lo mismo) este espíritu. No excluye la apertura de la dimensión misma de lo infinito, que es altura en el rostro del Maestro. Esta voz que viene de otras riberas enseña la trascendencia misma. La enseñanza significa lo infinito todo de la exterioridad. Y todo lo infinito de la exterioridad no empieza por producirse, para luego enseñar, sino que la enseñanza es su producción misma. La enseñanza primera enseña esta altura misma, que equivale a su exterioridad: la ética. Por este comercio con lo infinito de la exterioridad o la altura, la ingenuidad del ímpetu directo, la ingenuidad del ser que se ejerce como una fuerza en marcha, se avergüenza de su ingenuidad. Se descubre como violencia, pero, por ello mismo, se sitúa en una dimensión nueva. El comercio con la alteridad de lo infinito no hiere como una opinión. No limita al espíritu de manera inadmisible para un filósofo. La limitación no se produce más que en una totalidad, mientras que la relación con el Otro rompe el techo de la totalidad. Es profundamente pacífica. Otro no se opone a mí como libertad ajena pero parecida a la mía y, por tanto, hostil a la mía. El Otro no es una libertad ajena, tan arbitraria como la mía; en otro caso, salvaría de inmediato lo infinito que me separa de él, para entrar bajo el mismo concepto. Su alteridad se manifiesta en un señorío que no conquista sino que enseña. La enseñanza no es una especie de un género llamado dominación; no es una hegemonía que se pone por obra en el seno de una totalidad; sino que es la presencia de lo infinito haciendo saltar el círculo cerrado de la totalidad.

La representación saca su libertad respecto del mundo que la alimenta de la relación esencialmente moral con el Otro. La moral no se añade a las preocupaciones del yo para ordenarlas ni para hacerlas juzgar, sino que pone en cuestión y a distancia de sí al yo mismo. La representación comenzó no en la presencia de una cosa ofrecida a mi violencia pero escapando empíricamente a mis fuerzas, sino en mi posibilidad de poner esta violencia en cuestión: en una posibilidad que se produce por el comercio con lo infinito o por la sociedad.

El despliegue positivo de esta relación pacífica, sin frontera, sin negatividad alguna, con Otro, se produce en el lenguaje. El lenguaje no está entre las relaciones que cabe hacer trasparentes en las estructuras de la lógica formal: es contacto a través de una distancia; relación con lo que no se toca, a través de un vacío. Se sitúa en la dimensión del deseo absoluto por el que Mismo se halla en relación con otro, el cual no es lo que Mismo había sencillamente perdido. El contacto o la visión no se imponen como gestos arquetípicos de lo directo. El Otro no es, ni inicial ni finalmente, lo que captamos o aquello que hacemos tema nuestro. Pero la verdad no está ni en el ver ni en el coger –modos del disfrute, la sensibilidad y la posesión–; está en la trascendencia en la que la exterioridad absoluta se presenta expresándose, en un movimiento que consiste en retomar y descifrar, en todo momento, los signos mismos que emite.

Pero la trascendencia del rostro no se pone por obra fuera del mundo, como si la economía por la que la separación se produce estuviera por debajo de una especie de contemplación beatífica del Otro. (Ésta se invertiría, por ello mismo, en idolatría; y ésta se incuba en toda contemplación). La «visión» del rostro como rostro es una cierta manera de habitar en una casa o, para decirlo de un modo menos singular, una cierta forma de vida económica. Ninguna relación humana o interhumana cabe que se desarrolle fuera de la economía; no cabe abordar ningún rostro con las manos vacías y la casa cerrada: recogerse en una casa abierta al Otro –la hospitalidad– es el hecho concreto e inicial del recogimiento humano y de la separación; coincide con el Deseo del Otro absolutamente trascendente. La casa elegida es todo lo contrario de una raíz. Indica un desprenderse, un errar que la ha hecho posible y que no es un *menos* respecto de la instalación, sino un plus de la relación con el Otro o la metafísica.

Pero el ser separado puede encerrarse en su egoísmo, o sea, en el cumplimiento mismo de su aislamiento. Y esta posibilidad de olvidar la trascendencia del Otro –de desterrar impunemente de la propia casa toda hospitalidad, o sea, todo lenguaje; de desterrar de ella la relación trascendente, que es lo único que permite al Yo encerrarse en sí– da testimonio en favor de la verdad absoluta, del radicalismo de la separación. La separación no es sólo, de modo dialéctico, correlativa de la trascendencia, como su envés. Se cumple como un acontecimiento positivo. La relación con lo infinito permanece siendo otra posibilidad del ser recogido en su morada. La posibilidad, para la casa, de abrirse al Otro es tan esencial a la esencia de la casa como las puertas y las ventanas cerradas. La separación no sería radical si la posibilidad de encerrarse en casa no pudiera producirse sin contradicción interna como acontecimiento en sí (si tuviera que ser sólo un hecho empírico, psicológico, una ilusión), como se produce el ateísmo mismo. El anillo de Giges simboliza la separación. Giges juega con dos tableros, yendo y viniendo de la ausencia a la presencia entre los demás, hablando a los «otros» y eludiendo hablar. Giges es la condición misma del hombre: la posibilidad de la injusticia y del egoísmo radical; la posibilidad de aceptar las reglas del juego pero hacer trampas.

Todos los desarrollos de esta obra intentan librarse de una concepción que procura reunir los acontecimientos de la existencia afectados por signos opuestos en una condición ambivalente, la única que tendría dignidad ontológica; mientras que los acontecimientos mismos, que van comprometidamente en un sentido o en otro, quedarían en empíricos, sin que articularan ontológicamente nada nuevo. El método practicado aquí consiste, por cierto, en buscar la condición de las situaciones empíricas, pero deja a los desarrollos que se suele llamar empíricos, en los que la posibilidad condicionante se cumple, deja a la *concretización* un papel ontológico que precisa el sentido de la posibilidad fundamental (sentido que es invisible en aquella condición).

La relación con el otro no se produce fuera del mundo, sino que pone en cuestión el mundo poseído. La relación con el otro, la trascendencia, consiste en decir el mundo al Otro. Pero el lenguaje cumple la puesta en común original, que se refiere a la posesión y supone la economía. La universalidad que una cosa recibe de la palabra que la arranca al *hic et nunc* pierde su misterio en la perspectiva ética en que se sitúa el lenguaje. El *hic et nunc* se remonta él mismo a la posesión, en la que la cosa está cogida, y el lenguaje, que la designa al otro, es una desposesión original, una primera donación. La generalidad de la palabra instaura un mundo común. El acontecimiento ético, situado a la base de la generalización, es la intención profunda del lenguaje. La relación con el otro no estimula, no suscita solamente la generalización, no le proporciona sólo el pretexto y la ocasión (esto no lo ha impugnado nadie nunca), sino que es esta generalización misma. La generalización es una universalización; sólo que la universalización no es la entrada de una cosa sensible en el *no man's land* de lo ideal; no es puramente negativa, como una renuncia estéril; sino que se trata de la oferta del mundo al otro. La trascendencia no es una visión del Otro, sino una donación original.

El lenguaje no exterioriza una representación que preexiste en mí: pone en común un mundo que hasta entonces era mío. El lenguaje *efectúa* la entrada de las cosas en un éter nuevo, en el que reciben un nombre y se vuelven conceptos; primera acción por encima del trabajo; acción sin acción, aunque la palabra comporte el esfuerzo del trabajo; aunque, como pensamiento encarnado, el lenguaje nos inserte en el mundo, en los riesgos y azares de toda acción. El lenguaje sobrepasa en todo momento este trabajo por la generosidad de la oferta que inmediatamente hace de este trabajo mismo. Los análisis del lenguaje que tienden a presentarlo como una acción más dotada de sentido, entre tantas, tergiversan esta *oferta* del mundo, esta oferta de contenidos que responde al rostro del otro o que le pregunta y tan sólo abre la perspectiva de lo que tiene sentido.

La «visión» del rostro no se separa de esta oferta que es el lenguaje. Ver el rostro es hablar del mundo. La trascendencia no es una óptica, sino el primer gesto ético.

E. EL MUNDO DE LOS FENÓMENOS Y LA EXPRESIÓN

1. La separación es una economía

Al afirmar la separación, no se traslada a fórmula abstracta la imagen empírica del intervalo espacial, que reúne sus extremos por el espacio mismo que los separa. La separación debe perfilarse fuera de este formalismo, como acontecimiento que no equivale, una vez que se produce, a su contrario. Separarse no es permanecer siendo solidario de una totalidad; es positivamente estar *en alguna parte*, en la casa, ser económicamente. El «en alguna parte» y la casa explicitan el egoísmo, manera de ser original, en la que se produce la separación. El egoísmo es un acontecimiento ontológico, un desgarro efectivo, y no un sueño que trascurre en la superficie del ser y que podría uno pasar por alto, como se pasa por alto una sombra. El desgarro de una totalidad no puede producirse más que por el estremecimiento del egoísmo, ni ilusorio, ni subordinado en ningún sentido a la totalidad que desgarra. El egoísmo es vida: vivir de... o disfrute. El disfrute, entregado a los elementos que lo contentan pero lo extravían en el «en ninguna parte» y lo amenazan, se retira de ellos a una morada. Toda esta cantidad de movimientos opuestos (el salto a los elementos, que entreabre la interioridad; la estancia –feliz y necesitada– sobre la tierra; el tiempo y la conciencia, que desatornillan el ser y aseguran el dominio del mundo) se reúnen en el ser corporal del hombre: desnudez e indigencia expuestas a la exterioridad anónima de lo caliente y lo frío, pero recogimiento en la interioridad del «en casa», y, a partir de ello, trabajo y posesión. La posesión puesta en obra reduce a Mismo lo que, en principio, se ofrece como otro. La existencia económica (como la existencia animal), pese a la infinita extensión de necesidades que hace posible, permanece, mora, en Mismo. Su movimiento es centrípeto.

Pero esa obra, ¿acaso no manifiesta fuera aquella interioridad? ¿No llega a romper la cáscara de la separación? ¿Es que no cuentan de su autor las acciones, los gestos, las maneras, los objetos utilizados y fabricados? Sí lo hacen, pero sólo si se han vestido con la significación del lenguaje, que se instituye más allá de las obras. Sólo obrando, el yo no llega afuera; se retira o se congela, como si no llamara al otro ni le respondiera, sino que buscara en su actividad el confort, la intimidad y el sueño. Las líneas de sentido que la actividad traza en la materia se cargan inmediatamente de equívocos, como si la acción, al seguir su designio, se comportara como *sin contemplaciones* para con la exterioridad, sin atención a ella. Al emprender lo que he querido, he realizado muchas cosas que no he querido:

la obra surge entre los restos del trabajo. El obrero no tiene en su mano todos los hilos de su propia acción. Se exterioriza en actos ya fallidos en cierto sentido. Si sus obras emiten signos, hay que descifrarlos sin su auxilio. Si participa en este descifrarlos, habla. Así, el producto del trabajo no es una posesión inalienable y puede ser usurpado por el otro. Las obras tienen un destino independiente del yo: se integran en un conjunto de obras; se las puede cambiar, o sea, están en el anonimato del dinero. La integración en un mundo económico no compromete la interioridad de la que las obras proceden. Esta vida interior no muere como flor de un día, pero no se reconoce en la existencia que se le atribuye en la economía. Da testimonio de que es así la conciencia que tiene la persona de la tiranía del Estado. El Estado la despierta a una libertad que él inmediatamente viola. El Estado, que realiza su esencia a través de las obras, se desliza hacia la tiranía y atestigua así *mi ausencia* de esas obras, que vuelven a mí como ajenas, a través de las necesidades económicas. Partiendo de la obra, sólo se me deduce, y quedo ya tergiversado, traicionado más que expresado.

Pero tampoco rompo yo más la cáscara de la separación abordando al otro en sus obras, que son como las mías, que están entregadas al campo anónimo de la vida económica en que estoy yo, egoísta y separado, identificando mediante el trabajo y la posesión mi identidad de Mismo en medio de lo diverso. El Otro se señala, pero no se presenta. Las obras lo simbolizan. El simbolismo de la vida y del trabajo simboliza en ese sentido tan singular que Freud descubrió a todas nuestras manifestaciones conscientes y a nuestros sueños, y que es la esencia de todo signo, su definición original: que no revela sino ocultando. En este sentido, los signos constituyen y protegen mi intimidad. Expresarse con su vida, con sus obras, es precisamente negarse a la expresión. El trabajo permanece siendo económico. Viene de la casa y a ella regresa: movimiento de la Odisea, en el que la aventura corrida en el mundo no es más que el accidente de un retorno. Es verdad que, de manera absoluta, la interpretación del símbolo puede llevar hasta la adivinación de una intención, pero penetramos en ese mundo interior como por allanamiento y sin conjurar la ausencia. Ausencia a la que sólo la palabra, pero desprendida de su espesor de producto lingüístico, puede poner fin.

2. OBRA Y EXPRESIÓN

Las cosas se manifiestan como respondiendo a una pregunta en relación a la cual tienen sentido: la pregunta *quid?* Lo que esta pregunta pide es, inseparablemente, un sustantivo y un adjetivo. A esta demanda corresponde un contenido, ya sensible, ya intelectual (una «comprehensión» de concepto). El autor de la obra, abordado partiendo de la obra, no se presentará sino como contenido. Este contenido no cabría separarlo del contexto, del sistema en el que se integran las obras mismas, y responde a la pregunta por cuál es su sitio dentro del sistema. Preguntad *qué* es preguntar *como qué, en tanto qué*: es no tomar la manifestación por sí misma.

Pero la pregunta que interroga por la quididad se le plantea a alguien. Ya hace mucho que quien debe responder se ha *presentado*, respondiendo así a una pregunta anterior a todas las que demandan quididades. En realidad, *¿quién es?* no es una pregunta y no queda satisfecha con un saber. Aquel a quien se plantea esta cuestión *se ha presentado ya*, sin ser un contenido. Se ha presentado como rostro. El rostro no es una modalidad de la quididad, una respuesta a una pregunta; sino el correlato de lo que es anterior a toda pregunta. Lo que es anterior a toda pregunta no es, a su vez, una pregunta, ni un conocimiento poseído *a priori*, sino Deseo. El *quién* correlativo del Deseo, el *quién* al que se plantea la pregunta, es, en metafísica, una «noción» tan fundamental y tan universal como la quididad, el ser, el ente y las categorías.

Es verdad que, la mayor parte del tiempo, el *quién* es un *qué*. Se pregunta «¿quién es el señor X?» y se responde: «es presidente del Consejo de Estado» o «es el señor Fulano». La respuesta se ofrece como quididad; se refiere a un sistema de relaciones. A la pregunta ¿*quién?* responde la presencia no calificable de un ente que *se presenta* sin referirse a nada y que, sin embargo, se distingue de todo otro ente. La pregunta ¿*quién?* apunta al apuntarnos de un rostro. La noción del rostro difiere de todo contenido representado. Si la pregunta ¿*quién?* no pregunta en el mismo sentido que la pregunta ¿*qué?*, es porque aquí lo que se pregunta y aquel a quien se pregunta coinciden. Poner la mira en un rostro es plantear la pregunta ¿*quién?* al rostro mismo que es la respuesta a esta pregunta. Quien responde y lo respondido coinciden. El rostro, expresión por excelencia, formula la primera palabra: quien significa surge en el extremo de su signo, como unos ojos que os miran.

El *quién* de la actividad no está *expresado* en la actividad, no está *presente*, no asiste a su manifestación, sino que está ahí simplemente significado por un signo dentro de un sistema de signos, o sea, como un ser que se manifiesta precisamente como ausente de su manifestación: una manifestación en ausencia del ser, un fenómeno. Cuando se comprende al hombre partiendo de sus obras, más se lo sorprende que se lo comprende. Su vida y su trabajo lo enmascaran. Son símbolos que llaman a ser interpretados. La fenomenalidad de la que se trata no indica sencillamente cierta relatividad del conocimiento, sino una *manera de ser* en la que nada es último, en la que todo es signo –presente ausentándose de su presencia y, en este sentido, sueño. Con la exterioridad que no es la de las cosas, desaparece el simbolismo y comienza el orden del ser, y amanece un día de cuyo fondo ya no ha de amanecer ningún día nuevo. Lo que falta a la existencia interior no es un ser en superlativo que prolongue y amplifique los equívocos de la interioridad y de su simbolismo, sino un orden en el que todos los simbolismos quedan descifrados por los seres que se presentan absolutamente –que se expresan. El Mismo no es el Absoluto; su realidad, que se expresa en su obra, está ausente de su obra; su realidad no es total en su existencia económica.

Sólo al abordar al Otro me asisto a mí mismo. No que mi existencia se constituya en el pensamiento de los demás: una existencia a la que se llama objetiva, tal como se refleja en el pensamiento de los demás, y por la que yo cuento en la universalidad, en el Estado, en la historia, en la totalidad, no me expresa, sino que precisamente me disimula. El rostro que acojo me hace pasar del fenómeno al ser en otro sentido: en el discurso, me expongo a la interrogación del Otro, y esta urgencia de la respuesta –el agudo extremo del presente– me engendra para la responsabilidad: como responsable, me encuentro referido a mi realidad última. Esta atención extrema no actualiza lo que estuvo en potencia, porque no es concebible sin el Otro. Estar atento significa un plus de conciencia que supone la llamada del Otro. Estar atento es reconocer que el Otro es señor: recibir su mandamiento, o más exactamente, recibir de él el mandamiento de mandar. Mi existencia, como «cosa en sí», empieza con la presencia en mí de la idea de Infinito, cuando me busco en mi última realidad. Pero esta relación consiste ya en servir al Otro.

La muerte no es este maestro, este señor. Ella, siempre futura y desconocida, determina el miedo o la huida de las responsabilidades. La valentía es pese a la muerte. La valentía tiene su ideal en otro sitio: me mete comprometidamente en la vida. La muerte, fuente de todos los mitos, no está *presente* más que en el otro; y solamente en él me llama con urgencia a mi última esencia, a mi responsabilidad.

Para que la totalidad del contento revele su fenomenalidad y su inadecuación a lo absoluto, no basta que cierto descontento reemplace al contento. El descontento sigue estando en los horizontes de una totalidad, como una indigencia que, en la necesidad, anticipa su satisfacción. Como el ínfimo proletariado que no ambicionara más que el confort de los interiores burgueses y sus horizontes de pedantería. La totalidad del contento acusa su propia fenomenalidad cuando sobreviene una exterioridad que no se desliza al vacío de las necesidades ni aduladas ni contrariadas. La totalidad del contento revela su fenomenalidad cuando esta exterioridad –inconmensurable respecto de las necesidades– rompe la interioridad por su misma inconmensurabilidad. La interioridad se descubre entonces como insuficiente, sin que esta insuficiencia indique alguna limitación impuesta por esta exterioridad; sin que la insuficiencia de la interioridad se convierta inmediatamente en necesidades que presienten su satisfacción o que sufren con su indigencia; sin que en los horizontes perfilados por las necesidades se recosa la interioridad rota. Así, una exterioridad tal revela la insuficiencia del ser separado, pero una insuficiencia sin posible satisfacción. No sólo sin satisfacción *de hecho*, sino fuera de toda perspectiva de satisfacción o de insatisfacción. La exterioridad, ajena a las necesidades, revelaría, pues, una insuficiencia llena de esta misma insuficiencia y no de esperanzas: una distancia de más precio que el tocar; una posesión más preciosa que la posesión; un hambre que se alimenta no de pan, sino del hambre misma. No se trata de un sueño romántico más, sino de lo que desde el principio de esta investigación se impuso como Deseo. El Deseo no coincide con una necesidad insatisfecha: se sitúa más allá de la satisfacción y de la insatisfacción. La relación con el Otro, o la idea de Infinito, lo cumple. Todos podemos vivirlo en el extraño deseo del Otro que no hay placer que venga a coronar, a clausurar ni a adormecer. Gracias a esta relación, el hombre, retirado del elemento, recogido en una casa, se representa un mundo. A causa de ella, a causa de la presencia ante el rostro del Otro, el hombre no se deja engañar por su glorioso triunfo de viviente y, diferente del animal, puede conocer la distinción entre el ser y el fenómeno, puede reconocer la fenomenalidad de éste, su falta de plenitud: esa falta que no puede convertirse en necesidades y que, más allá de la plenitud y del vacío, no es susceptible de colmarse.

3. Fenómeno y ser

La epifanía de la exterioridad, que acusa el defecto de la interioridad soberana del ser separado, no sitúa la interioridad como una parte limitada por otra, dentro de una totalidad. Entramos en el orden del Deseo y en el orden de las relaciones irreducibles a las que rigen la totalidad. La contradicción entre la interioridad libre y la exterioridad que debería limitarla se concilia en el hombre abierto a la enseñanza.

La enseñanza es un discurso en el que el maestro puede aportar al alumno lo que el alumno aún no sabe. No opera como la mayéutica, sino que continúa la implantación en mí de la idea de infinito. La idea de infinito implica un alma capaz de contener más de lo que puede sacar de sí misma. Diseña un ser interior capaz de relación con lo exterior y que no toma su interioridad por la totalidad del ser. Todo este trabajo no intenta sino presentar lo espiritual conforme a este orden cartesiano, anterior al orden socrático. Pues el diálogo socrático supone ya seres decididos al discurso y, por lo tanto, seres que han aceptado las reglas de éste; mientras que la enseñanza lleva al discurso lógico sin retórica, sin adulación ni seducción y, así, sin violencia y manteniendo la interioridad de quien acoge.

El hombre del disfrute, que se mantiene en la interioridad que asegura su separación, puede ignorar su fenomenalidad. Esta posibilidad de la ignorancia no indica un grado inferior de conciencia, sino el precio mismo de la separación. La separación, como ruptura de la participación, se dedujo de la Idea de Infinito. Así, también ésta es una relación por encima del abismo de esta separación, que no es susceptible de ser llenado. Si la separación había de ser descrita mediante el disfrute y la economía, es porque la soberanía del hombre de ninguna manera fue el simple envés de la relación con el Otro. Al no reducirse la separación a simple contrapartida de la relación, la Relación con el Otro no tiene el mismo estatuto que las relaciones que se ofrecen al pensamiento objetivador (y en el que la distinción de los términos refleja también su mutua unión). La relación entre Yo y el Otro no tiene la estructura que la lógica formal encuentra en todas las relaciones. Sus términos permanecen ab-solutos, pese a la relación en que se hallan. La relación con el Otro es la única en la que puede darse semejante trastorno de la lógica formal. Pero entonces se comprende que la idea de infinito que exige la separación, la exige hasta el ateísmo: a profundidad suficiente como para que pueda olvidarse la idea de infinito. El olvido de la trascendencia no se produce como un accidente en un ser separado: la posibilidad de este olvido le es necesaria a la separación. La distancia y la interioridad quedan íntegras al retomarse la relación, y cuando el alma se abre, en la maravilla de la enseñanza, la transitividad de la enseñanza no es ni más ni menos auténtica que la libertad del maestro y del alumno, aunque por ella salga el ser separado del plano de la economía y del trabajo.

Dijimos que este momento en que el ser separado se descubre sin expresarse donde aparece, pero se ausenta de su aparición, corresponde con bastante exactitud al sentido del fenómeno. El fenómeno es el ser que aparece, pero permanece ausente: no apariencia, sino realidad a la que falta realidad, aún infinitamente alejada de su ser. En la obra, se ha adivinado la intención de alguien, pero esto ha sido como juzgarlo en rebeldía: el ser no se ha prestado auxilio a sí mismo (como dijo Platón a propósito del discurso escrito); el interlocutor no ha *asistido* a su propia revelación. Hemos penetrado en su interior, pero en su ausencia. Lo hemos comprendido como al hombre prehistórico, que ha dejado hachas y dibujos, pero ninguna palabra. Es exactamente como si la palabra, esta palabra que miente y disimula, fuera absolutamente indispensable en este proceso a fin de aclarar lo que hay en los expedientes y en las pruebas; como si sólo la palabra pudiera asistir a los jueces y hacer presente al acusado; como si sólo por la palabra se pudiera deshacer el empate entre las múltiples posibilidades concurrentes del símbolo –el símbolo simboliza en el silencio y el crepúsculo–, y sólo por la palabra se pudiera hacer nacer la verdad. El ser es un mundo en que se habla y del que se habla. La sociedad es la presencia del ser.

El ser, la cosa en sí, no es, respecto del fenómeno, lo oculto. Su presencia se presenta en su palabra. Poner la cosa en sí como oculta vendría a ser suponer que ella es al fenómeno lo que el fenómeno es a la apariencia. La verdad del des-velar es, a lo sumo, la verdad del fenómeno oculto bajo las apariencias.

La verdad de la cosa en sí no se des-vela. La cosa en sí se expresa. La expresión manifiesta la presencia del ser no porque simplemente aparte el velo del fenómeno. Ella es de suyo presencia de un rostro y, por tanto, llamada y enseñanza, *entrada en relación* conmigo: relación ética. La expresión tampoco manifiesta la presencia del ser remontando del signo a lo significado. Ella presenta al que significa. El que significa, el que da signo, no es significado. Hace falta haber estado ya en sociedad con quienes significan para que el signo pueda aparecer como signo. El que significa debe, pues, presentarse antes de todo signo, por sí mismo: debe presentar un rostro.

En efecto, la palabra es una manifestación sin par: no cumple el movimiento que parte del signo para ir a quien significa y a lo significado. Hace saltar el cerrojo de todo aquello que el signo encierra en el momento mismo en que abre el paso que lleva a lo significado, porque hace que quien significa *asista* a esta manifestación de lo significado. Esta asistencia mide el plus que tiene el lenguaje hablado sobre el lenguaje escrito, que ha vuelto a convertirse en signo. El signo es lenguaje mudo, lenguaje impedido. El lenguaje no agrupa los símbolos en sistemas, sino que descifra los símbolos. Sin embargo, en la medida en que esta manifestación original del Otro ya ha tenido lugar, en la medida en que un ente se ha *presentado* y se ha prestado auxilio, todos los signos distintos de los signos verbales pueden servir como lenguaje. En cambio, la palabra misma no encuentra siempre la acogida que conviene reservar a la palabra, pues comporta no-palabra y puede expresar como expresan los utensilios, los vestidos, los gestos. Por la manera de articular, por el estilo, la palabra significa como actividad y como producto. Es a la palabra pura lo que la escritura que se ofrece al grafólogo es a la expresión escrita que se ofrece al lector. La palabra como actividad significa como los muebles o los utensilios. No tiene la trasparencia total de la mirada dirigida a la mirada, la *franqueza* absoluta del cara a cara, tendida en el fondo de toda palabra. De mi palabra-actividad me ausento, igual que falto en todos mis productos.

Pero yo soy la fuente inagotable de este descifrar siempre renovado. Y esta renovación es precisamente la presencia –o mi asistencia a mí mismo.

La existencia del hombre queda siendo fenoménica mientras sólo es interioridad. El lenguaje, por el que un ser existe para otro, es su única posibilidad de existir con una existencia que es más que su existencia interior. El plus que comporta el lenguaje con respecto a todos los trabajos y las obras que manifiestan a un hombre, mide la distancia entre el hombre vivo y el hombre muerto (que es, sin embargo, el único que la historia reconoce, ya que la historia aborda al hombre objetivamente: en su obra y su legado). Entre la subjetividad encerrada en su interioridad y la subjetividad tergiversada en la historia, hay la asistencia de la subjetividad que habla.

El regreso al ser unívoco partiendo de los signos y los símbolos de la existencia fenoménica no consiste en integrarse en el todo tal como la inteligencia lo concibe y la política lo instaura. La independencia del ser separado se encuentra ahí perdida, tergiversada y oprimida. El regreso al ser exterior, al ser de sentido unívoco –de sentido que no oculta ningún otro sentido–, es entrar en la derechura, en la rectitud del cara a cara. No es un juego de espejos, sino mi responsabilidad, o sea, una existencia ya obligada. Sitúa el centro de gravedad de un ser fuera de este ser. Sobrepasar la existencia fenoménica o interior no consiste en recibir el reconocimiento del Otro, sino en ofrecerle el propio ser. Ser en sí es expresarse, o sea, ya, servir al otro. El fondo de la expresión es la bondad. Ser καθ'αὐτό es ser bueno.

Sección III

EL ROSTRO Y LA EXTERIORIDAD

A. ROSTRO Y SENSIBILIDAD

¿No está dado el rostro a la visión? La epifanía como rostro ¿en qué caracteriza a una relación diferente de las que se encuentran en toda nuestra experiencia sensible?

La idea de la intencionalidad ha puesto en riesgo la idea de la sensación al quitar su carácter de dato concreto a este estado que se pretende puramente cualitativo y subjetivo, ajeno a toda objetivación. Ya el análisis clásico había mostrado, desde el punto de vista de la psicología, su carácter construido: la sensación captable por introspección es ya una percepción. Nos encontraríamos siempre junto a las cosas: el color es siempre extenso y objetivo –color de un vestido, del césped, de una pared–; el sonido es el ruido del coche que pasa o la voz de un hombre que habla. A la sencillez de la definición fisiológica de la sensación no le correspondería, en efecto, nada psicológico. La sensación, como simple cualidad flotando en el aire o en nuestra alma, representa una abstracción porque, sin el objeto al que se refiere, no cabe que la cualidad tenga la significación de cualidad más que en un sentido relativo: si damos la vuelta a un cuadro, podemos ver los colores de los objetos pintados como colores en sí mismos (pero, en realidad, ya como colores de la tela que los soporta). A menos que su efecto puramente estético no consista en ese despegarse del objeto; pero entonces la sensación resultaría de un largo camino de pensamiento.

Esta crítica de la sensación tergiversa el plano en que la vida sensible se vive como disfrute. Este modo de vida no debería interpretarse en función de la objetivación. La sensibilidad no es una objetivación en camino hacia sí misma. El disfrute, satisfecho por esencia, caracteriza a todas las sensaciones, cuyo contenido representativo se disuelve en su contenido afectivo. La misma distinción entre contenido representativo y afectivo ya es reconocer el disfrute como dotado de un dinamismo diferente que el de la percepción. Pero cabe hablar de disfrute o de sensación incluso en el dominio de la visión y de la audición, cuando se ha visto u oído mucho y el objeto revelado por las experiencias se hunde en el disfrute –o el sufrimiento– de la sensación pura en que se lo ha sumido y vivido como en cualidades sin soporte. Lo que rehabilita en cierta medida la noción de sensación. Dicho en otras palabras, la sensación vuelve a encontrar «realidad» cuando se ve en ella no la contraparte subjetiva de las cualidades objetivas, sino un disfrute «anterior» a la cristalización de la conciencia –yo y no-yo– en sujeto y objeto. Esta cristalización no interviene como la última finalidad del disfrute, sino como un momento de su devenir, que hay que interpretar en términos de disfrute. En vez de tomar las sensaciones por contenidos que deben llenar formas a priori de la objetividad, hay que reconocerles una función trascendental *sui generis* (y para cada especificidad cualitativa, a su manera); las estructuras formales a priori del no-yo no son necesariamente estructuras de la objetividad. La especificidad de cada sensación reducida precisamente a esta «cualidad sin soporte ni extensión» que ahí buscaban los sensualistas, indica una estructura que no se reduce necesariamente al esquema de un objeto dotado de cualidades. Los sentidos tienen un sentido que no está predeterminado como objetivación. Es por haber pasado por alto en la sensibilidad esta función de sensibilidad pura en el sentido kantiano del término, y toda una «estética trascendental» de los «contenidos» de la experiencia, por lo que se ve uno llevado a poner en un sentido unívoco el no-Yo, a saber: como objetividad de objeto. De hecho, se reserva una función trascendental a las cualidades visuales y táctiles, y a las cualidades que provienen de otros sentidos no se les deja más que el papel de adjetivos que se adhieren al objeto visible y tocado, inseparable del trabajo y de la casa. El objeto des-velado, descubierto, que aparece, fenómeno, es el objeto visible o tocado. Su objetividad se interpreta sin que participen en ella las demás sensaciones. La objetividad siempre idéntica a sí misma se situaría en las perspectivas de la visión o de los movimientos de la mano que palpa. Como lo ha hecho notar Heidegger, después de san Agustín, empleamos el término visión indiferentemente para toda experiencia, incluso cuando pone en acción sentidos diferentes de la vista. Y también empleamos en este sentido privilegiado el tacto. Idea y concepto coinciden con la experiencia sin más. Esta interpretación de la experiencia partiendo de la visión y del tacto no se debe a la casualidad y, por tanto, puede expandirse en civilización. Es incontestable que la objetivación se pone en juego de manera privilegiada en la mirada. No es seguro que su tendencia a informar toda experiencia esté inscrita, y sin equivocidad, en el ser. Una fenomenología de la sensación como disfrute, un estudio de lo que se habría podido llamar su función trascendental, que no va a parar necesariamente al objeto ni a la especificación cualitativa de un objeto (y, como tal, simplemente visto) se impone. La *Crítica de la razón pura*, al descubrir la actividad trascendental del espíritu, ha hecho familiar la idea de una actividad espiritual que no va a parar a un objeto, aun cuando en la filosofía kantiana esta idea revolucionaria quedara atenuada por el hecho de que la actividad en cuestión constituía la *condición* del objeto. Una fenomenología trascendental de la sensación justificaría volver al término sensación, al caracterizar la función trascendental de la cualidad que le correspondería; función que la vieja concepción de la sensación, en la que, sin embargo, intervenía el ser afectado un sujeto por un objeto, evocaba mejor que el lenguaje ingenuamente realista de los modernos. Hemos sostenido que el disfrute, que no se deja clasificar en el esquema de la objetivación y la visión, no agota su sentido en la calificación del objeto visible. Todos nuestros análisis de la sección precedente estaban guiados por esta convicción. También estaban dirigidos por la idea de que la representación no es obra únicamente de la mirada, sino del lenguaje. Pero para distinguir mirada y lenguaje, o sea, mirada y acogida del rostro (que el lenguaje presupone), es preciso analizar con más detalle el privilegio de la visión.

La visión, como dijo Platón, supone, además del ojo y la visión, la luz. El ojo no ve la luz, sino el objeto en la luz. La visión es, pues, una relación con un «algo», con «alguna cosa», que se establece en el seno de una relación con lo que no es un «algo», con lo que no es «alguna cosa». Estamos en la luz en la medida en que nos encontramos la cosa en la nada. La luz hace aparecer la cosa expulsando las tinieblas: vacía el espacio. Hace surgir, precisamente, el espacio como un vacío. En la medida en que el movimiento de la mano que toca atraviesa la «nada» del espacio, el tacto se parece a la visión. La visión tiene, sin embargo, sobre el tacto el privilegio de mantener al objeto en este vacío y de recibirlo siempre partiendo de esa nada como partiendo de un origen; mientras que la nada, en el tacto, se manifiesta al libre movimiento de palpar. Así, para la visión y el tacto un ser viene como de la nada y en ello justamente reside el prestigio filosófico tradicional de ambos. Este venir partiendo del vacío es, pues, el venir de estos seres partiendo de su origen; este «estar abierta» la experiencia, o esta experiencia de la apertura, explica el privilegio de la objetividad y su pretensión de coincidir con el ser mismo de los *entes*. Este esquema de la visión lo encontramos desde Aristóteles a Heidegger. En la luz de la generalidad que no existe se establece la relación con lo individual. En Heidegger, una apertura sobre el ser, que no es *un ser* –que no es un «algo», «alguna cosa»–, es necesaria para que, de un modo general, se manifieste «algo», «alguna cosa». En el hecho, de alguna manera formal, de que el ente es, en su obra o su ejercicio de ser, en su independencia misma, reside su inteligibilidad. Así aparecen las articulaciones de la visión, en las que la relación del sujeto con el objeto se subordina a la relación del objeto con el vacío de la apertura, el cual no es objeto. La inteligencia del ente consiste en ir más allá del ente: a lo abierto, precisamente. Comprender el ser particular es captarlo a partir de un lugar iluminado que él no llena.

Pero este vacío espacial ¿no es a su vez «alguna cosa», la forma de toda experiencia, el objeto de la geometría, algo *visto*? De hecho, hay que pintar un trazo para ver la línea. Sea cual sea la significación del paso al límite, las nociones de la geometría intuitiva se impondrán a partir de las cosas vistas: la línea es el límite de una cosa; el plano, la superficie de un objeto. Las nociones geométricas se imponen a partir de «alguna cosa». Son «nociones» de experiencia no porque choquen contra la razón, sino porque no llegan a ser objeto de la mirada más que partiendo de las cosas: límites de las cosas. Pero el espacio iluminado comporta la atenuación hasta la nada de estos límites, su disipación. Considerado en sí mismo, el espacio iluminado, vaciado por la luz de la oscuridad que lo llena, no es nada. Desde luego, este vacío no equivale a la nada absoluta; franquearlo no equivale a trascender. Pero si bien el espacio vacío se diferencia de la nada, y si la distancia que él abre no justifica la pretensión a la trascendencia con que podría alzarse el movimiento que lo atraviesa, su «plenitud» no lo retrotrae en modo alguno al estatuto de objeto. Esta «plenitud» es de otro orden. Si el vacío que la luz hace en el espacio cuyas tinieblas expulsa no equivale a la nada, incluso en ausencia de todo objeto particular, *hay* este vacío mismo. No existe por virtud de un juego de palabras. La negación de toda cosa calificable hace resurgir el impersonal *hay* que, tras toda negación, vuelve intacto e indiferente al grado de esa negación. El silencio de los espacios infinitos es espantoso. La invasión del *hay* no corresponde a ninguna representación; en otro lugar ya describimos su vértigo. Y la esencia elemental del elemento, con lo mítico sin-rostro de donde viene, participa del mismo vértigo.

Al expulsar las tinieblas, la luz no detiene el juego incesante del *hay*. El vacío que la luz produce sigue siendo espesor indeterminado que no tiene sentido por sí mismo antes del discurso y todavía no vence en la batalla del regreso de los dioses míticos. Pero la visión en la luz es precisamente la posibilidad de olvidar el horror de este regreso interminable, de este *ápeiron*; es la posibilidad de alzarse ante este remedo de nada que es el vacío y abordar los objetos como en su origen, partiendo de la nada. Esta salida del horror del *hay* se anunció en el contento del disfrute. El vacío del espacio no es el intervalo absoluto a partir del cual puede surgir el ser absolutamente exterior, sino que es una modalidad del disfrute y la separación.

El espacio iluminado no es el intervalo absoluto. El vínculo entre la visión y el tacto, entre la representación y el trabajo, sigue siendo esencial. La visión no se trasmuta en presa. La visión se abre sobre una perspectiva, sobre un horizonte, y describe una distancia franqueable, invita a la mano a moverse y a tocar, y asegura este movimiento y este tacto. Sócrates se burlará de Glaucón, que toma la visión del cielo estrellado por una experiencia de altura. Las formas de los objetos están llamando a la mano y a la presa. Por la mano, al fin, el objeto está com-prendido, tocado, cogido, llevado y *remitido* a otros objetos: reviste significación *respecto* a otros objetos. El espacio vacío es la condición de esta relación, no un boquete en el horizonte. La visión no es una trascendencia. La visión presta una significación gracias a la *relación* que ella hace posible. No abre nada que, más allá de Mismo, sea absolutamente otro, es decir, en sí. La luz condiciona las relaciones entre datos: hace posible la relación de los objetos que se hallan unos al lado de otros; pero no permite abordarlos de cara. En este sentido muy general del término, la intuición no se opone al pensamiento de las relaciones. La intuición, como es visión, es ya relación: entreví el espacio a través del cual las cosas se trasladan unas hacia otras. El espacio, en vez de trasladar más allá, sencillamente asegura la condición de la significación *lateral* de las cosas en Mismo.

Ver es, pues, ver en el horizonte. La visión, que capta en el horizonte, no encuentra un ser partiendo del más allá de todo ser. La visión, como olvido del *hay*, se debe a la satisfacción esencial, al agrado y el ajuste de la sensibilidad: disfrute, contento de lo finito sin cuidado por lo infinito. La conciencia vuelve a sí misma huyendo de sí en la visión.

Pero ¿no es la luz, en otro sentido, origen de sí: como fuente de luz, en la que coinciden su ser y su parecer, como fuego y sol? Es verdad que ahí hallamos la figura de toda relación con lo absoluto; pero sólo es una figura. La luz como sol es objeto. Aunque en la visión diurna la luz hace ver y no es vista, la luz nocturna es vista como fuente de luz. En la visión de lo brillante se uncen luz y objeto. Como dato visual, la luz sensible no se diferencia de los demás datos y permanece siendo relativa a un fondo elemental y oscuro. Para hacer posible la conciencia de la exterioridad radical, hace falta una relación con lo que, en otro sentido, viene absolutamente de sí mismo. Hace falta una luz para ver la luz.

¿Acaso la ciencia no permite trascender la condición subjetiva de la sensibilidad? Incluso si se diferencia de la ciencia cualitativa aquella que exaltaba la obra de Léon Brunschvicg, cabe preguntarse si el mismo pensamiento matemático no rompe con la sensación. Lo esencial del mensaje fenomenológico consiste en responder aquí con la negativa. Las realidades que alcanza la ciencia físico-matemática toman prestado su sentido a los pasos que parten de lo sensible.

La alteridad total, gracias a la cual un ser no se refiere al disfrute y se presenta partiendo de sí, no resplandece en la *forma* de las cosas, mediante la cual éstas se nos abren, por cuanto las cosas se ocultan bajo la forma. La superficie puede trasformarse en interior. El metal de las cosas puede fundirse, para hacer con él nuevos objetos; la madera de una caja se puede emplear para hacer con ella una mesa a base de cepillo, sierra y hacha: lo oculto se vuelve abierto y lo abierto se vuelve oculto. Esta consideración puede parecer ingenua, como si la interioridad o la esencia de la cosa, que la forma oculta, tuviera que tomarse en sentido espacial; pero, en realidad, la profundidad de la cosa no puede tener otra significación que la de su materia, y la revelación de la materia es esencialmente superficial.

Existe, al parecer, una diferencia más profunda entre las distintas superficies (la del revés y la del derecho). Una superficie se ofrece a la mirada, y cabe volver el traje como cabe refundir una moneda. Pero la distinción del revés y el derecho, ¿no nos hace salir de estas consideraciones superficiales? ¿No nos indica un plano distinto de este en el que deliberadamente hemos situado nuestras últimas observaciones? El revés sería la esencia de la cosa, respecto de la cual el revés, en que los hilos son invisibles, soporta sus servidumbres. Pero Proust admiraba el revés de las mangas de un vestido de señora, como admiraba esos rincones en sombra de las catedrales que, sin embargo, están trabajados con tanto arte como la fachada. Es el arte el que presta a las cosas una como *fachada*: eso por lo que los objetos no simplemente se ven, sino que son como objetos que se exhiben. La oscuridad de la materia vendría entonces a significar el estado de un ser que precisamente no tiene fachada. La noción de fachada, que se toma en préstamo a los edificios, nos sugiere que la arquitectura quizá sea la primera de las bellas artes; pero en ella se constituye lo bello cuya esencia es indiferencia, frío esplendor y silencio. Por la fachada, la cosa que guarda su secreto, se expone, encerrada en su esencia monumental y su mito, en el que brilla como un esplendor pero no se entrega; subyuga por su gracia, como una magia, pero no se revela. Si lo trascendente corta con la sensibilidad, si es apertura por excelencia, si su visión es la visión de la apertura misma del ser, es que rompe con la visión de las formas y no puede decirse en términos de contemplación ni en términos de práctica. Es rostro; su revelación es palabra. La relación con el otro es lo único que introduce una dimensión de trascendencia y nos lleva hacia una relación totalmente diferente de la experiencia, en el sentido sensible del término (relativa y egoísta).

B. ROSTRO Y ÉTICA

1. Rostro e infinito

El abordar a los seres, en la medida en que está referido a la visión, domina a esos seres, ejerce sobre ellos un poder. La cosa está *dada*, se me ofrece. Yo me mantengo en Mismo accediendo a ella.

El rostro está presente, es presente, en su negativa a ser contenido. En este sentido, no cabe que sea com-prendido, o sea, englobado; no cabe que sea ni visto ni tocado, porque en la sensación visual o táctil la identidad del yo envuelve la alteridad del objeto, el cual, justamente, se vuelve contenido.

El Otro no es otro con una alteridad relativa, como lo son, para poner una comparación, las especies, incluso las ínfimas, que se excluyen recíprocamente, pero que todavía se sitúan en la comunidad de un género: se excluyen por su definición, pero se reclaman unas a otras, por esta exclusión misma, a través de la comunidad de su género. La alteridad del Otro no depende de una cualidad cualquiera que lo distinga de mí, pues una diferenciación de esta naturaleza implicaría precisamente entre nosotros esa comunidad de género que ya anula la alteridad.

Y sin embargo, el otro no niega pura y simplemente al Yo: la negación total, cuya tentación y tentativa es el asesinato, remite a una relación previa. Esta relación entre el Otro y yo, que resplandece en su expresión, no va a parar ni al número ni al concepto. El Otro permanece siendo infinitamente trascendente, infinitamente extranjero; pero su rostro, en el que se produce su epifanía y que me llama, rompe con el mundo que puede sernos común y cuyas virtualidades se inscriben en nuestra *naturaleza* (y también las desarrollamos existiendo). Pero la palabra procede de la diferencia absoluta; o, más exactamente, es que la diferencia absoluta no se produce en un proceso de especificación en el que, bajando de género a especie, el orden de las relaciones lógicas se da de bruces contra lo dado, que no se reduce a relaciones: la diferencia que así se encuentra queda siendo solidaria de la jerarquía lógica con la que rompe, y aparece sobre el trasfondo del género común.

La diferencia absoluta, inconcebible en términos de lógica formal, no se instaura sino por el lenguaje. El lenguaje cumple una relación entre términos que rompen la unidad de un género. Los términos, los interlocutores, se ab-suelven de la relación, o permanecen ab-solutos en la relación. El lenguaje se define quizá como el poder mismo de romper la continuidad del ser o de la historia.

El carácter in-comprensible de la presencia del Otro, del que hablamos antes, no se describe negativamente. Mejor que la com-prensión, el *discurso* pone en relación con lo que sigue siendo esencialmente trascendente. Es preciso, por ahora, que se retenga la obra formal del lenguaje, que consiste en presentar lo trascendente; en seguida le extraeremos una significación más profunda. El lenguaje es una relación entre términos separados. Es verdad que otro se puede presentar a uno como tema, pero su presencia no queda absorbida en su estatuto de tema. La palabra que trata del otro como tema parece contener al otro, pero se le dice ya al otro, quien, como interlocutor, ha abandonado el tema que lo englobaba y surge inevitablemente tras lo dicho. La palabra se dice, aunque sólo sea por el silencio que se guarda y cuya gravedad reconoce esta evasión del Otro. El conocimiento que absorbe al otro se coloca de inmediato dentro del discurso que yo le dirijo. Hablar, en vez de «dejar ser», solicita al otro. La palabra rompe con la visión. En el conocimiento o la visión, es verdad que el objeto visto puede determinar un acto; pero un acto que se apropia de cierta manera lo «visto», lo integra a un mundo prestándole una significación y, a fin de cuentas, lo constituye. En el discurso, la distancia que inevitablemente se nota entre el Otro como tema mío y el Otro como interlocutor mío, emancipado del tema que por un instante parecía acapararlo, es una objeción inmediata contra el sentido que yo presto a mi interlocutor. Así es como la estructura formal del lenguaje anuncia la inviolabilidad ética del Otro y, sin tufo alguno de «numinosidad», «su» santidad.

El hecho de que el rostro sostenga gracias al discurso una relación conmigo no lo coloca dentro de Mismo. En la relación, permanece ab-soluto. La dialéctica solipsista de la conciencia, siempre sospechosa de estar cautiva en Mismo, queda interrumpida. La relación ética que sos-tiene el discurso no es, en efecto, una variedad de la conciencia, cuyo rayo parte del Yo, sino que pone en cuestión al yo. Esta puesta en cuestión parte del otro.

La presencia de un ser que no entra en la esfera de Mismo –presencia que desborda esta esfera–, fija su «estatuto» de infinito. Este desbordamiento se diferencia de la imagen del líquido que desborda el vaso, porque aquella presencia desbordante se efectúa como una posición *de cara* a Mismo. La posición de cara, la oposición por excelencia, sólo es posible como encausar moral. Este movimiento parte de Otro. La idea de infinito, lo infinitamente más contenido en lo menos, se produce en concreto bajo las especies de una relación con el rostro. Y únicamente la idea de infinito mantiene la exterioridad de Otro respecto de Mismo, pese a esta relación. De modo que se produce aquí una articulación análoga al argumento ontológico: en este caso, la exterioridad de un ser se inscribe en su esencia. Sólo que así no se articula un razonamiento sino la epifanía como rostro. El deseo metafísico de lo absolutamente otro que anima al intelectualismo (o al empirismo radical que confía en la enseñanza de la exterioridad) despliega su *en-ergía* en la visión del rostro, o en la idea de infinito. La idea de infinito rebasa mis poderes, no cuantitativamente, sino, como en seguida veremos, poniéndolos en cuestión. No proviene de nuestro fondo a priori y, por ello, es la experiencia por excelencia.

La noción kantiana de infinito se plantea como un ideal de la razón: como la proyección de sus exigencias en un más allá; como el acabamiento ideal de lo que se da como inacabado, sin que lo inacabado se confronte con una *experiencia* privilegiada de lo infinito –sin que extraiga de esta confrontación los límites de su finitud. Lo finito no se concibe ya respecto de lo infinito. Al contrario, lo infinito supone lo finito, que él amplifica infinitamente (si bien este paso al límite o esta proyección implica inconfesadamente la idea de infinito, con todas las consecuencias que Descartes extrajo de ella y que tal proyección supone). La finitud kantiana se describe positivamente por la sensibilidad, como la finitud heideggeriana por el ser-a-la-muerte. Este infinito refiriéndose a lo finito señala el punto más anticartesiano de la filosofía kantiana, tanto como, más tarde, de la filosofía heideggeriana.

Hegel vuelve a Descartes cuando sostiene la positividad de lo infinito, sólo que excluye toda multiplicidad al poner lo infinito como exclusión de todo «otro» que pueda mantener una relación con lo infinito y que de este modo lo limite. Lo infinito no puede sino englobar todas las relaciones. Como el dios de Aristóteles, solamente se refiere a sí mismo, aunque al término de una historia. La relación de algo particular con lo infinito equivaldría a la entrada de ese particular dentro de la soberanía de un Estado: se vuelve infinito negando su propia finitud. Pero este desenlace no llega a ahogar la protesta del individuo privado; la apología del ser separado –aunque se la trate de empírica y animal–, del individuo que experimenta como tiranía el Estado que su razón quiere, pero en cuyo destino impersonal ya no reconoce su razón. Nosotros reconocemos en la finitud a la que se opone, para englobarla, lo infinito hegeliano, la finitud del hombre ante los elementos, la finitud del hombre invadido por el *hay* –que atraviesan continuamente dioses sin rostro, contra los cuales se pone por obra el trabajo, a fin de realizar la seguridad en que lo «otro» de los elementos se revele como Mismo. Pero Otro absolutamente otro, el Otro, no limita la libertad de Mismo. Llamándola a la responsabilidad, la instaura y la justifica. La relación con lo otro como rostro cura la alergia: es deseo, enseñanza recibida y pacífica oposición del discurso. Volviendo a la noción cartesiana de infinito –a la «idea de lo infinito» puesta por lo infinito en el ser separado– nos quedamos con su positividad, con su anterioridad a todo pensamiento finito y a todo pensamiento de lo finito, con su exterioridad respecto de lo finito; lo cual constituyó la posibilidad del ser separado. La idea de infinito, el desbordamiento del pensamiento finito por su contenido, efectúa la relación del pensamiento con lo que sobrepasa su capacidad, con aquello que el pensamiento aprende en todo momento sin que le suponga un obstáculo. Tal es la situación a la que llamamos acogida del rostro. La idea de infinito se produce en la *oposición* del discurso, en la socialidad. La relación con el rostro, con lo otro absolutamente otro que no puedo yo contener, con lo otro que en este sentido es infinito, es, pese a mi Idea, un comercio. Pero la relación se mantiene sin violencia: en paz con esta alteridad absoluta. La «resistencia» de Otro no me hace violencia, no obra negativamente; tiene una estructura positiva: ética. La primera revelación de otro, supuesta en todas las demás relaciones con él, no consiste en captarlo en su resistencia negativa y en embaucarlo con una estratagema. No estoy luchando con un dios sin rostro, sino que respondo a su expresión, a su revelación.

2. ROSTRO Y ÉTICA

El rostro se niega a la posesión, a mis poderes. En su epifanía, en la expresión, lo sensible que todavía se deja captar se trasmuta en resistencia a la presa. Esta mutación sólo es posible por la apertura de una dimensión nueva. En efecto, la resistencia a la presa no se produce como resistencia insuperable, como dureza de la roca contra la que se quiebra el esfuerzo de la mano, como lejanía de una estrella en la inmensidad del espacio. La expresión que el rostro introduce en el mundo no reta a la debilidad de mis poderes, sino a mi poder poder. El rostro, cosa aún entre las cosas, perfora la forma que, sin embargo, lo delimita. Lo que en concreto quiere decir que el rostro me habla y, con ello, me invita a una relación inconmensurable con ningún poder que ejerza yo, ya sea disfrute, ya sea conocimiento.

Y sin embargo, esta nueva dimensión se abre en la apariencia sensible del rostro. El estar permanentemente abiertos los contornos de su forma en la expresión aprisiona en una caricatura esa apertura que hace estallar la forma. El rostro, en el límite entre la santidad y la caricatura, se ofrece, pues, aún, en un sentido, a ciertos poderes. Sólo en un sentido, pues la profundidad que se abre en esta sensibilidad modifica la misma naturaleza del poder, que a partir de ahora ya no puede coger, pero puede matar. El asesinato sigue apuntando a un dato sensible, pero se encuentra ante un dato cuyo ser no podría *suspenderse* mediante ninguna apropiación. Se encuentra ante un dato absolutamente neutralizable. La «negación» efectuada por la apropiación y el uso se quedaba siempre en negación parcial. La presa, que presenta tan gran objeción contra la independencia de la cosa, la conserva «para mí». Ni la destrucción de las cosas, ni la caza, ni el exterminio de los seres vivos apuntan al rostro, que no es del mundo. Todavía tienen que ver con el trabajo: poseen una finalidad y responden a una necesidad. Sólo el crimen pretende la negación total. La negación del trabajo y del uso, como la negación de la representación, efectúan una presa, una com-prensión: reposan sobre la afirmación o apuntan a ella, pueden. Matar no es dominar sino aniquilar, renunciar absolutamente a la com-prensión. El asesinato ejerce un poder sobre lo que escapa al poder. Es aún poder, porque el rostro se expresa en lo sensible; pero es ya impotencia, porque el rostro desgarra lo sensible. La alteridad que se expresa en el rostro proporciona su única «materia» posible a la negación total. No puedo querer matar más que a un ser absolutamente independiente: a quien sobrepasa infinitamente mis poderes y que, por eso mismo, no se les opone sino que paraliza el mismo poder poder. El Otro es el único ser al que puedo querer matar.

Pero esta desproporción entre lo infinito y mis poderes, ¿en qué se diferencia de la que separa a un obstáculo muy grande de la fuerza que se le aplica? Sería inútil insistir en la banalidad del asesinato, que revela la casi nula resistencia del obstáculo. Este banalísimo incidente de la historia humana se corresponde con una posibilidad excepcional, ya que pretende la negación total de un ser. No tiene que ver con la fuerza que pueda poseer este ser como parte del mundo. El Otro, que puede decirme soberanamente que *no*, se ofrece a la punta de la espada o a la bala del revólver, y toda la inquebrantable dureza de su «para sí», con ese intransigente *no* que opone, se borra porque la espada o la bala toca los ventrículos o las aurículas de su corazón. En la contextura del mundo, el Otro no es casi nada; pero puede oponerme un combate, o sea, puede oponer a la fuerza que lo golpea no una fuerza de resistencia, sino la *imprevisibilidad* misma de su reacción. Así, me opone no una fuerza mayor –una energía evaluable y que, por tanto, se presente como formando parte de un todo–, sino la trascendencia misma de su ser respecto a este todo; no cualquier superlativo de poder, sino precisamente lo infinito de su trascendencia. Este infinito, más fuerte que el crimen, nos resiste ya en su rostro, es su rostro, es la *expresión* original, es la primera palabra: «no asesinarás». Lo infinito paraliza el poder por su resistencia infinita al asesinato; la cual, dura e insuperable, resplandece en el rostro, en la total desnudez de sus ojos, indefensa; en la desnudez del estar absolutamente abierto el Trascendente. Hay aquí relación no con una resistencia muy grande, sino con algo absolutamente *Otro*: la resistencia de lo que no tiene resistencia, la resistencia ética. La epifanía del rostro suscita esta posibilidad de medir la infinitud de la tentación del crimen no sólo como tentación de destrucción total, sino como imposibilidad (puramente ética) de esta tentación y esta tentativa. Si la resistencia al asesinato no fuera ética sino real, tendríamos de ella *percepción*, con todo lo que en la percepción recae en algo subjetivo. Nos quedaríamos en el idealismo de una *conciencia* de lucha, y no en relación con el Otro; relación que se puede trasmutar en lucha, pero que desborda ya la conciencia de lucha. La epifanía del rostro es ética. La lucha con que ese rostro puede amenazar *presupone* la trascendencia de la expresión. El rostro amenaza lucha como una eventualidad, sin que esta amenaza agote la epifanía de lo infinito, sin que formule la primera palabra de ésta. La guerra supone la paz: la presencia previa y no alérgica del Otro; no es ella la que señala el primer acontecimiento de encuentro.

La imposibilidad de matar no tiene una significación simplemente negativa y formal; la relación con lo infinito o la idea de infinito en nosotros, la condiciona positivamente. Lo infinito se presenta como rostro en la resistencia ética que paraliza mis poderes y se alza, dura y absoluta, del fondo de los ojos inermes en su desnudez y su miseria. La comprensión de esta miseria y esta hambre instaura la proximidad misma de Otro. Pero es así como la epifanía de lo infinito es expresión y discurso. La esencia original de la expresión y el discurso no reside en la información que puedan proporcionar acerca de un mundo interior y oculto. En la expresión, un ser se presenta él mismo, a sí mismo. El ser que se manifiesta asiste a su propia manifestación y, por tanto, apela a mí. Esta asistencia no es lo *neutro* de una imagen, sino una solicitación que me concierne con su miseria y su Altura. Hablarme a mí es superar a cada momento lo que hay necesariamente de plástico en la manifestación. Manifestarse como rostro es *imponerse*, más allá de la forma, manifiesta y puramente fenoménica; es presentarse de una manera irreducible a la manifestación: como la rectitud misma del cara a cara, sin intermediación de ninguna imagen, en su desnudez, o sea, en su miseria y su hambre. En el *Deseo* se confunden los movimientos que van hacia la Altura y la Humildad del Otro.

La expresión no irradia como un esplendor que se expande sin que así lo quiera el ser que irradia –lo cual quizá sea la definición de la belleza. Manifestarse asistiendo a su manifestación consiste en invocar al interlocutor y en exponerse a su respuesta y su pregunta. La expresión no se impone ni como una representación verdadera, ni como un acto. El ser ofrecido en la representación verdadera sigue siendo posibilidad de apariencia. El mundo que me invade cuando me lanzo a él no puede nada contra el «libre pensamiento» que suspende este lanzarse comprometido o hasta lo rechaza interiormente, capaz de vivir oculto. El ser que se expresa, se impone, pero precisamente llamándome con su miseria y su desnudez —con su hambre—, sin que pueda yo ser sordo a su llamada. De modo que, en la expresión, el ser que se impone no limita, sino que promueve mi libertad suscitando mi bondad. El orden de la responsabilidad, en que la gravedad del ser ineluctable hiela toda risa, es también el orden en que la libertad está ineluctablemente invocada; de manera que el peso irremisible del ser hace surgir mi libertad. Lo ineluctable ya no tiene la inhumanidad de lo fatal, sino la severa seriedad de la bondad.

Este vínculo entre la expresión y la responsabilidad —esta condición o esta esencia ética del lenguaje—, esta función del lenguaje, anterior a todo des-velamiento del ser y a su frío esplendor, permite sustraer el lenguaje a su sujeción respecto de un pensamiento preexistente, a propósito del cual el lenguaje no tendría sino la función servil de traducir afuera o de universalizar sus movimientos interiores. La presentación del rostro no es verdadera, porque lo verdadero se refiere a lo no-verdadero, su eterno contemporáneo, y le salen al paso ineluctablemente la sonrisa y el silencio del escéptico. La presentación del ser en el rostro no deja lugar lógico a su contradictoria. Así, al discurso que la epifanía como rostro abre, no me puedo hurtar por el silencio, como Trasímaco, irritado, intenta hacerlo en el libro primero de *República* (sin lograrlo, además). «Dejar a los hombres sin comida es una falta que no atenúa ninguna circunstancia; a ella no se aplica la distinción entre lo voluntario y lo involuntario», dice rabí Yojanán[1]. Ante el hambre de los hombres, la responsabilidad no se mide sino «objetivamente». Es irrecusable. El rostro abre el discurso original, cuya primera palabra es obligación que ninguna «interioridad» permite evitar: discurso que obliga a entrar en el discurso; comienzo del discurso que el racionalismo anhela de corazón; «fuerza» que convence incluso a «la gente que no quiere oír»[2] y funda así la verdadera universalidad de la razón.

1. Tratado talmúdico *Sanedrín*, 104 b.
2. Platón, *República*, 327 b.

Al des-velamiento del ser en general como base del conocimiento y como sentido del ser, preexiste la relación con el ente que se expresa; al plano de la ontología preexiste el plano ético.

3. Rostro y razón

La expresión no se produce como la manifestación de una forma inteligible que une términos con términos para establecer, a través de la distancia, un estar las partes las unas junto a las otras en una totalidad en la que los términos que se confrontan toman prestado ya su sentido a la situación creada por su comunidad, la cual, a su vez, debe el suyo a los términos reunidos. Este «círculo de la comprensión» no se impone como el acontecimiento original de la lógica del ser. La expresión precede a estos efectos de coordinación que son visibles a un tercero.

El acontecimiento propio de la expresión consiste en dar testimonio de sí garantizando este testimonio. Este testificar sobre sí mismo sólo es posible como rostro, o sea, como palabra. La palabra produce el comienzo de la inteligibilidad, la inicialidad misma, el principado, la soberanía real, que manda incondicionalmente. El principio sólo es posible como mandamiento. Buscar qué influencia ha sufrido la expresión o de qué fuerza inconsciente emana, supondría emprender una investigación que nos remitiría a nuevos testimonios y, por tanto, a la sinceridad original de una expresión.

El lenguaje como intercambio de ideas sobre el mundo, con los implícitos que comporta y a través de las vicisitudes de sinceridad y embuste que bosqueja, supone la originariedad del rostro, sin la cual, reducido a una acción más entre otras acciones, cuyo sentido nos lo impondrían o un psicoanálisis o una sociología infinitos, el lenguaje no podría empezar. Si en el fondo de la palabra no subsistiera esta originalidad de la expresión, esta ruptura con toda influencia, esta posición dominante de quien habla –ajena a todo compromiso y toda contaminación–, esta rectitud del cara a cara, la palabra no sobrepasaría el nivel de la actividad, de la que evidentemente no es ninguna especie, aunque el lenguaje pueda integrarse en un sistema de actos y servir de instrumento. Con todo, el lenguaje no es posible más que cuando la palabra renuncia precisamente a esta función de acto y cuando vuelve a su esencia de expresión.

La expresión no consiste en *darnos* la interioridad del Otro. El Otro que se expresa precisamente no se *da* y, por este motivo, conserva la libertad de mentir. Sin embargo, la mentira y la veracidad suponen ya la autenticidad absoluta del rostro, hecho privilegiado de la presentación del ser, ajeno a la alternativa verdad/no-verdad, que deshace la ambigüedad de lo verdadero y lo falso –riesgo que corre toda verdad; ambigüedad en la que, por otra parte, se mueven todos los valores. La presentación del ser en el rostro no tiene el estatuto de un valor. Lo que denominamos rostro es precisamente esta excepcional presentación de sí mismo por sí mismo, inconmensurable con la presentación de realidades simplemente dadas, siempre bajo la sospecha de alguna superchería, siempre posiblemente soñadas. Para poder buscar la verdad, tengo ya que haber mantenido una relación con un rostro que puede salir garante de sí mismo, cuya epifanía misma es, de alguna manera, palabra de honor. Todo lenguaje como intercambio de signos verbales se refiere ya a esta palabra de honor original. El signo verbal se sitúa allí donde alguien significa algo a alguien, a otro. Ya supone, por consiguiente, la autentificación de quien significa.

Así, la relación ética, el cara a cara, rompe con toda relación que pueda llamarse mística y en que acontecimientos distintos del de la presentación del ser original vienen a revolucionar o a sublimar la sinceridad pura de esta presentación; en que equívocos embriagadores vienen a enriquecer la univocidad original de la expresión; en que el discurso se vuelve encantamiento (como la oración que se vuelve rito y liturgia); en que los interlocutores se encuentran desempeñando un papel en un drama que ha empezado fuera de ellos. Ahí reside el carácter razonable de la relación ética y del lenguaje. Ningún miedo, ningún temblor, podrían alterar la rectitud de la relación que conserva la discontinuidad de ésta misma –que se niega a la fusión– y en que la respuesta no elude la pregunta. A la actividad poética, en que surgen, sin que nos demos cuenta, influencias sobre esta actividad –sin embargo, consciente– que quieren envolverla y arrullarla como un ritmo, y en que la acción se encuentra llevada por la obra misma que ella ha suscitado (y en la que, de modo dionisíaco, el artista se convierte, según la expresión de Nietzsche, en obra de arte), se opone el lenguaje, que rompe constantemente el encanto del ritmo e impide que la iniciativa se vuelva un papel teatral. El discurso es ruptura y comienzo; ruptura del ritmo que embelesa y trasporta a los interlocutores; prosa.

El rostro en que se presenta Otro –absolutamente otro– no niega a Mismo, no lo violenta, como la opinión o la autoridad o lo sobrenatural taumatúrgico. Se queda a la medida de quien lo acoge: continúa siendo terrestre. Esta presentación es la no-violencia por antonomasia, porque en vez de herir mi libertad, llama a la responsabilidad y la instaura. Siendo no-violencia, mantiene, sin embargo, la pluralidad de Mismo y Otro. Es paz. La relación con Otro –absolutamente otro– que no tiene frontera con Mismo no se expone a la alergia que aflige a Mismo dentro de una totalidad –y sobre la que se apoya la dialéctica hegeliana–. Otro no es para la razón un escándalo que la ponga en movimiento dialéctico, sino la primera enseñanza razonable, la condición de toda enseñanza. El pretendido escándalo de la alteridad supone la identidad tranquila de Mismo: una libertad segura de sí misma, que se ejerce sin escrúpulos y a la que el extraño tan sólo aporta molestias y limitación. Esta identidad sin defecto, liberada de toda participación, independiente en el yo, puede, sin embargo, perder su tranquilidad si lo otro, en vez de chocar contra ella surgiendo en su mismo plano, le habla, es decir, se muestra en la expresión, en el rostro, y viene de lo alto. La libertad se inhibe entonces, no como golpeada por una resistencia, sino como arbitraria, culpable y tímida; pero en su culpabilidad, se eleva a la responsabilidad. La contingencia, o sea, lo irracional, no le aparece fuera de ella, en lo otro, sino en ella misma. No es la limitación por lo otro la que constituye la contingencia, sino el egoísmo, como injustificado de por sí. La relación con el Otro como relación con su trascendencia, la relación con el Otro que pone en cuestión la brutal espontaneidad de su destino inmanente, introduce en el yo –en mí– lo que no estaba en mí. Pero esta «acción» sobre mi libertad pone precisamente fin a la violencia y a la contingencia y, también en este sentido, instaura la Razón. Afirmar que el paso de un contenido de un espíritu a otro no se produce sin violencia más que si la verdad enseñada por el maestro se encuentra desde toda la eternidad en el alumno, significa extrapolar la mayéutica a más allá de su uso legítimo. La idea de infinito en mí, que implica un contenido que desborda al continente, rompe con el prejuicio de la mayéutica sin romper con el racionalismo; ya que la idea de infinito, lejos de violar el espíritu, condiciona la no-violencia misma, es decir, instaura la ética. Otro no es para la razón un escándalo que la pone en movimiento dialéctico, sino más bien la primera enseñanza. Un ser que *recibe* la idea de Infinito –que la *recibe* porque no puede tenerla de suyo– es un ser enseñado de manera no mayéutica: un ser cuyo existir mismo consiste en esta incesante recepción de la enseñanza, en este incesante desbordamiento de sí o tiempo. Pensar es tener la idea de infinito, o ser enseñado. El pensamiento razonable se refiere a esta enseñanza. Incluso si nos atenemos a la estructura formal del pensamiento lógico, que parte de una definición, lo infinito respecto del cual los conceptos se delimitan no puede, a su vez, definirse. Remite, por consiguiente, a un «conocimiento» de nueva estructura. Intentamos fijarlo como relación con el rostro, e intentamos mostrar la esencia ética de esta relación. El rostro es la evidencia que hace posible la evidencia –como la veracidad divina que sostiene al racionalismo cartesiano–.

4. El discurso instaura la significación

Así pues, el lenguaje condiciona el funcionamiento del pensamiento razonable: le da un comienzo en el ser, una primera identidad de significación en el rostro de quien habla (o sea, de quien se presenta deshaciendo sin cesar lo equívoco de su propia imagen, de sus signos verbales). El lenguaje condiciona el pensamiento; no el lenguaje en su materialidad física, sino como actitud de Mismo respecto del otro (actitud irreducible a la representación del otro, irreducible a una intención de pensamiento, irreducible a una conciencia de…, ya que se refiere a lo que ninguna conciencia puede contener, pues se refiere a lo infinito del Otro). El lenguaje no se pone en juego en el interior de una conciencia: me viene del otro y repercute en la conciencia poniéndola en cuestión; lo que constituye un acontecimiento irreducible a la conciencia, en la que todo sobreviene del interior, hasta la ajenidad del sufrimiento. Considerar el lenguaje como una actitud del espíritu no consiste en desencarnarlo, sino justamente en dar cuenta de su esencia encarnada, de su diferencia respecto de la naturaleza constituyente, egológica, del pensamiento trascendental del idealismo. La originalidad del discurso respecto de la intencionalidad constituyente, respecto de la conciencia pura, destruye el concepto de inmanencia; la idea de infinito en la conciencia es un desbordamiento de esta conciencia, cuya encarnación ofrece poderes nuevos a un alma que ya no está paralítica: poderes de acogida, de don, de manos llenas, de hospitalidad. Pero la encarnación, tomada como hecho primero del lenguaje, sin indicación de la estructura ontológica que cumple, asimilaría el lenguaje a la actividad, a esa prolongación del pensamiento en corporeidad (del *yo pienso* en *yo puedo*), que, desde luego, había servido de prototipo a la categoría del cuerpo propio o del pensamiento encarnado que domina una parte de la filosofía contemporánea. La tesis aquí presentada consiste en separar radicalmente lenguaje y actividad, expresión y trabajo, a pesar de todo el lado práctico del lenguaje, cuya importancia no cabe subestimar.

La función fundamental del discurso en el surgimiento de la razón no se ha reconocido hasta una época muy reciente. La función del verbo se comprendía en su dependencia respecto de la razón: el verbo que refleja el pensamiento. El nominalismo fue el primero en buscar al verbo otra función: la de *instrumento* de la razón. Al ser función simbólica de la palabra que simboliza lo no-pensable (más que significa contenidos pensados), este simbolismo venía a parar a la asociación con cierto número de datos conscientes, intuitivos, que se bastan a sí mismos y no exigen pensamiento. La teoría no tenía más fin que explicar la distancia entre el pensamiento, incapaz de apuntar a un objeto en general, y el lenguaje, que sí parece referirse a tal cosa. Distancia cuyo carácter aparente mostró la crítica de Husserl, al subordinar por completo la palabra a la razón. La palabra es ventana; si se convierte en pantalla, hay que rechazarla. En Heidegger, la palabra esperantista de Husserl toma el color y el peso de una realidad histórica; pero permanece vinculada al proceso de la comprensión.

La desconfianza respecto del verbalismo desemboca en el primado incontestable del pensamiento razonable, respecto de todas las *operaciones* de la expresión que insertan al pensamiento en una lengua común como en un sistema de signos, o lo vinculan a un lenguaje que preside la elección de estos signos. Las investigaciones modernas de la filosofía del lenguaje han hecho familiar la idea de la profunda solidaridad entre pensamiento y palabra. Merleau-Ponty, entre otros, y mejor que otros, mostró que el pensamiento desencarnado, que piensa la palabra antes de hablarla, el pensamiento que constituye el mundo de la palabra agregándola al mundo (previamente constituido por significaciones, en una operación también y siempre trascendental) era un mito. El propio pensamiento consiste ya en hacer un corte en el sistema de signos, en la lengua de un pueblo o de una civilización, para recibir la significación de esta misma operación. El pensamiento va a la aventura en la medida en que no parte de una representación previa, ni de esas significaciones, ni de frases que tenga que articular. El pensamiento, pues, opera casi en el «yo puedo» del cuerpo; opera ahí, en efecto, antes de representarse o constituir este cuerpo. La significación sorprende al mismo pensamiento que la ha pensado.

Pero ¿por qué el lenguaje (recurso al sistema de signos) le es necesario al pensamiento? ¿Por qué el objeto, e incluso el objeto percibido, tiene necesidad de nombre para llegar a ser significación? ¿Qué es tener sentido? La significación recibida de este lenguaje encarnado continúa siendo, en toda esta concepción, todavía «objeto intencional». La estructura de la conciencia constituyente reencuentra todos sus derechos tras la mediación del cuerpo que habla o escribe. El plus de la significación sobre la representación, ¿acaso no estriba en una nueva manera –nueva en relación con la intencionalidad constituyente– de presentarse: una manera cuyo secreto no agota el análisis de la «intencionalidad del cuerpo»? ¿Constituye la mediación del signo la significación porque introduce en una representación objetiva y estática el «movimiento» de la relación simbólica? Pero entonces el lenguaje recaería en la sospecha de alejarnos de las «cosas mismas».

Hay que afirmar lo contrario. No es la mediación del signo la que hace la significación, sino que es la significación (cuyo acontecimiento original es el cara a cara) la que hace posible la función del signo. La esencia original del lenguaje no hay que buscarla en la operación del cuerpo que la des-vela a mí y a los demás y que, recurriendo al lenguaje, edifica un pensamiento, sino en la presentación del sentido. Lo cual no nos retrotrae a una conciencia trascendental que constituye objetos, contra la que se alza con tan justo rigor la teoría del lenguaje que acabamos de evocar; ya que las significaciones no se presentan a la teoría, o sea, a la libertad constituyente de una conciencia trascendental. *El ser de la significación consiste en poner en cuestión, en una relación ética, a la propia libertad constituyente.* El sentido es el rostro del otro, y todo recurso a la palabra se sitúa ya en el interior del cara a cara original del lenguaje. Todo recurso a la palabra supone la inteligencia de la primera significación: una inteligencia que, antes que dejarse interpretar como «conciencia de», es sociedad y obligación. La significación es lo Infinito; pero lo infinito no se presenta a un pensamiento trascendental, ni siquiera a la actividad con sentido, sino en el Otro: él se encara conmigo y me pone en cuestión y me *obliga* por su esencia de infinito. Este «algo» que se llama significación surge en el ser con el lenguaje, porque la esencia del lenguaje es la relación con el Otro. Esta relación no viene a añadirse al monólogo interior –ni aunque éste tenga la «intencionalidad corporal» de Merleau-Ponty– como la dirección se le añade al objeto fabricado que echamos al correo: la acogida del ser que aparece en el rostro, el acontecimiento ético de la socialidad, manda ya sobre el discurso interior. Y la epifanía que se produce como rostro no se constituye como los demás seres, precisamente porque «revela» lo infinito. La significación es lo infinito, o sea, el Otro. Lo inteligible no es un concepto sino una inteligencia. La significación precede a la *Sinngebung* [donación de sentido] e indica el límite del idealismo, en vez de justificarlo.

En cierto sentido, la significación es a la percepción lo que el símbolo es al objeto simbolizado. El símbolo designa la inadecuación del dato de la conciencia respecto del ser que él simboliza: una conciencia necesitada y hambrienta del ser que le falta, del ser que se anuncia en la precisión misma con la que se vive su ausencia (una potencia que presiente al acto). La significación se le parece, en tanto que desbordamiento de la intención que apunta por el ser apuntado. Pero aquí el plus inagotable de lo infinito desborda lo actual de la conciencia. Este chorro de lo infinito o rostro no se puede ya decir en términos de conciencia, en metáforas que se refieran a la luz y lo sensible. Es la exigencia ética del rostro lo que pone en cuestión a la conciencia que la acoge. La conciencia de la obligación no es ya una conciencia, porque arranca a la conciencia de su centro sometiéndola al Otro.

Si el cara a cara funda el lenguaje, si el rostro aporta la primera significación, si instaura la significación misma en el ser, es que el lenguaje no está sólo al servicio de la razón, sino que es la razón. La razón, en el sentido de una legalidad impersonal, no permite dar cuenta del discurso, ya que ella absorbe la pluralidad de los interlocutores. La razón única no puede hablar a otra razón. Cabe concebir, desde luego, de modo naturalista, una razón inmanente a una conciencia individual, como sistema de las leyes que rige la naturaleza de esta conciencia (individuada, como todos los seres naturales, pero, además, individuada también como sí misma). El acuerdo entre conciencias se explicaría entonces por la semejanza entre seres constituidos de la misma manera. El lenguaje se reduciría a un sistema de signos que despierta, de una a otra conciencia, pensamientos semejantes. Habría entonces que dejar a un lado la intencionalidad del pensamiento razonable, que se abre a un orden universal, y habría que correr todos los riesgos del psicologismo naturalista, contra el cual siguen valiendo los argumentos del primer volumen de las *Investigaciones lógicas*[3].

Retrocediendo ante tales consecuencias, y para ajustarse más al «fenómeno», cabe llamar razón a la coherencia interna de un orden ideal que se va realizando en el ser en la medida en que la conciencia individual –en que se aprende o se construye– renuncia a su particularidad de individuo e ipseidad y o bien retrocede hacia una esfera nouménica en que ejercer intemporalmente su papel de sujeto absoluto en el Yo pienso, o bien se reabsorbe en el orden universal del Estado, que en un principio parecía que era ella quien lo vislumbraba o lo constituía. En ambos casos, el papel del lenguaje sería disolver la ipseidad de la conciencia individualmente, tan hondamente antagonista de la razón, ya para transformarla en un «Yo pienso» que ha dejado de hablar, ya para hacerla desaparecer en su propio discurso, en el que, introducida dentro del Estado, sólo podría sufrir el juicio de la historia, en vez de permanecer siendo yo, o sea, en vez de juzgar ella a la historia.

---

3. O sea, de los *Prolegómenos a la lógica pura*, con los que se abre esta primera obra maestra de Edmund Husserl (1900) [N. del T.].

Ya no hay sociedad en tal racionalismo, o sea, ya no hay relación cuyos términos se ab-suelvan de la relación.

Por más que los hegelianos carguen en la cuenta de la animalidad humana la conciencia de tiranía que el individuo siente ante la ley impersonal, tienen todavía que hacernos entender cómo es posible un animal razonable; cómo la particularidad del sí mismo puede quedar afectada por la simple universalidad de una idea; cómo puede abdicar el egoísmo.

Si, en cambio, la razón vive en el lenguaje; si en la oposición del cara a cara brilla la racionalidad primera; si el primer inteligible, la primera significación, es lo infinito de la inteligencia que se presenta (o sea, que me habla) en el rostro; si la razón se define por la significación, en vez de que la significación se defina por las estructuras impersonales de la razón; si la sociedad precede a la aparición de estas estructuras impersonales; si la universalidad reina como la presencia de la humanidad en los ojos que me miran; si, en fin, recordamos que esta mirada apela a mi responsabilidad y consagra mi libertad como responsabilidad y don de sí, el pluralismo de la sociedad no podrá desaparecer al elevarse a la razón. Sería la condición de tal cosa. No es lo impersonal en mí lo que la Razón instaura en un Yo-mismo capaz de sociedad, surgido en el disfrute como separado, pero cuya separación fue necesaria para que lo infinito (y su infinidad se cumple como el «de cara») pueda *ser*.

5. LENGUAJE Y OBJETIVIDAD

Un mundo con sentido es un mundo en el que hay el Otro, gracias al cual el mundo de mi disfrute llega a ser tema que tiene una significación. Las cosas adquieren una significación racional, y no sólo de simple uso, porque Otro está asociado a mis relaciones con ellas. Al designar una cosa, se la designo al otro. El acto de designar modifica mi relación de disfrute y de poseedor respecto de las cosas, sitúa a las cosas en la perspectiva del otro. Así, pues, utilizar un signo no se limita al hecho de reemplazar la relación directa con una cosa por una relación indirecta, sino que permite volver ofrecibles las cosas, desprenderlas de mi uso, alienarlas, hacerlas exteriores. La palabra que designa las cosas da testimonio de que se reparten entre yo y los demás. La objetividad del objeto no deriva de una suspensión del uso y el disfrute en que poseo las cosas sin asumirlas. La objetividad resulta del lenguaje, que permite poner en tela de juicio la posesión. Este desprendimiento tiene un sentido positivo: la entrada de la cosa en la esfera del otro. La cosa se vuelve tema. Tematizar es ofrecer el mundo al Otro por la palabra. La «distancia» respecto del objeto sobrepasa así su significación espacial.

Esta objetividad resulta ser correlativa no de un rasgo cualquiera en un sujeto aislado, sino de su relación con el Otro. La objetivación se produce en la obra misma del lenguaje, en que el sujeto se desprende de las cosas poseídas, como si sobrevolara su propia existencia, como si estuviera también desprendido de ella misma, como si la existencia que él existe no le hubiera llegado aún por completo. Una distancia más radical que toda distancia en el mundo. Es preciso que el sujeto se encuentre «a distancia» de su propio ser, incluso respecto de este tomar distancias peculiar de la casa, por la que todavía está en el ser. Y es que una negación, aunque se refiera a la totalidad del mundo, permanece siendo interior a la totalidad. Para que se ahonde la distancia objetiva, es preciso que, aun estando en el ser, el sujeto no esté todavía en él; que en cierto sentido todavía no haya nacido: que no esté en la naturaleza. Si bien el sujeto capaz de objetividad no *es* todavía por completo, este «aún no», este estado de potencia respecto al acto, no designa algo que sea menos que el ser, sino el tiempo. La conciencia del objeto –la tematización– descansa sobre la distancia respecto de sí, que no puede ser sino tiempo; o, si así se prefiere, descansa sobre la conciencia de sí, a condición de que se reconozca como «tiempo» la «distancia de sí a sí mismo» en la conciencia de sí. Sólo que el tiempo no puede designar un «todavía no» que no sea, sin embargo, un «ser menor»: no puede mantenerse alejado, a la vez, del ser y de la muerte más que como futuro inagotable de lo infinito, o sea, como aquello que se produce en la relación misma del lenguaje. El sujeto sobrevuela su existencia al designar al otro lo que posee, al hablar. Pero es de la acogida de lo infinito de Otro de donde tiene la libertad respecto de sí que esta desposesión exige. La tiene, en fin, del Deseo, que no procede de una carencia o una limitación, sino de un plus de la idea de Infinito.

El lenguaje hace posible la objetividad de los objetos y su tematización. Ya Husserl afirmó que la objetividad del pensamiento consiste en el hecho de ser válido para todo el mundo. Conocer objetivamente sería, pues, constituir mi pensamiento de tal manera que contenga ya una referencia al pensamiento de los otros. Así, lo que comunico se constituye desde un principio en función de los otros. Al hablar, no trasmito al otro lo que es objetivo para mí: lo objetivo no se vuelve objetivo más que por la comunicación. Pero en Husserl, el Otro que hace posible esta comunicación se constituye inicialmente para un pensamiento monádico. La base de la objetividad se constituye en un proceso puramente subjetivo. Al poner la relación con el Otro como ética, se supera una dificultad que sería inevitable si la filosofía, contrariamente a lo que hizo Descartes, partiera de un *cogito* que se pusiera o plantara de una manera absolutamente independiente del Otro.

El *cogito* cartesiano se da, en efecto, al final de la Meditación Tercera, como apoyado sobre la certeza de la existencia divina en tanto que infinita, respecto de la cual se pone y se concibe la finitud del *cogito* o la duda. No cabría determinar esta finitud, como sucede en los modernos, sin recurrir a lo infinito, partiendo, por ejemplo, de la mortalidad del sujeto. El sujeto cartesiano se da un punto de vista exterior a sí mismo, partiendo del cual puede captarse. Si en un primer paso Descartes toma conciencia indudable de sí por sí mismo, en un segundo paso –reflexión sobre la reflexión– se cerciora de las condiciones de esta certeza. Esta certeza depende de la claridad y la distinción del *cogito*, pero la certeza misma se busca a causa de la presencia de lo infinito en este pensamiento finito, que sin esta presencia ignoraría su finitud: «Manifeste intelligo plus realitatis esse in substantia infinita quam in finita, ac proinde priorem quodammodo in me esse perceptionem infiniti quam finiti, hoc est Dei quam mei ipsius. Qua enim ratione intelligerem me dubitare, me cupere, hoc est aliquid mihi deesse, et me non esse omnino perfectum si nulla idea entis perfectioris in me esset, ex cujus comparatione defectus meos agnoscerem?» (edición Tannery, vol. VII, pp. 45-46)[4]. [Entiendo evidentemente que hay más realidad en la sustancia infinita que en la finita y que, por tanto, está en mí de algún modo antes la percepción de lo infinito que la de lo finito, o sea, la de Dios antes que la de mí mismo. En efecto, ¿por qué razón entendería yo que dudo, que deseo, o sea, que me falta algo y que no soy enteramente perfecto, si no estuviera en mí idea alguna de un ente más perfecto, por comparación con el cual conozco mis defectos?].

La posición del pensamiento en el seno del infinito que lo ha creado y que le ha dado la idea de infinito, ¿acaso se descubre por un razonamiento o por una intuición, que sólo pueden poner temas? Lo infinito no cabe que sea tematizado, y la distinción entre razonamiento e intuición no conviene al acceso a lo infinito. La relación con lo infinito, en la doble estructura de lo infinito presente a lo finito, pero presente fuera de lo finito, ¿es que no es ajena a la teoría? Hemos visto nosotros en ella la relación ética. Si Husserl ve en el *cogito* una subjetividad sin apoyo alguna fuera de ella, constituye incluso la idea de infinito y se la da como objeto. La no-constitución de lo infinito en Descartes deja una puerta abierta. La referencia del *cogito* finito a lo infinito de Dios no consiste en una simple tematización de Dios. De todo objeto doy cuenta por mí mismo: a todos los contengo. La idea de infinito no me es objeto. El argumento ontológico se apoya en la mutación de este «objeto» en ser, en independencia respecto de mí. Dios es el

---

4. Tal como aparece en el texto de Levinas, la cita latina presenta varias erratas que, naturalmente, se han corregido aquí. También se ha enmendado una errata en la otra larga cita latina que en seguida se leerá [N. del T.].

Otro. Si pensar consiste en referirse a un objeto, hay que creer que el pensamiento de lo infinito no es un pensamiento. ¿Qué es positivamente? Descartes no plantea la cuestión. En todo caso, es evidente que la intuición de lo infinito conserva un sentido racionalista y de ninguna manera se ha de convertir en que Dios me invada mediante una emoción interior. Descartes, mejor que un idealista o que un realista, descubre una relación con una alteridad total, irreducible a la interioridad y que, sin embargo, no violenta la interioridad: una receptividad sin pasividad, una relación entre libertades.

El último párrafo de la Meditación Tercera nos remite a una relación con lo infinito que, a través del pensamiento, desborda el pensamiento y se vuelve relación personal. La contemplación se trasmuta en admiración, adoración y alegría. Ya no se trata de un «objeto infinito», todavía conocido y tematizado, sino de una majestad: «... Placet hic aliquandiu in ipsius Dei contemplatione immorari, eius attributa apud me expendere, et immensi hujus luminis pulchritudinem, quantum caligantis ingenii mei acies ferre poterit, intueri, admirari, adorare. Ut enim in hac sola divinae majestatis contemplatione summam alterius vitae felicitatem consistere fide credimus, ita etiam jam ex eadem, licet multo minus perfecta, maximam, cujus in hac vita capaces simus, voluptatem percipi posse experimur». [Conviene aquí que me detenga algún tiempo en la contemplación del mismo Dios, sopese sus atributos y vea, admire y adore la belleza de esta luz inmensa en la medida en que pueda lograrlo la penetración de mi ingenio deslumbrado. Pues como creemos por la fe que sólo en esta contemplación de la majestad divina consiste la felicidad suprema de la otra vida, así, ya por esta contemplación, aunque es mucho menos perfecta, experimentamos que podemos percibir la mayor dicha de que somos capaces en esta vida].

Este párrafo no nos parece, pues, un ornato estilístico ni un prudente homenaje a la religión, sino expresión de la trasformación de la idea de infinito, aportada por el conocimiento, en Majestad abordada como rostro.

6. El Otro y los Otros

La presentación del rostro –la expresión– no des-vela un mundo interior antes cerrado, añadiendo de ese modo una nueva región que comprender o que prender. Por el contrario, me llama por encima del dato que la palabra pone ya en común entre nosotros. Lo que se da, lo que se toma, se reduce a fenómeno, descubierto y ofrecido a la presa, que lleva una existencia que se suspende en la posesión. En cambio, la presentación del rostro no pone en relación con el ser. *El existir de este ser* –irreducible a la fenomenalidad, comprendida como realidad sin realidad– se efectúa en la urgencia inaplazable con la que exige respuesta. Esta respuesta difiere de la «reacción» que suscita el dato, lo dado, porque no puede quedarse «entre nosotros», como ocurre con las disposiciones que tomo respecto de una cosa. Todo lo que aquí pasa «entre nosotros» concierne a todo el mundo: el rostro que lo mira se sitúa en mitad del orden público, incluso si me separo de él para buscar con el interlocutor la complicidad de una relación privada y una clandestinidad.

El lenguaje, como presencia del rostro, no invita a la complicidad con el ser preferido, al «yo-tú» que se basta a sí mismo y se olvida del universo; en su franqueza, se niega a la clandestinidad del amor, en la que pierde su franqueza y su sentido y se trasmuta en risa o arrullo. El tercero me mira en los ojos del otro: el lenguaje es justicia. No es que primero haya rostro y que luego el ser que el rostro manifiesta o expresa se cuide de la justicia. La epifanía del rostro como rostro abre la humanidad. El rostro, en su desnudez de rostro, me presenta la desnudez del pobre y el extranjero; pero esta pobreza y este exilio que apelan a mis poderes, apuntan a mí, no se entregan a estos poderes como datos, permanecen siendo expresión de rostro. El pobre, el extranjero, se presenta como igual. Su igualdad en esta pobreza esencial consiste en referirse al *tercero*, presente así en el encuentro y al que, en el seno de su miseria, el Otro está ya sirviendo. Él se me *añade*. Pero me añade a él para servir: me manda como maestro. Un mandamiento que no puede concernirme más que en tanto que yo mismo soy maestro; mandamiento, pues, que me manda mandar. El *tú* se pone ante un *nosotros*. Ser *nosotros* no es «arremolinarse» o agruparse en torno a una tarea común. La presencia del rostro –lo infinito de Otro– es desnudez, presencia del tercero (o sea, de la humanidad entera, que nos concierne) y mandamiento que manda mandar. Es por esto por lo que la relación con el otro o discurso no sólo es la puesta en cuestión de mi libertad, la llamada que viene de Otro para llamarme a la responsabilidad; no es sólo la palabra por la que, al enunciar un mundo objetivo y común, me despojo de la posesión que me aprisiona; sino que es también la predicación, la exhortación, la palabra profética. La palabra profética responde esencialmente a la epifanía del rostro y duplica todo discurso –no como un discurso sobre temas morales, sino como momento irreducible del discurso, suscitado esencialmente por la epifanía del rostro, en la medida en que éste da testimonio de la presencia del tercero, de la humanidad entera, en los ojos que me miran. Toda relación social remonta, como una derivada, a la presentación de Otro a Mismo sin intermediación alguna de imagen o signo, tan sólo por la expresión del rostro. La esencia de la sociedad se nos escapa si la planteamos como semejante al género que une a los individuos semejantes. Es verdad que existe el género humano como género biológico, y la función común que los hombres pueden ejercer en el mundo como totalidad permite aplicarles un concepto común; pero la comunidad humana, que se instaura por el lenguaje (en el que los interlocutores permanecen absolutamente separados) no constituye la unidad del género. Se dice como parentesco de los hombres. Que todos los hombres sean hermanos no se explica por su parecido ni por una causa común cuyo efecto sean (como las medallas que remiten al mismo cuño que las fraguó). La paternidad no se retrotrae a una causalidad en la que participen los individuos misteriosamente y que determine, por un efecto no menos misterioso, un fenómeno de solidaridad.

Es mi responsabilidad cara a un rostro que me mira como siendo absolutamente extranjero (y la epifanía del rostro coincide con estos dos factores) lo que constituye el hecho original de la fraternidad. La paternidad no es una causalidad, sino la instauración de una unicidad con la que la unicidad del padre coincide y no coincide[5]. La no-coincidencia consiste en mi posición como hermano, que implica a mi lado otras unicidades; así, mi unicidad de yo resume a la vez la suficiencia del ser y mi parcialidad, mi posición cara al otro como rostro. En esta acogida del rostro (acogida que es ya mi responsabilidad para con él y en la que, por tanto, él me aborda partiendo de una dimensión de altura, y me domina) se instaura la igualdad. O bien la igualdad se produce allí donde el Otro manda a Mismo y se le revela en la responsabilidad, o bien la igualdad no es más que una idea abstracta y una palabra. No se la puede desprender de la acogida del rostro, de la que ella es un factor.

El estatuto de lo humano implica la fraternidad y la idea de género humano. Se opone ésta radicalmente a la concepción de la humanidad unida por el parecido: una multiplicidad de familias, salidas de las piedras que arrojó Deucalión a su espalda y que va a parar, por la lucha de egoísmos, a una ciudad humana. La fraternidad humana tiene, pues, un doble aspecto: implica individualidades, cuyo estatuto lógico no se retrotrae al estatuto de diferencias últimas en un género: su singularidad consiste en que cada una se refiere a sí misma (un individuo que tuviera un género común con otro individuo, no estaría lo bastante alejado de éste); e implica la comunidad de padre: como si la comunidad de género no acercara lo bastante. Es preciso que la sociedad sea una comunidad fraternal, para que esté a medida de la rectitud –la proximidad por excelencia– en la que el rostro se presenta a mi acogida. El monoteísmo significa este parentesco humano, esta idea de raza humana, que se remonta a cómo se aborda al otro en el rostro, en una dimensión de altura, en la responsabilidad por sí mismo y por el otro.

---

5. Cf. *infra*, 314-316.

7. Asimetría de lo interpersonal

La presencia del rostro, que viene de más allá del mundo pero me introduce comprometidamente en la fraternidad humana, no me aplasta, como una esencia numinosa que hace temblar y se hace temer. Ser en relación ab-solviéndose de esta relación consiste en hablar. El Otro *no aparece* sólo en su rostro, como un fenómeno sometido a la acción y la dominación de una libertad. Él, que está infinitamente alejado de la relación misma en la que entra, se presenta desde el comienzo como ab-soluto. El Yo se desprende de la relación, pero en el seno de una relación con un ser absolutamente separado. El rostro en que el otro se vuelve hacia mí no queda absorbido en la representación del rostro. Oír su miseria que clama justicia no consiste en representarse una imagen, sino en ponerse como responsable: a la vez, como más y como menos que el ser que se presenta en el rostro: menos, porque el rostro me recuerda mis obligaciones y me juzga –el ser que en él se presenta viene de una dimensión de altura: dimensión de la trascendencia, en que puede presentarse como extranjero sin oponérseme como obstáculo o enemigo–; más, porque mi posición de *yo* consiste en poder responder a esta miseria esencial del otro, en poder encontrarme yo recursos. El Otro que me domina en su trascendencia es también el extranjero, la viuda y el huérfano respecto de los que estoy obligado.

Estas diferencias entre el Otro y yo no dependen de «propiedades» diferentes que sean inherentes al «yo», por una parte, y al Otro, por la otra; ni de disposiciones psicológicas diferentes que asaltaran a los respectivos espíritus cuando se encuentran. Con lo que tienen que ver es con la coyuntura Yo– el Otro: con la *orientación* inevitable del ser «partiendo de sí» hacia «el Otro». La prioridad de esta orientación respecto de los términos que se sitúan en ella y que, por lo demás, no pueden surgir sin esta orientación, resume las tesis de la presente obra.

El ser no *es primero* para dejar sitio luego, estallando, a una diversidad en la que todos los términos mantengan entre ellos relaciones recíprocas que confiesen así la totalidad de que provienen y en la que eventualmente se produciría un ser existente para sí, un yo que se sitúa cara a otro yo (incidentes estos de los que podría darse cuenta en un discurso impersonal exterior a los incidentes en cuestión). De la orientación de Mí hacia el Otro no sale siquiera el lenguaje que la narra. No se sitúa éste *ante* una correlación a la que tomen prestadas el yo su identidad y el Otro su alteridad. La separación del lenguaje no denota la presencia de dos seres en un espacio etéreo, en el que la unión hace eco a la separación sin más. La separación es primeramente el hecho de un ser que vive *en alguna parte* de *alguna cosa*, o sea, que disfruta. La identidad del yo le viene de su egoísmo, cuya suficiencia insular cumple el disfrute, y al que el rostro enseña lo infinito de que se separa esta suficiencia insular. Es verdad que este egoísmo se funda en la infinitud del otro, que no puede cumplirse más que produciéndose como la idea de Infinito en un ser separado. También es verdad que Otro invoca a este ser separado, pero esta invocación no se reduce a llamar a un correlato: deja sitio a un proceso de ser que se deduce de sí mismo, o sea, que permanece separado y capaz de cerrarse a la llamada misma que lo ha suscitado –pero también capaz de acoger a este rostro de lo infinito con todos los recursos de su egoísmo: económicamente. La palabra no se instaura en un medio homogéneo o abstracto, sino en un mundo donde hay que auxiliar y dar. Supone un yo: existencia separada en su disfrute y que no acoge al rostro y su voz, que vienen de otras riberas, con las manos vacías. La multiplicidad en el ser, que se niega a la totalización pero se perfila como fraternidad y discurso, se sitúa en un «espacio» esencialmente asimétrico.

8. Voluntad y razón

El discurso condiciona el pensamiento, porque el primer inteligible no es un concepto sino una inteligencia, cuyo rostro enuncia la exterioridad inviolable profiriendo el «no cometerás asesinato». La esencia del discurso es ética. Al enunciar esta tesis, se rechaza el idealismo.

Lo inteligible idealista constituye un sistema de relaciones ideales coherentes cuya presentación ante el sujeto equivale a la entrada del sujeto en ese orden y a su absorción en esas relaciones ideales. El sujeto no tiene en sí mismo ningún recurso que no se seque y agote bajo el sol inteligible. Su voluntad es razón y su separación, ilusoria (aunque la posibilidad de la ilusión da testimonio en favor de una fuente subjetiva, al menos subterránea, que lo inteligible no puede secar).

El idealismo, llevado hasta el final, reduce toda ética a política. El otro y el yo funcionan como elementos de un cálculo ideal, reciben de este cálculo su ser real y se abordan mutuamente como presas ambos de necesidades ideales que los atraviesan enteramente. Juegan el papel de elementos en un sistema, y no de orígenes. La sociedad política aparece como una pluralidad que expresa la multiplicidad de las articulaciones de un sistema. En el reino de los fines, en el que es verdad que las personas se definen como voluntades, pero en que la voluntad se define como aquello que se deja afectar por lo universal (o sea, en que la voluntad se quiere razón, así sea razón práctica), la multiplicidad no descansa de hecho más que en la esperanza de la felicidad. El principio sedicentemente animal de la felicidad, que es ineluctable en la descripción de la voluntad (aunque sea ésta razón práctica) mantiene el pluralismo en la sociedad de los espíritus.

En este mundo sin multiplicidad, el lenguaje pierde toda significación social, los interlocutores renuncian a su carácter de únicos: no se desean el uno al otro, sino que desean lo universal. El lenguaje equivaldría entonces a la constitución de instituciones razonables, en las que se vuelve objetiva y efectiva una razón impersonal que obra ya en las personas que hablan y sostiene ya su realidad efectiva: cada ser se pone aparte de todos los demás, pero la voluntad de cada uno o la ipseidad consiste desde el principio en querer lo universal o lo razonable, o sea, en negar su propia particularidad. Al cumplir su esencia de discurso, al llegar a ser discurso universalmente coherente, realizará el lenguaje, por ello mismo y entonces mismo, el Estado universal, en que la multiplicidad queda absorbida y el discurso se acaba por falta de interlocutores.

No sirve de nada, para mantener la pluralidad en el ser o el carácter único de la persona, distinguir formalmente voluntad y entendimiento, voluntad y razón, cuando inmediatamente se decide uno a no considerar como buena voluntad más que la voluntad que se adhiere a las ideas claras o que no se decide más que por respeto a lo universal. Si la voluntad puede aspirar de una manera u otra a la razón, es que es razón: razón en busca de sí o haciéndose. En Espinosa o en Hegel revela su verdadera esencia. A esta identificación de la voluntad y la razón, a la que apunta la intención última del idealismo, se opone toda la experiencia patética de la humanidad, que el idealismo hegeliano o espinosista relega a lo subjetivo o a lo imaginario. El interés de esta oposición no reside en la protesta misma del individuo que rechaza el sistema de la razón, o sea, en su arbitrariedad, a la que, en consecuencia, el discurso coherente no podría hacer callar por la persuasión, sino en la afirmación que da vida a esta oposición. En efecto, la oposición no consiste en cerrar los ojos sobre el ser y golpearse locamente la cabeza contra la pared para superar en sí mismo la conciencia de los propios defectos de ser, de su miseria y su exilio, y para trasformar una humillación en orgullo desesperado. Tiene la certeza del plus que comporta, respecto del ser pleno o inmutable o en acto, una existencia separada de él y que, así, lo desea: *o sea, del plus que se produce por la sociedad con lo infinito*; plus incesante, que cumple la infinitud del infinito. La protesta contra la identificación de voluntad y razón no se complace en lo arbitrario, que, por su absurdo y su inmoralidad, justificaría inmediatamente esa identificación. Procede de la certeza de que el ideal de un ser cumplido eternamente sin pensar más que en sí mismo no podría servir de patrón ontológico a una vida, a un devenir, capaces de renovación, de Deseo, de sociedad. La vida no se comprende simplemente como disminución, desmedro, embrión o virtualidad del ser. Lo individual y lo personal cuentan y actúan independientemente de lo universal que los habría de plasmar y partiendo del cual, por otra parte, quedan sin explicar la existencia de lo individual o el decaer del que surgiría éste. *Lo individual y lo personal son necesarios para que pueda producirse lo Infinito como infinito*[6]. La imposibilidad de tratar la vida en función del ser se manifiesta con fuerza en Bergson, en quien la duración ya no imita desmedrándola una eternidad inmóvil; o en Heidegger, en quien la posibilidad no se refiere ya, como una δύναμις, al ἔργον. Heidegger desliga a la vida de esta finalidad de la potencia tendiendo al acto. Que pueda haber más que el ser o algo por encima del ser, es lo que se traduce en la idea de creación, que, en Dios, sobrepasa a un ser eternamente satisfecho de sí. Pero esta noción del ser por encima del ser no viene de la teología. Si bien no ha desempeñado ningún papel en la filosofía occidental salida de Aristóteles, la idea platónica del Bien le asegura la dignidad de un pensamiento filosófico que no hay, pues, que retrotraer a sabiduría oriental alguna.

Si la subjetividad no fuera más que un modo deficiente del ser, la distinción entre voluntad y razón iría a parar, en efecto, a concebir la voluntad como arbitraria, como negación pura y simple de una razón embrionaria o virtual, dormida en un yo, y, por tanto, como negación de ese yo y violencia para consigo mismo. Si la subjetividad, en cambio, queda determinada como un ser separado en relación con otro absolutamente otro (o el Otro); si el rostro aporta la primera significación, o sea, el surgimiento mismo de lo racional; entonces la voluntad se distingue profundamente de lo inteligible que ella no debe comprender y en lo que no debe desaparecer; pues la inteligibilidad de esto inteligible reside precisamente en el comportamiento ético, o sea, en la responsabilidad a la que él invita a la voluntad. La voluntad es libre de asumir esta responsabilidad en el sentido que ella quiera, pero no es libre para negar esta responsabilidad misma: no es libre de ignorar el mundo con sentido en que la ha introducido el rostro del otro. En *la aco-*

---

6. Cf. *infra*, 272-282, la sección «La verdad del querer».

gida del rostro, la voluntad se abre a la razón. El lenguaje no se limita al despertar mayéutico de pensamientos comunes a los seres; no acelera la maduración interior de una razón común a todos; enseña e introduce novedad en el pensamiento. La introducción de algo nuevo en el pensamiento, la idea de lo infinito: tal es la obra misma de la razón. Lo absolutamente nuevo es el Otro. Lo racional no se opone a lo experimentado. La experiencia absoluta, la experiencia de lo que bajo ningún concepto es a priori, es la razón misma. Al descubrir como correlato de la experiencia al Otro, a quien esencialmente es en sí, puede hablar y en modo alguno se impone como objeto, se concilia *la novedad* que aporta la experiencia con la vieja exigencia socrática de un espíritu al que nada puede violentar, retomada por Leibniz cuando negó a las mónadas ventanas. La presencia ética a la vez es otra y se impone sin violencia. Al comenzar la actividad de la razón con la palabra, el sujeto no abdica de su unicidad sino que confirma su separación. No entra en su propio discurso para desaparecer en él. Continúa siendo apología. El paso a lo racional no es una desindividuación precisamente porque es lenguaje, o sea, respuesta al ser que le habla en el rostro y que no tolera más que una respuesta personal, o sea, un acto ético.

C. LA RELACIÓN ÉTICA Y EL TIEMPO

1. El pluralismo y la subjetividad

La separación, que se efectúa concretamente como habitación y economía, hace posible la relación con la exterioridad desligada, absoluta. Esta relación –la metafísica– se efectúa originalmente por la epifanía del Otro en el rostro. La separación se ahonda entre términos absolutos y, sin embargo, en relación, que se ab-suelven de la relación que mantienen, que no abdican en ella en provecho de una totalidad esbozada por esta relación. Así, la relación metafísica realiza un existir múltiple: el pluralismo. Pero esta relación no realizaría el pluralismo si la estructura formal de la relación agotara la esencia de la relación. Hay que explicitar el poder de ab-solverse de la relación que tienen los seres situados en ella. Este poder comporta para cada uno de los términos separados un sentido diferente de tal ab-solución. El Metafísico no es absoluto en el mismo sentido que lo Metafísico. La dimensión de altura desde la que viene lo Metafísico al Metafísico indica una como no-homogeneidad del espacio tal que pueda producirse en ella una multiplicidad radical, distinta de la multiplicidad numérica. La multiplicidad numérica está indefensa contra la totalización. Para que pueda producirse una multiplicidad en el orden del ser, no basta el *des-velamiento* (en el que el ser no sólo se manifiesta, sino se efectúa o se afana o se ejerce o reina); no basta con que su *producción* irradie en el esplendor frío de la verdad. En este esplendor, lo diverso se une bajo la mirada panorámica a la que llama este esplendor. La contemplación misma se absorbe en esta totalidad y, precisamente así, instaura este ser objetivo y eterno, o esta «naturaleza impasible, que resplandece con su belleza eterna», según la frase de Pushkin, en la que el sentido común reconoce el prototipo del ser y que confiere, para el filósofo, su prestigio a la totalidad. La subjetividad del conocimiento no puede quebrar esta totalidad que se refleja en el sujeto o refleja el sujeto. La totalidad objetiva *permanece excluyendo* a todo *otro* aunque se la desnude, o sea, aunque aparezca a otro. La contemplación quizá se defina como un proceso por el que el ser se revela sin dejar de ser uno. La filosofía sobre la que manda es supresión del pluralismo.

Para que pueda mantenerse una multiplicidad, es preciso que se produzca en él la subjetividad que no pueda procurar congruencia con el ser en que se produce. Es preciso que el ser se ejerza como revelándose, o sea, como, en su ser mismo, vertiéndose hacia un yo que lo aborda, pero vertiéndose hacia él infinitamente, sin agotarse: ardiendo sin consumirse. Ahora bien, este abordar no puede concebirse como un conocimiento en el que el sujeto que conoce se refleja y se absorbe. Tal cosa sería destruir de inmediato esa exterioridad del ser mediante una reflexión total, a la que apunta el conocimiento. La imposibilidad de la reflexión total no se debe plantear negativamente, como la finitud de un sujeto cognoscente que, siendo mortal y estando ya de siempre comprometido con el mundo, no accede a la verdad; sino como el *plus* de la relación social, en la que la subjetividad permanece encarando a...: en la rectitud de esta acogida, que no se mide por la verdad. La relación social misma no es una relación cualquiera, una entre tantas de las que pueden producirse en el ser, sino su acontecimiento último. La frase misma en que la enuncio y cuya pretensión a la verdad –que postula una reflexión total– refuta el carácter de insuperable de la relación cara a cara, lo confirma, no obstante, por el hecho de que enuncia esta verdad, de que se la dice al otro. La multiplicidad supone, pues, una objetividad puesta en la imposibilidad de la reflexión total, en la imposibilidad de confundir en un todo al yo y el no-yo. Esta imposibilidad no es negativa –lo que aún sería plantearla o ponerla respecto del ideal de la verdad contemplada–. Esta imposibilidad concierne al plus de la epifanía del Otro que me domina con su altura.

Esta fundación del pluralismo no deja fijos en su aislamiento a los términos que constituyen la pluralidad. A la vez que los mantiene contra la totalidad que los absorbería, los deja en comercio o en guerra. En ningún momento se alzan como causas de sí mismos, lo que les quitaría toda receptividad y toda actividad, encerraría a cada uno en su interioridad y los aislaría a todos como a dioses epicúreos, que viven en los intersticios del ser, o como a los dioses inmovilizados en el entretiempo[1] del arte: dejados, por toda la eternidad, al borde del intervalo, en el umbral de un porvenir que nunca se produce; estatuas que se miran con ojos vacíos; ídolos que, al revés que Giges, se exponen y no ven. Nuestros análisis de la separación

---

1. Cf. nuestro artículo *La réalité et son ombre*: Temps modernes (noviembre 1948) [versión cast.: *La realidad y su sombra*, trad. A. Domínguez, Trotta, Madrid 2001 (N. del T.)].

han abierto otra perspectiva. La forma original de esta multiplicidad no se produce, sin embargo, ni como guerra, ni como comercio. La guerra y el comercio presuponen el rostro y la trascendencia del ser que aparece en el rostro. La guerra no deriva del hecho empírico de la multiplicidad de los seres que se limitan mutuamente, bajo el pretexto de que, como la presencia de uno limita inevitablemente al otro, la violencia coincide con esta limitación. La limitación no es por sí misma violencia. La limitación no se concibe sino en una totalidad en que las partes se definen recíprocamente unas por otras. La definición, lejos de hacer violencia a la identidad de los términos reunidos en la totalidad, asegura esa identidad. El límite separa y une en el todo. La realidad, fragmentada en conceptos que se limitan recíprocamente, forma una totalidad por esta misma fragmentación. Como juego de fuerzas antagonistas, el mundo forma un todo y se deduce, o debe deducirse en el pensamiento científico acabado, de una forma única. Eso que estamos tentados de llamar antagonismo de fuerzas o conceptos, supone una perspectiva subjetiva y un pluralismo de voluntades. El punto en que esta perspectiva converge no forma parte de la totalidad. La violencia en la naturaleza remite, pues, a una existencia precisamente no limitada por otra y que se mantiene fuera de la totalidad. Pero la exclusión de la violencia en seres susceptibles de integrarse en una totalidad no equivale a la paz. La totalidad absorbe la multiplicidad de seres que la paz implica. Sólo los seres capaces de guerra pueden elevarse hasta la paz. La guerra, como la paz, supone seres estructurados de otra manera que como partes de una totalidad.

Así, la guerra se diferencia de la oposición lógica de *uno* y *otro*, por la que el uno y el otro se definen dentro de una totalidad abarcable panorámicamente y gracias a la cual mantienen ellos su oposición misma. En la guerra, los seres se niegan a pertenecer a una totalidad, rechazan la comunidad, rechazan la ley; ninguna frontera detiene ni define a uno respecto de otro. Ambos se afirman como trascendiendo la totalidad; cada uno se identifica no por su lugar en el todo sino por su *sí mismo*.

La guerra supone la trascendencia del antagonista. La guerra se hace al hombre. Se rodea de honores y da honores: apunta a una presencia que viene siempre de otra parte, a un ser que aparece en un rostro. No es la caza ni es la lucha con algún elemento. La posibilidad que conserva el adversario de desbaratar los cálculos mejor hechos, traduce la separación, la ruptura de la totalidad a través de la cual se abordan los adversarios. El guerrero corre un riesgo. No hay logística que garantice la victoria. Los cálculos, que permiten, sin embargo, determinar qué saldrá de un juego de fuerzas en una totalidad, no deciden la guerra. La guerra se mantiene en el límite de una suprema confianza en sí y de un supremo riesgo. Es una relación entre seres exteriores a la totalidad y que, por tanto, no se tocan.

Pero la violencia, que es imposible entre seres dispuestos a constituir totalidad, o sea, a reconstituirla, ¿sí será posible entre seres separados? ¿Cómo pueden mantener relación los seres separados, así sea la relación de la violencia? El rechazo de la totalidad por la guerra no rechaza la relación, ya que, en la guerra, los adversarios se buscan.

La relación entre seres separados sería, en efecto, absurda si se plantearan los tales términos como sustancias, cada una *causa sui*, ya que, como actividades puras, que no se prestan a recibir acción alguna, esos términos no habrían podido sufrir ninguna violencia. Pero la relación de la violencia no se queda en el nivel de la coyuntura meramente formal de la relación: implica una estructura determinada en los términos en relación. La violencia sólo se dirige contra un ser que es a la vez apresable y escapa a toda presa. Sin esta contradicción viva en el ser que sufre la violencia, el despliegue de la fuerza violenta se reduciría a trabajo.

Para que sea posible la relación entre seres separados, será entonces preciso que los términos múltiples sean parcialmente independientes y estén parcialmente en relación. La noción de libertad finita se impone ahora a la reflexión. Pero ¿a partir de qué cabe formar esta noción? Decir que un ser es parcialmente libre, plantea inmediatamente el problema de la relación que en él existe entre la parte libre, *causa sui*, y la parte no libre. Decir que aquélla se ve impedida por ésta nos retrotrae indefinidamente a la misma dificultad. ¿Cómo puede la parte libre, *causa sui*, sufrir cosa alguna de la parte no libre? La finitud de la libertad no debe, pues, significar algún límite en la sustancia del ser libre, escindido en una parte dotada de causalidad propia y en una parte sometida a causas exteriores. Se hace preciso captar la noción de independencia de otra manera que en la causalidad. La independencia no equivaldrá a la idea de *causa sui*, que, por otra parte, está desmentida por el nacimiento no elegido e imposible de elegir (ese gran drama del pensamiento contemporáneo); nacimiento que sitúa a la voluntad en un mundo anárquico, o sea, sin origen.

En la relación que no constituye totalidad, los seres en guerra no pueden, en definitiva, ser descritos por la libertad (abstracción que se revela contradictoria en cuanto se le supone una limitación).

Un ser a la vez independiente del otro pero, sin embargo, ofrecido a él, es un ser temporal: a la violencia inevitable de la muerte, él le opone su tiempo, que es el aplazamiento mismo. No es la libertad finita la que hace inteligible la noción del tiempo; es el tiempo el que da sentido a la noción de libertad finita. El tiempo es precisamente el hecho de que toda la existencia del ser mortal –ofrecido a la violencia– no es el ser-a-la-muerte, sino el «aún no», que es una manera de ser contra la muerte, una retirada respecto de la muerte en el seno mismo de su inexorable acercarse. En la guerra se da muerte a lo que se aleja de ella, a aquello que, *por el momento*, existe completamente. Así, en la guerra se reconoce la realidad del tiempo que separa al ser de su muerte: la realidad de un ser que toma posiciones respecto de la muerte; o sea, en otras palabras todavía, la realidad de un ser consciente y de su interioridad. Como *causa sui* o libertad, los seres serían inmortales e incapaces de aferrarse unos a otros, de emprenderla a golpes unos contra otros, en una especie de odio sordo y absurdo. Y sólo ofrecidos a la violencia, sólo mortales, los seres estarían muertos, en un mundo en que nada se opusiera a nada y cuyo tiempo quedaría dislocado en la eternidad. La noción de un ser mortal pero temporal, captado en la voluntad –noción que pasaremos a desarrollar– se distingue hondamente de toda causalidad que lleve a la idea de *causa sui*. Un ser así se expone, pero también se opone, a la violencia. Ésta le llega no como un accidente que ocurre a una libertad soberana. La presa que la violencia tiene sobre este ser –la mortalidad de este ser– es el hecho original. La libertad misma no es sino su aplazamiento por el tiempo. No se trata de una libertad finita, en la que se produciría una singular mezcla de actividad y pasividad; sino de una libertad originalmente nula, cero, ofrecida en la muerte a lo otro, pero en la que el tiempo surge como una distensión. La voluntad libre es más bien necesidad distendida y aplazada que libertad finita. Distensión, estiramiento, aplazamiento, gracias al cual nada es aún definitivo, nada está consumado; destreza que encuentra una dimensión de repliegue allí donde lo inexorable es inminente.

El contacto del alma con el cuerpo de que dispone se invierte en no-contacto del golpe que se pierde en el vacío. Hay que tomar en cuenta –pero ¿cómo tomarla en cuenta?– la destreza del adversario, que no se resume en sus fuerzas. Y mi destreza aplaza lo inevitable. Para tener éxito, el golpe debe dirigirse allí a donde se ha ausentado el adversario; para estar a cubierto, se trata de retirarse del punto en que él me toca. Astucias y emboscadas –la industria de Ulises– constituyen la esencia de la guerra. Esta destreza se inscribe en la existencia misma del cuerpo: es agilidad (simultaneidad de ausencia y presencia). La corporeidad es el modo de existencia de un ser cuya presencia se aplaza en el mismo momento de su presencia. Esta distensión en la tensión del instante sólo puede proceder de una dimensión infinita que me separa de lo otro, a la vez presente y aún por venir; dimensión que el rostro del otro abre. La guerra no puede producirse más que cuando se ofrece a la violencia un ser que está aplazando su muerte; no puede producirse más que allí donde el discurso ha sido posible (el discurso sos-tiene la guerra misma). Por otra parte, la violencia no apunta sencillamente a disponer del otro como se dispone de una cosa, sino que procede, ya en los límites del asesinato, de una negación ilimitada. No puede apuntar más que a una presencia, ella misma infinita pese a su inserción en el campo de mis poderes. La violencia no puede apuntar más que a un rostro.

No es, pues, la libertad lo que da cuenta de la trascendencia del Otro, sino que la trascendencia del Otro da cuenta de la libertad; trascendencia del Otro respecto de mí, que, infinita, no tiene la misma significación que mi trascendencia respecto de él. El riesgo que comporta la guerra mide la distancia que separa los cuerpos en su cuerpo a cuerpo. El Otro, apresado por las fuerzas que lo doblegan, expuesto a los poderes, sigue siendo imprevisible, o sea, trascendente. Trascendencia esta que no se describe negativamente, sino que se manifiesta positivamente en la resistencia moral del rostro a la violencia del asesinato. La fuerza del Otro es desde siempre moral. La libertad –así sea la de la guerra– no puede manifestarse más que fuera de la totalidad, pero este «fuera de la totalidad» se abre por la trascendencia del rostro. Pensar la libertad *en el seno* de la totalidad es reducir la libertad al rango de una indeterminación en el ser, y es integrarla inmediatamente en una totalidad, cerrando la totalidad sobre ciertos «agujeros» de indeterminación, ¡a la vez que se investiga, con la psicología, las leyes de un ser libre!

Pero la relación que sos-tiene la guerra (relación asimétrica con Otro que, infinito, abre el tiempo, trasciende y domina la subjetividad –el yo no es trascendente respecto de Otro en el mismo sentido en que Otro es trascendente respecto de Mí–) puede tomar el aire de una relación simétrica. El rostro, cuya epifanía ética consiste en solicitar respuesta (una respuesta que sólo la violencia de la guerra y su negación asesina pueden intentar reducir al silencio), no se contenta con «buenas intenciones» y con benevolencia harto platónica. Las «buenas intenciones» y la «benevolencia harto platónica» no son sino el residuo de una actitud que se toma donde se disfruta de cosas: allí donde cabe despojarse de ellas y ofrecerlas. Es a partir de entonces cuando la independencia del yo y su posición respecto de lo absolutamente otro pueden aparecer en una historia y una política. La separación queda revestida de un orden en el que se borra la asimetría de la relación personal; en el que el yo y el otro se vuelven intercambiables en el comercio; y en el que el hombre particular, individuación del género hombre, al aparecer en la historia, reemplaza a yo y a otro.

La separación no se borra más que en esta equivocidad. Ahora conviene mostrar bajo qué forma concreta se pierde la libertad de la separación, y en qué sentido se mantiene en su misma pérdida y puede resurgir.

2. El comercio, la relación histórica y el rostro

Como operante, la voluntad asegura el *estar en su casa* del ser separado. Con todo, la voluntad permanece inexpresada en su obra, que tiene una significación, pero está muda. El trabajo en el que la voluntad se ejerce se inserta visiblemente en las cosas, mas la voluntad se ausenta inmediatamente de ello, pues la obra reviste el anonimato de la mercancía; anonimato en que, como asalariado, puede desaparecer el obrero mismo.

Es verdad que el ser separado puede encerrarse en su interioridad. No podrían las cosas obstaculizarla absolutamente, y la sabiduría epicúrea vive de esta verdad. Pero la voluntad, en la que el ser se ejerce teniendo de alguna manera en sus manos todos los hilos que accionan su ser, se expone, por su obra, al Otro. Su ejercicio se ve como una cosa, aunque sólo sea por la inserción de su cuerpo en el mundo de las cosas, de modo que la corporeidad describe el régimen ontológico de una primera alienación de sí, contemporánea del propio acontecimiento por el que el sí mismo asegura, contra lo desconocido de los elementos, su independencia, o sea, su posesión de sí o su seguridad. La voluntad, que equivale al ateísmo –que se niega al Otro como a una influencia que se ejerce sobre un Yo o lo tiene en sus hilos invisibles; que se niega al Otro como a un Dios que habita el Yo–; la voluntad, que se arranca a esta posesión, a este entusiasmo –como el poder mismo de la ruptura–, se entrega al Otro por su obra, la cual, sin embargo, le permite asegurar su interioridad. Así, pues, la interioridad no agota la existencia del ser separado.

La idea del *fatum* daba cuenta de cómo todo heroísmo sufre volverse un papel. El héroe se encuentra a sí mismo jugando un papel en un drama que desborda sus intenciones heroicas, las cuales, por su misma oposición a este drama, apresuran el cumplimiento de designios ajenos a estas intenciones. Lo absurdo del *fatum* desbarata la voluntad soberana. De hecho, la inscripción en una voluntad ajena se produce por la intermediación de la obra que se separa de su autor, de sus intenciones y de su posesión, y de la que se apodera otra voluntad. El trabajo, que trae seres a nuestra posesión, se desprende de ellos *ipso facto*: se entrega, en la soberanía misma de sus poderes, de alguna manera, al Otro.

Toda voluntad se separa de su obra. El movimiento propio del acto consiste en ir a parar a lo desconocido, en no poder medir todas sus consecuencias. Lo desconocido no resulta de una ignorancia fáctica. Lo desconocido en que todo acto desemboca resiste a todo conocimiento, no se sitúa en la luz –ya que designa el sentido que la obra recibe a partir del otro. El Otro puede desposeerme de mi obra, tomarla o comprarla, y dirigir así mi mismo comportamiento. Yo estoy expuesto a la instigación. La obra queda consagrada a esta *Sinngebung* [donación de sentido] ajena desde su origen en mí. Importa subrayar que este destino de la obra, consagrada a una historia que no puedo yo prever –porque no la puedo ver– se inscribe en la esencia misma de mi poder, y no resulta de la presencia contingente de otras personas a mi lado.

El poder no se confunde por entero con su propio impulso, no acompaña a su obra hasta el final. Se ahonda una separación entre el productor y el producto. El productor, en cierto momento, ya no *sigue*, se queda retrasado. Su trascendencia se queda a medio camino. Al contrario que la trascendencia de la expresión, en la que el ser que se expresa asiste personalmente a la obra de la expresión, la producción da testimonio en favor del autor de la obra en ausencia del autor, como forma plástica. Este carácter inexpresivo del producto se refleja positivamente en su valor mercantil, en su conveniencia para otros, en su posibilidad de revestir el sentido que le prestarán otros, de entrar en un contexto completamente diferente del que lo engendra. La obra no se defiende contra la *Sinngebung* del otro y expone a la voluntad que la ha producido a impugnaciones y tergiversaciones, se presta a los designios de una voluntad ajena y se deja apropiar. El querer de la voluntad viva *aplaza* este avasallamiento y, por tanto, quiere contra el otro y su amenaza. Pero esta manera, para una voluntad, de desempeñar en la historia un papel que ella no ha querido, marca los límites de la interioridad: la voluntad se encuentra presa en acontecimientos que sólo se manifestarán al historiador. Los acontecimientos históricos se encadenan en las obras. Voluntades sin obras no constituirán historia. No hay historia puramente interior. La historia, en la que la interioridad de cada voluntad no se manifiesta más que plásticamente –en el mutismo del producto–, es una historia económica. La voluntad, en la historia, se fija en un personaje interpretado a partir de su obra, en la que se oscurece lo esencial de la voluntad productora de las cosas, dependiente de las cosas, pero que lucha contra esta dependencia que la entrega al otro. En tanto que la voluntad, en un ser que habla, retoma y defiende su obra contra la voluntad ajena, la historia carece de este retroceso del que vive. Su reino comienza en el mundo de las realidades-resultados, un mundo de «obras completas», herencia de voluntades muertas.

Así, no todo el ser del querer se pone en juego en el interior de sí. La capacidad del yo independiente no contiene su propio ser. El querer escapa al querer. La obra es siempre, en cierto sentido, un acto fallido. No soy enteramente lo que quiero hacer, lo que abre un campo de investigación ilimitado para el psicoanálisis o la sociología, que captan la voluntad partiendo de su aparición en la obra, en su comportamiento o en sus productos.

El orden hostil a la voluntad desasida de su obra y cuyo querer se encuentra, por tanto, como retorcido, tiene que ver con voluntades ajenas. La obra tiene un sentido para otras voluntades; puede servir a otro y volverse, en cambio, eventualmente, contra su autor. El «contrasentido» que adquiere el resultado de la voluntad que se ha retirado de su obra tiene que ver con la voluntad que ha sobrevivido. Lo absurdo tiene sentido para alguien. El destino no precede a la historia, la sigue. El destino es la historia de los historiógrafos: relatos de sobrevivientes que interpretan, o sea, que utilizan las obras de los muertos. La regresión histórica que hace posible esta historiografía, esta violencia, este avasallamiento, se mide por el tiempo que es necesario para que la voluntad pierda por completo su obra. La historiografía cuenta la manera en que los sobrevivientes se apropian las obras de las voluntades muertas; descansa en la usurpación llevada a cabo por los vencedores, o sea, por los sobrevivientes; cuenta el avasallamiento olvidándose de la vida que lucha contra la esclavitud.

El hecho de que el querer escape a sí mismo, de que el querer no se contenga a sí mismo, equivale a la posibilidad, para los demás, de apoderarse de la obra, de alienarla, de adquirirla, de comprarla, de robarla. La voluntad misma toma así sentido para el otro, como si fuera una cosa. En la relación histórica es verdad que una voluntad no aborda a otra como se aborda una cosa. La relación no se parece a la que caracteriza al trabajo: en el comercio y la guerra, la relación con las obras sigue siendo relación con el obrero. Pero a través del oro que lo compra o del acero que lo mata, al otro no se le aborda de cara: el comercio apunta al mercado anónimo; la guerra se hace a una masa; aunque ambos, comercio y guerra, atraviesan el intervalo de una trascendencia. Las cosas materiales, el pan y el vino, el vestido y la casa, igual que la punta del acero, ejercen dominio sobre el «para sí» de la voluntad. La parte de verdad eterna que el materialismo comporta tiene que ver con el hecho de que la voluntad humana le da pie por sus obras, se deja coger por ellas. La punta de la espada –una realidad física– puede excluir del mundo una actividad con sentido, un sujeto, un «para sí». Esta gran banalidad es, sin embargo, muy asombrosa: el para sí de la voluntad, inquebrantable en su felicidad, se expone a la violencia; la espontaneidad *sufre* y se cambia en su contrario. El acero no toca a un ser inerte; el oro no atrae a una cosa sino a una voluntad, que, en calidad de voluntad, en calidad de «para sí», tendría que haber estado inmunizada contra todo ataque. La violencia reconoce pero subyuga a la voluntad. La amenaza y la seducción actúan deslizándose por el intersticio que separa a la obra de la voluntad. La violencia es la corrupción –seducción y amenaza– en que la voluntad se traiciona. Este estatuto de la voluntad es el cuerpo.

El cuerpo desborda las categorías de la cosa, pero no coincide con el papel de «cuerpo propio» del que dispongo en mi acto voluntario y por el que *yo puedo*. La ambigüedad de la resistencia corporal pasando a ser medio y, de medio, pasando a ser resistencia, no da cuenta de su *hybris* ontológica. El cuerpo, en su actividad misma, en su para sí, se invierte en cosa que hay que tratar como cosa. Expresamos esto de manera concreta diciendo que se mantiene entre la salud y la enfermedad. A través de él no sólo se tergiversa sino que se puede maltratar el «para sí» de la persona: no sólo se la ofende, se la fuerza. «Soy todo lo que queráis», dice Sganarelle bajo los golpes[2]. Sobre él no se va adoptando sucesivamente y con toda independencia el punto de vista biológico y el «punto de vista» que, desde el interior, lo mantiene como cuerpo propio. La originalidad del cuerpo consiste en la coincidencia de los dos puntos de vista. Es la paradoja y la esencia misma del tiempo que va a la muerte, en que la voluntad resulta atacada como cosa por las cosas (por la punta del acero o por la química de los tejidos, ya se deban a un

2. En el acto I de la obra de Molière *El médico a palos* [N. del T.].

asesino o a la impotencia de los médicos) pero se concede una prórroga y aplaza el contacto gracias al detente-bala o contra-muerte del plazo. La voluntad, esencialmente violable, tiene la traición en su esencia. No sólo cabe ofenderla en su dignidad –lo que confirmaría su carácter inviolable–, sino que es susceptible de ser forzada y avasallada como voluntad, de volverse alma de esclavo. El oro y la amenaza no sólo la fuerzan a vender sus productos, sino a venderse. O, en otras palabras aún: la voluntad humana no es heroica.

La corporeidad de la voluntad debe interpretarse partiendo de esta ambigüedad del poder voluntario exponiéndose a los otros en su movimiento centrípeto de egoísmo. El cuerpo es su régimen ontológico, y no un objeto. El cuerpo, en el que puede resplandecer la expresión y en el que el egoísmo de la voluntad se vuelve discurso y oposición por excelencia, traduce, al mismo tiempo, la entrada del yo en los cálculos del otro. Así es como se hace posible una interacción de voluntades o historia: interacción entre voluntades, definida cada una como *causa sui*, ya que la acción sobre una pura actividad supondría una pasividad en esta actividad. Trataremos luego de la mortalidad, fundamento de la ambigüedad que el régimen ontológico del cuerpo traduce.

Pero la independencia total de la voluntad, ¿acaso no se realiza en la valentía? La valentía, el poder de mirar la muerte, parece a primera vista cumplir la independencia total de la voluntad. Quien ha aceptado su muerte sigue expuesto a la violencia del asesino, pero ¿acaso no le está negando hasta el final su aquiescencia a una voluntad ajena? Excepto si el otro quiere esa muerte misma. En este caso, aun negando la aquiescencia, la voluntad da satisfacción, pese a ella, por el resultado de su conducta, por su *obra* justamente, al querer ajeno. En la situación extrema de la lucha a muerte, la negativa a dar aquiescencia a un querer ajeno puede convertirse, invirtiéndose, en satisfacción dada a este querer hostil. Así, pues, la aceptación de la muerte no permite resistir con plena seguridad a la voluntad asesina del otro. El desacuerdo absoluto con una voluntad ajena no excluye cumplir sus designios. Negarse a servir al otro con la propia vida, no excluye servirlo con la propia muerte. El ser que quiere no agota con su querer el destino de su existencia; destino que no implica necesariamente una tragedia, porque la oposición resuelta a la voluntad ajena es quizá locura, ya que cabe hablar al Otro y desearlo.

Los designios del Otro no se presentan a mí como las leyes de las cosas. Los designios del Otro se muestran como no convertibles en datos de un problema que la voluntad pueda resolver. La voluntad que se niega a la voluntad ajena está obligada a reconocer a esta voluntad ajena como absolutamente exterior, como intraducible en pensamientos que a ella le sean inmanentes. El Otro no puede estar contenido por mí, sea cual sea la extensión de mis pensamientos, a la que nada limita de este modo: es impensable; es infinito y está reconocido como tal. Nuevamente, este reconocimiento no se produce como pensamiento sino como moralidad. El rechazo total del otro, el querer que prefiere la muerte a la servidumbre y aniquila su existencia con tal de cortar radicalmente toda relación con lo exterior, no puede impedir que esta obra que no lo expresa, de la que él se ausenta (porque ella no es una palabra), se inscriba en esta contabilidad ajena a la que desafía pero a la que, precisamente por su suprema valentía, reconoce. La voluntad soberana y que se encierra en sí misma confirma, mediante su obra, a la voluntad ajena que quiere ignorar, y se encuentra con que el otro «se la juega». Se pone así de manifiesto un plano en el que la voluntad, que ha roto, sin embargo, con la participación, se encuentra ella misma inscrita y en que se imprime, a su pesar, impersonalmente hasta su iniciativa suprema de ruptura con el ser. En su esfuerzo a fin de escapar al Otro muriendo, reconoce al Otro. El suicidio al que se decide para evitar la servidumbre no se separa del dolor de «perder», justo cuando esta muerte habría debido mostrar lo absurdo de todo juego. Macbeth anhela la destrucción del mundo en su derrota y su muerte («and wish th'estate o' th'world were now undone» [ojalá se deshiciera ahora el edificio del mundo])[3] o, más profundamente todavía, Macbeth anhela que la nada de la muerte sea un vacío tan total como el que habría reinado si el mundo no hubiera sido nunca creado.

Y sin embargo, la voluntad, en su separación respecto de la obra y en la posible traición que la amenaza en el curso de su mismo ejercicio, toma conciencia de esta traición y, por ello, se mantiene a distancia de esta traición. Así, fiel a sí misma, en cierto sentido permanece inviolable, escapa a su propia historia y se renueva. No hay historia interior. La interioridad de la voluntad se pone como sometida a una jurisdicción que escruta sus intenciones y delante de la cual el sentido de su ser coincide totalmente con su querer interior. Las voliciones de la voluntad no pesan sobre ella, y de la jurisdicción a la que se abre viene el perdón: el poder de borrar, de desligar, de deshacer la historia. La voluntad se mueve, pues, entre su traición y su fidelidad, que, siendo simultáneas, describen la originalidad misma de su poder. Pero la fidelidad no olvida la traición, y la voluntad religiosa sigue siendo relación con el Otro. La fidelidad se conquista por el arrepentimiento y la oración –palabra privilegiada, en la que la voluntad implora su fidelidad a sí misma–, y el perdón que le asegura esta fidelidad viene de fuera. El justo derecho del querer interior, su certeza de ser querer incomprendido, revela aún, pues, una relación con la exterioridad. La voluntad espera de ella dignificación y perdón. Los espera de una voluntad exterior, pero respecto de la cual no sentirá ya choque ni golpe, sino el juicio; de una exterioridad sustraída al antagonismo de las voluntades, sustraída a la historia. Esta posibilidad de justificación y de perdón, como conciencia religiosa en que la interioridad tiende a coincidir con el ser, se abre cara al Otro a quien puedo hablar. Palabra que, en la medida en que acoge al Otro como el Otro, le ofrece o sacrifica un producto del trabajo y, por tanto, no se despliega por encima de la economía. Vemos así

---

3. W. Shakespeare, *Macbeth*, acto V, escena V [N. del T.].

el otro extremo del poder voluntario, separado de su obra y traicionado por ella –la expresión–, refiriéndose, sin embargo, a la obra inexpresiva por la que la voluntad, libre respecto de la historia, participa en la historia.

La voluntad, en la que se ejerce la identidad de Mismo en su fidelidad a sí y en su traición, no es resultado del azar empírico que haya colocado a un ser en medio de una multiplicidad de seres que impugnan su identidad. La voluntad contiene esta dualidad de la traición y la fidelidad en su mortalidad, la cual se produce o se ejerce en su corporeidad. Un ser en el que la multiplicidad no designa la simple divisibilidad de un todo en partes, ni la simple unidad de un montón de dioses que vive cada uno para sí en los intersticios de los seres, requiere la mortalidad y la corporeidad, sin la cual, o bien la voluntad imperialista reconstituiría un todo, o bien, como cuerpo físico –ni mortal, ni inmortal–, formaría un bloque. El aplazamiento de la muerte en una voluntad mortal –el tiempo– es el modo de existencia y la realidad de un ser separado que ha entrado en relación con el Otro. Es preciso tomar como punto de partida este espacio de tiempo. En él se pone en juego una vida con sentido, que no se debe medir por un ideal de eternidad, reconociendo como absurdos o como ilusorios su duración y sus intereses.

3. La voluntad y la muerte

La muerte se interpreta en toda la tradición filosófica y religiosa o como paso a la nada, o como paso a una existencia distinta, que prosigue en medio de un decorado nuevo. Se la piensa en la alternativa entre el ser y la nada, acreditada por la muerte de nuestros prójimos, que, efectivamente, dejan de existir en el mundo empírico; lo que, respecto de este mundo, significa desaparición o marcha. Nosotros la abordamos como nada de una manera más profunda y, en cierto modo, a priori: en la pasión del asesinato. La intencionalidad espontánea de esta pasión apunta a la aniquilación. Cuando estaba matando a Abel, Caín debía de poseer de la muerte este saber. La identificación de la muerte con la nada conviene a la muerte del Otro en el asesinato. Pero esta nada se presenta allí, a la vez, como una especie de imposibilidad. En efecto, fuera de mi conciencia moral, el Otro no podría presentarse como el Otro, y su rostro expresa mi imposibilidad moral de aniquilar. Una prohibición que, desde luego, no equivale a la imposibilidad pura y simple, y que incluso supone la posibilidad que precisamente ella prohíbe; pero, en realidad, la prohibición ya se aloja en esta misma posibilidad, en vez de suponerla: no es que se le añada a posteriori, sino que me mira desde el fondo mismo de los ojos que quiero apagar, y me mira como el ojo que mirará, en la tumba, a Caín. El movimiento de aniquilación en el asesinato tiene, pues, un sentido puramente relativo, como paso al límite de una negación que se intenta en el interior del mundo. En realidad, nos lleva hacia un orden del que no podemos decir nada, ni siquiera el ser, antítesis de la imposible nada.

Quizá alguien se asombre de que aquí impugnemos la verdad del pensamiento que sitúa la muerte ya en la nada, ya en el ser, como si la alternativa entre el ser y la nada no fuera la última. ¿Acaso impugnamos que *tertium non datur*?

Y sin embargo, mi relación con mi propia muerte me sitúa ante una categoría que no entra en ninguno de los términos de esta alternativa. El rechazo de esta alternativa última contiene el sentido de mi muerte. Mi muerte no se deduce, por analogía, de la muerte de los demás: se inscribe en el miedo que puedo tener por mi ser. El «conocimiento» de lo amenazador precede a toda experiencia razonada sobre la muerte del Otro; lo que, en lenguaje naturalista, se dice como conocimiento instintivo de la muerte. No es el saber sobre la muerte el que define la amenaza; es en la inminencia de la muerte, en su irreducible movimiento de acercárseme, en lo que originalmente consiste la amenaza que el «saber de la muerte» se profiere y se articula, si cabe hablar así. El miedo mide este movimiento. La inminencia de la amenaza no viene de un punto preciso del porvenir. *Ultima latet* [la última (hora) está oculta]. El carácter imprevisible del instante último no depende de una ignorancia empírica, del horizonte limitado de nuestra inteligencia, que una inteligencia mayor habría podido sobrepasar. El carácter imprevisible de la muerte viene de que no está en ningún horizonte. No se ofrece a presa alguna. Ella me coge, sin dejarme la ocasión que la lucha deja, pues en la lucha recíproca yo agarro aquello que me agarra. En la muerte estoy expuesto a la violencia absoluta, al asesinato en la noche. Pero, a decir verdad, en la lucha lucho ya con lo invisible. Ésta no se confunde con la colisión de dos fuerzas, cuyo resultado cabe prever y calcular. La lucha es ya o aún *guerra* en la que, entre las fuerzas confrontadas, se abre el intervalo de la trascendencia, a través de la cual viene e hiere, sin que se la acoja, la muerte. El Otro, inseparable del acontecimiento mismo de la trascendencia, se sitúa en la región de donde viene la muerte, posiblemente, el asesinato. La hora insólita de su venida se acerca como la hora del destino que alguien ha fijado. Guardan su secreto potencias hostiles y malévolas, más astutas y listas que yo, absolutamente otras y, ya sólo por eso, hostiles. Como en la mentalidad primitiva, en que la muerte nunca es natural, según Levy-Bruhl, sino que exige una explicación mágica, la muerte conserva, en su absurdo, un orden interpersonal en el que tiende a tomar una significación. Las cosas que me la dan, sometidas al trabajo y captables o asibles, obstáculos más que amenazas, remiten a una malevolencia, residuo de un quererme mal que sorprende y está en acecho. La muerte me amenaza desde el más allá. Lo desconocido que da miedo; el silencio de los espacios infinitos, que espanta, viene de lo Otro, y esta alteridad, precisamente como absoluta, me alcanza en el designio perverso o en el juicio de la justicia. La soledad de la muerte no hace desaparecer al otro, sino que se mantiene en una conciencia de la hostilidad y, por ello mismo, hace aún posible la apelación al otro, a su amistad, a su cura. El médico es un principio a priori de la mortalidad humana. La muerte se acerca en el miedo a alguien y espera en alguien. «El Eterno hace morir y hace vivir» [1 Samuel 2, 6]. Una coyuntura social se mantiene en la amenaza: no se hunde en la angustia que la trasformaría en «nadificación de la nada». En el ser para la muerte de miedo, no estoy cara a la nada, sino cara a lo que está *contra mí*; como si el asesinato, más que ser una de las ocasiones de morir, no se separara de la esencia de la muerte; como si el acercarse de la muerte siguiera siendo una de las modalidades de la relación con el Otro. La violencia de la muerte amenaza como una tiranía, como procediendo de una voluntad ajena. El orden de la necesidad que se cumple en la muerte, no se parece a una ley implacable del determinismo que rige una totalidad, sino a la alienación de mi voluntad por alguien otro. Por supuesto que no se trata de introducir la muerte en un sistema religioso primitivo (o evolucionado) que la explique, sino de mostrar, tras la amenaza que dirige a la voluntad, su referencia a un orden interpersonal cuya significación no aniquila.

No se sabe cuándo vendrá la muerte. ¿Qué es lo que vendrá? ¿Con qué me amenaza la muerte? ¿Con la nada o con volver a empezar? No lo sé. En esta imposibilidad de conocer lo que hay después de mi muerte reside la esencia del instante supremo. No puedo, en absoluto, agarrar el instante de la muerte, que «sobrepasa nuestros alcances», como diría Montaigne. *Ultima latet*, al revés que todos los instantes de mi vida, que se despliegan entre mi nacimiento y mi muerte y que son susceptibles tanto de recuerdo como de anticipación. Mi muerte viene de un instante sobre el que no puedo ejercer mi poder en forma alguna. No es que tropiece con un obstáculo que, al menos en el tropiezo, toco y que, superándolo o conllevándolo, integro en mi vida y suspendo su alteridad. La muerte es una amenaza que se me acerca como un misterio; su secreto la determina: se acerca sin poder ser asumida, de modo que el tiempo que me separa de mi muerte va disminuyendo y, a la vez, no termina de disminuir; comporta como un último intervalo que mi conciencia no puede salvar y en el que, de alguna manera, se producirá un salto de la muerte a mí. El último trozo del camino se hará sin mí; el tiempo de la muerte fluye corriente arriba; el yo, en su proyecto hacia el porvenir, se encuentra perturbado por un movimiento de inminencia, pura amenaza, que me viene de una absoluta alteridad. Así, en un cuento de Edgar Poe, en el que las paredes que tienen encerrado al que lo cuenta van acercándose incesantemente unas a otras y él vive la muerte con su mirada, la cual, como tal mirada, siempre tiene una extensión ante sí; pero también percibe el aproximarse ininterrumpido de un instante infinitamente futuro para el yo que lo espera –*ultima latet*–, pero que, moviéndose contracorriente, borrará esta distancia infinitesimal pero infranqueable. Esta interferencia de movimientos a través de la distancia que me separa del instante supremo distingue el intervalo temporal de la distancia espacial.

Pero la inminencia es, a la vez, amenaza y aplazamiento. Aprieta y deja tiempo. Ser temporal es, a la vez, ser para la muerte y tener aún tiempo, ser contra la muerte. En el modo en que la amenaza me afecta en la inminencia es en lo que residen mi estar puesto en tela de juicio por la amenaza y la esencia del miedo: relación con un instante cuyo carácter excepcional no se debe al hecho de que se encuentre en el umbral de la nada o el renacer, sino al hecho de que, en la vida, es la imposibilidad de toda posibilidad; es una sacudida de total pasividad, en comparación con la cual la pasividad de la sensibilidad, que se trasmuta en actividad, se limita a imitar de lejos esta otra pasividad. El miedo por mi ser, que es mi relación con la muerte, no es, pues, miedo a la nada sino miedo a la violencia (y de este modo se prolonga en miedo del Otro, del absolutamente imprevisible).

Es en la mortalidad donde la interacción de lo psíquico y lo físico se muestra en su forma original. La interacción de lo físico y lo psíquico, abordada a partir de lo psíquico puesto como para sí o *causa sui* y de lo físico puesto como trascurriendo en función de «lo otro», plantea un problema a causa de la abstracción a la que quedan reducidos los términos relacionados. La mortalidad es el fenómeno concreto y original; prohíbe poner un para sí que no esté ya entregado al otro y que, por tanto, no sea *cosa*. El para sí, esencialmente mortal, no sólo se representa las cosas sino que las sufre.

Pero si la voluntad es mortal y susceptible de violencia que parte del filo del acero, de la química del veneno, del hambre y la sed; si es cuerpo que se mantiene entre la salud y la enfermedad; no es sólo que la roce la nada. Esta nada es un intervalo más allá del cual yace una voluntad hostil. Soy una pasividad amenazada no sólo por la nada en mi ser, sino por una voluntad en mi voluntad. En mi acción, en el para sí de mi voluntad, estoy expuesto a una voluntad ajena. Por esto es por lo que la muerte no puede quitar todo el sentido a la vida, y no por efecto de una diversión pascaliana o de una caída en el anonimato de la vida cotidiana, en el sentido heideggeriano de la palabra. El enemigo o el Dios sobre el que no puedo poder y que no forma *parte* de mi mundo, sigue estando en relación conmigo y me permite querer, pero con un querer que no es egoísta: con un querer que se filtra en la esencia del deseo, cuyo centro de gravedad no coincide con el yo de la necesidad –un deseo que es para el Otro. El asesinato, al que la muerte se retrotrae, revela un mundo cruel pero a escala de las relaciones humanas. La voluntad –ya traición y alienación de sí, pero que aplaza esta traición yendo hacia la muerte (pero siempre futura); que se expone a la muerte, pero no *ahora mismo*– tiene tiempo de ser para el Otro y de hallar así, de nuevo, sentido, a pesar de la muerte. Esta existencia para el Otro, este Deseo de Otro, esta bondad liberada de la gravedad egoísta, no deja por ello de conservar carácter personal. El ser así definido dispone de su tiempo precisamente porque aplaza la violencia, o sea, porque, más allá de la muerte, subsiste un orden con sentido y, así, todas las posibilidades del discurso no quedan reducidas a golpes desesperados de una cabeza que se golpea contra la pared. El Deseo, en el que la voluntad amenazada se disuelve, ya no veta los poderes de una voluntad, pero tiene ésta ahora su centro fuera de sí misma, como la bondad, a la que la muerte no puede arrebatar su sentido. Tendremos que mostrarlo poniendo de relieve, mientras seguimos avanzando, la otra oportunidad que coge la voluntad en el tiempo que le deja su ser contra la muerte: la fundación de las instituciones en que la voluntad, más allá de la muerte, asegura un mundo con sentido pero impersonal.

4. La voluntad y el tiempo: la paciencia

Al afirmar que la voluntad humana no es heroica, no hemos optado por la cobardía humana, sino que hemos mostrado la precariedad de la valentía, que se mantiene al borde mismo de su desfallecimiento. Y ello, por la esencial mortalidad de la voluntad, que se traiciona al ejercerse. Pero en ese mismo desfallecimiento hemos visto la maravilla del tiempo, futurición y aplazamiento de ese desfallecer. La voluntad aúna una contradicción: la inmunidad contra todo ataque exterior, hasta el punto de ponerse a sí misma como increada e inmortal, dotada de una fuerza superior a toda fuerza cuantificable (de no menos que de esto da testimonio la conciencia de sí, en la que el ser se refugia inviolable: «eternamente no vacilaré» [cf. Salmo 61]), y la permanente labilidad de esta soberanía inviolable, hasta el punto de que el ser voluntario se presta a técnicas de la seducción, la propaganda y la tortura. La voluntad puede sucumbir a la presión tiránica y a la corrupción, como si lo único que distingue la cobardía de la valentía fuera la cantidad de energía que despliega para resistir o la cantidad de energía que se ejerce sobre ella. Cuando la voluntad triunfa sobre sus pasiones, no se manifiesta sólo como la pasión más fuerte, sino como por encima de toda pasión: determinándose por sí misma, inviolable. Pero cuando ha sucumbido, se revela expuesta a las influencias, como una fuerza de la naturaleza, absolutamente manejable, que se resuelve pura y sencillamente en sus componentes. Resulta violada en su conciencia de sí. Su «libertad de pensamiento» se apaga: el empuje de las fuerzas inicialmente adversas acaba por aparecer como inclinación. En una especie de inversión, pierde hasta la conciencia del plano inclinado de sus inclinaciones. La voluntad se mantiene en este límite móvil entre la inviolabilidad y la degeneración.

Esta inversión es más radical que el pecado, ya que amenaza la voluntad en su estructura misma de voluntad, en su dignidad *de origen* y de identidad. Pero, a la vez, esta inversión es infinitamente menos radical, porque tan sólo amenaza: se aplaza indefinidamente, es conciencia. La conciencia es resistencia a la violencia porque deja el tiempo necesario para prevenirla. La libertad humana reside en el porvenir, siempre aún mínimamente porvenir, de su no-libertad; en la conciencia –previsión de la violencia, inminente a través del tiempo que aún queda. Ser consciente es tener tiempo; no rebasar el presente anticipando y apresurando lo porvenir, sino tener distancia respecto del presente: referirse al ser como al ser por venir; guardar distancias con el ser mientras se sufre ya su abrazo. Ser libre es tener tiempo para prevenir la propia caída bajo la amenaza de la violencia.

Gracias al tiempo, el ser definido, o sea, idéntico por su lugar en el todo, el ser natural (pues el nacimiento describe precisamente la entrada en un todo que preexiste y que sobrevive), aún no llega a su término: se queda a distancia de sí, aún provisional, en el vestíbulo del ser, todavía más acá de la fatalidad del nacimiento no elegida; aún no se cumple. En este sentido, el ser definido por su nacimiento puede tomar posición respecto de su naturaleza; dispone de un segundo plano y, en este sentido, no ha nacido del todo, permanece anterior a su definición o a su naturaleza. Un instante no se pega a otro para formar un presente. La identidad del presente se fracciona en una multiplicidad inagotable de posibles que suspenden el instante. Y esto da sentido a la iniciativa que nada definitivo paraliza; y al consuelo, porque ¿cómo podría olvidarse una sola lágrima –aun enjugada–, cómo podría tener ni el menor valor la reparación si no corrigiera el instante mismo, si lo dejara escapar en su ser; si el dolor que brilla en la lágrima no existiera «esperando», si no existiera con un ser aún provisional, si el presente estuviera acabado?

La situación privilegiada en que el mal siempre futuro se vuelve presente –el límite de la conciencia–, se alcanza en el sufrimiento que llaman físico. En él nos encontramos acorralados en el ser. No conocemos sólo el sufrimiento como una sensación desagradable *que acompaña* al hecho de estar acorralado y golpeado. Este hecho es el sufrimiento mismo, el «no hay escape» del contacto. Todo lo agudo del sufrimiento está en la imposibilidad de rehuirlo, de protegerse en sí mismo contra sí mismo; está en el encontrarse separado de toda fuerza viva. Es imposible retroceder. Aquí, la negación sólo futura de la voluntad en el miedo, la inminencia de lo que se niega al poder, se inserta en el presente; aquí lo otro me agarra; el mundo afecta, toca la voluntad. En el sufrimiento, la realidad actúa sobre el en sí de la voluntad, que da un vuelco desesperada, en total sumisión a la voluntad del otro. En el sufrimiento, la voluntad queda deshecha por la enfermedad. En el miedo, la muerte es aún futura, está a distancia de nosotros; el sufrimiento, en cambio, realiza en la voluntad la proximidad extrema del ser que amenaza a la voluntad.

Pero a este vuelco del yo en cosa, nosotros aún asistimos –a la vez, cosa y a distancia de nuestra reificación; abdicación mínimamente distante de la abdicación. El sufrimiento permanece siendo ambiguo: ya presente del mal, que actúa sobre el para sí de la voluntad; pero, como conciencia, siempre aún porvenir del mal. Por el sufrimiento, el ser libre deja de ser libre, pero, no-libre, aún es libre. Se queda a distancia respecto de este mal por su conciencia misma y, por tanto, puede dar un vuelco y girar hasta volverse voluntad heroica. Esta situación, en que la conciencia privada de toda libertad de movimientos, conserva una distancia mínima respecto del presente; esta pasividad última que se trasmuta sin embargo, desesperadamente, en acto y esperanza, es la «*paciencia*»: la pasividad del sufrir y, sin embargo, el dominio mismo. En la paciencia se cumple un estar desapegado en el seno del apego y el compromiso: ni impasibilidad de la contemplación que sobrevuela la historia, ni apego comprometido, sin vuelta posible, en su visible objetividad. Ambas posiciones terminan fundiéndose. El ser que me violenta y me tiene no está aún sobre mí: continúa amenazándome desde lo porvenir; aún no está sobre mí: no es más que consciente. Pero es conciencia extrema, en la que la voluntad llega a un dominio de sentido nuevo; en que la muerte ya no la toca y la pasividad extrema se vuelve señorío extremo. El egoísmo de la voluntad se sitúa al borde de una existencia que ya no lleva sobre sí el acento.

La prueba suprema de la libertad no es la muerte sino el sufrimiento. Lo sabe muy bien el odio, que intenta apresar lo inapresable, humillar de muy arriba, a través del sufrimiento en el que el otro existe como pura pasividad; pero es que el odio quiere esta pasividad en el ser eminentemente activo, que debe dar testimonio de ello. El odio no desea siempre la muerte del otro o, al menos, no desea la muerte del otro más que infligiendo esta muerte como sufrimiento supremo. El que odia procura ser causa de un sufrimiento del que ha de ser testigo el ser odiado. Hacer sufrir no es reducir al otro al rango de objeto, sino, al contrario, mantenerlo soberbiamente en su subjetividad. Es preciso que en el sufrimiento el sujeto sepa que se está reificando, cosificando, pero para ello hace falta, justamente, que el sujeto siga siendo sujeto. Quien odia quiere ambas cosas. De ahí el carácter insaciable del odio: está satisfecho precisamente cuando no lo está, ya que el otro no lo satisface más que convirtiéndose en objeto; pero nunca puede volverse suficientemente objeto, porque se le exige, al mismo tiempo que su caída, su lucidez y su testimonio. En esto reside el absurdo lógico del odio.

La prueba suprema de la voluntad no es la muerte, sino el sufrimiento. En la paciencia, al límite de su abdicación, la voluntad no se hunde en lo absurdo, porque más allá de la nada –que reduciría a lo puramente subjetivo, a lo interior, a lo ilusorio, a lo insignificante, el espacio de tiempo que trascurre entre el nacimiento y la muerte–, la violencia que soporta la voluntad viene de lo otro como una tiranía, pero, por eso mismo, se produce como un absurdo que se destaca de la significación. La violencia no detiene el Discurso; todo no es inexorable. Únicamente así la violencia permanece siendo soportable en la paciencia. No se produce ésta más que en un mundo en el que puedo morir *por alguien* y *para alguien*. Esto sitúa la muerte en un contexto nuevo y modifica su concepto, vaciado del patetismo que le confiere ser mi muerte. Dicho con otras palabras, en la paciencia, la voluntad rompe la cáscara de su egoísmo y es como si desplazara su centro de gravedad afuera de ella, para querer como Deseo y Bondad a los que nada limita.

El análisis pondrá de manifiesto más tarde la dimensión de la fecundidad, dimensión de la que, a fin de cuentas, mana el tiempo mismo de la paciencia –y también el de la política, que ahora pasamos a ver.

5. La verdad del querer

La voluntad es subjetiva: no tiene todo su ser, porque, con la muerte, le sucede un acontecimiento que escapa absolutamente a su poder. La muerte no marca a la subjetividad de la voluntad como final, sino como suprema violencia y alienación. Sin embargo, en la paciencia, en la que la voluntad se trasporta hasta una vida *contra alguien* y *para alguien*, la muerte ya no toca la voluntad. Pero esta inmunidad ¿es *verdadera* o simplemente subjetiva?

Al plantear esta pregunta, no estamos suponiendo la existencia de una esfera real opuesta a la vida interior, que eventualmente sería inconsistente e ilusoria. Tratamos de presentar la vida interior no como epifenómeno y apariencia, sino como *acontecimiento* del ser, como apertura de una dimensión indispensable, en la economía del ser, para la producción de lo infinito. El poder de la ilusión no es un simple extravío del pensamiento sino un juego en el ser mismo. Tiene alcance ontológico. Pero el plano de la apología, en el que se mantiene la vida interior, y que no se trata de ninguna manera de sobrepasar, so pena de reducir de nuevo la vida interior a epifenómeno, ¿no reclama de suyo, precisamente como escapando a ella misma en la muerte, una confirmación en la que escapa a la muerte? La apología exige un juicio no para palidecer a la luz que proyectaría y para huir como una sombra inconsistente, sino, muy al contrario, para obtener justicia. El juicio confirmaría el acontecimiento de la apología en su movimiento original y originario, ineluctable en la producción de lo Infinito. La voluntad, cuya espontaneidad y señorío desmiente la muerte ahogándola en un contexto histórico, o sea, en las obras que quedan de ella, intenta de suyo situarse bajo un juicio y recibir de él la verdad sobre su propio testimonio. ¿Qué existencia es esta en que entra la voluntad para ponerse bajo un juicio que domina la apología sin reducirla, con todo, al silencio? Pues el juicio, el hecho de situar respecto de lo infinito, ¿no tiene necesariamente su fuente fuera del ser juzgado, no viene de lo otro, de la historia? Ahora bien, lo otro es lo que aliena por excelencia a una voluntad. El veredicto de la historia lo profiere el sobreviviente, que ya no habla al ser al que juzga, y a quien la voluntad aparece y se ofrece como resultado y obra. Así, la voluntad va buscando el juicio para confirmarse contra la muerte, mientras que el juicio, como juicio de la historia, mata la voluntad como voluntad.

Esta situación dialéctica de la búsqueda y la denegación de la justicia tiene un sentido concreto: la libertad que anima el hecho elemental de la conciencia manifiesta inmediatamente su inanidad, como libertad de paralítico, como libertad prematura. La gran meditación hegeliana sobre la libertad permite comprender que la buena voluntad por sí misma no es libertad verdadera en tanto que no dispone de los medios para realizarse. Proclamar la universalidad de Dios en la conciencia, pensar que todo está consumado, mientras los pueblos que se desgarran mutuamente desmienten de hecho esta universalidad, no es sólo preparar la irreligión de un Voltaire, sino chocar contra la razón misma. La interioridad no puede sustituir a la universalidad. La libertad no se realiza fuera de las instituciones sociales y políticas que le abren el acceso al aire fresco que necesitan su expansión, su respiración y hasta, quizá, su generación espontánea. La libertad apolítica se explica como una ilusión debida a que, de hecho, sus partidarios o sus beneficiarios pertenecen a un estadio avanzado de la evolución política. Una existencia libre, y no una veleidad de libertad, supone cierta organización de la naturaleza y la sociedad: los sufrimientos de la tortura, más fuertes que la muerte, pueden extinguir la libertad interior. Ni siquiera el que ha aceptado la muerte es libre. La inseguridad del día de mañana, el hambre y la sed, se ríen de la libertad. Y es verdad que, en medio de la tortura, entender las razones de la tortura restablece, pese a la traición y la degradación que se anuncia, la famosa libertad interior; pero incluso estas razones sólo las ven los beneficiarios de la evolución histórica y de las instituciones. Para oponer a lo absurdo y su violencia una libertad interior, hay que haber recibido una educación.

Así, pues, la libertad no mordería sobre lo real más que gracias a las instituciones. La libertad se graba en la piedra de las tablas en que se inscriben las leyes: existe por esta incrustación en una existencia institucional. La libertad va unida a un texto escrito que, desde luego, es destruible, pero duradero, en el que, fuera del hombre, se conserva la libertad para el hombre. Expuesta a la violencia y la muerte, la libertad humana no alcanza su meta con un ímpetu bergsoniano, de un solo golpe: se refugia de su propia traición en las instituciones. La historia no es una escatología. El animal que fabrica utensilios se libera de su condición de animal, allí donde su ímpetu parece cortado y roto, cuando, en vez de ir recta, como voluntad inviolable, a su meta, fabrica utensilios y fija en cosas trasmisibles y heredables los poderes de su acción futura. Así, una existencia política y técnica asegura a la voluntad su verdad; la hace, como hoy se dice, objetiva, sin ir a parar a la bondad, sin vaciarla de su peso egoísta. La voluntad mortal puede escapar a la violencia expulsando la violencia y el asesinato del mundo, o sea, aprovechando el tiempo para ir retrasando más y más el vencimiento de los plazos.

El juicio objetivo lo pronuncia la existencia misma de las instituciones razonables, en las que la voluntad se ha asegurado contra la muerte y contra su propia traición. Este juicio consiste en la sumisión de la voluntad subjetiva a las leyes universales que traen la voluntad a su significación objetiva. En el lapso que deja a la voluntad el aplazar la muerte –el tiempo–, se confía ella a la institución. Entonces existe, reflejada por el orden público, en la igualdad que le asegura la universalidad de las leyes. Entonces existe como si estuviera muerta y no significara más que por su herencia; como si todo lo que en ella era existencia en primera persona, existencia subjetiva, no fuera sino la secuela de su animalidad. Pero, también entonces, la voluntad conoce una tiranía distinta: la de las obras alienadas, ya ajenas al hombre, que suscitan la antigua nostalgia del cinismo. Existe una tiranía de lo universal y de lo impersonal: un orden inhumano, aunque diferente de lo brutal. Contra él, se afirma el hombre como singularidad irreducible, exterior a la totalidad en que entra y aspirando al orden religioso, en el que el reconocimiento del individuo concierne a éste en su singularidad: orden del gozo, que no es ni cese del dolor ni su antítesis, ni huida de él –como hace creer la teoría heideggeriana de la *Befindlichkeit* [el encontrarse]–. El juicio de la historia se pronuncia siempre en rebeldía, en contumacia. La ausencia de la voluntad en este juicio consiste en que no se presenta a él más que en tercera persona. Figura en tal discurso como en un discurso indirecto, en el que ya ha perdido su tenor de única y de principio, en el que ya ha perdido la palabra. Ahora bien, la palabra en primera persona, el discurso directo, inútil para la sabiduría objetiva del juicio universal –o simple dato en su instrucción– consiste precisamente en aportar *incesantemente* un dato que se añade a aquello que, siendo objeto de la sabiduría universal, ya no admite añadido alguno. Esta palabra no se confunde, pues, con las demás palabras del juicio: presenta la voluntad a su proceso; se produce como su defensa. La presencia de la subjetividad en el juicio que le asegura la verdad, no es un acto de presencia puramente numérica, sino una apología.

En su posición apologética, la subjetividad no puede mantenerse por completo y abre un flanco a la violencia de la muerte. Para mantenerse por completo en su relación consigo, es preciso que, más allá de la apología, pueda querer su juicio. No es la nada de la muerte lo que hay que superar, sino la pasividad a la que la voluntad se expone como mortal, como incapaz de atención absoluta o de vigilia absoluta, y como necesariamente sorprendida, como expuesta al asesinato. Pero la posibilidad de verse desde fuera tampoco contiene en mayor medida la verdad, si la pago al precio de despersonalizarme. Es preciso que en este juicio, a partir del cual la subjetividad se mantiene absolutamente en el ser, no sucumban la singularidad y la unicidad del yo que piensa; que no se absorban en el pensamiento de éste ni entren en su discurso. Es preciso que el juicio se pronuncie sobre una voluntad que pueda defenderse en el juicio y, por su apología, pueda estar presente a su proceso –y no desaparezca en la totalidad de un discurso coherente.

El juicio de la historia se enuncia en lo visible. Los acontecimientos históricos son lo visible por excelencia: su verdad se produce en la evidencia. Lo visible o forma una totalidad o tiende a formarla. Excluye la apología, que desbarata la totalidad insertando en ella a cada momento el presente –insuperable, inenglobable– de su misma subjetividad. Es preciso que el juicio, en el que la subjetividad debe permanecer apologéticamente presente, se haga contra la evidencia de la historia (y contra la filosofía, si la filosofía coincide con la evidencia de la historia). Es preciso que lo invisible se manifieste, para que la historia pierda su derecho a la última palabra, necesariamente injusta para con la subjetividad, inevitablemente cruel. Pero la manifestación de lo invisible no puede significar el paso de lo invisible al estatus de lo visible. La manifestación de lo invisible no trae a la evidencia. Se produce en la bondad reservada a la subjetividad, que, así, no se encuentra simplemente sometida a la verdad del juicio, sino que resulta ser la fuente de esta verdad. La verdad de lo invisible se produce ontológicamente por la subjetividad que la dice. En efecto, lo invisible no es lo «provisionalmente invisible», ni lo que permanece invisible para una mirada superficial y rápida pero podría volverse visible si se lo buscara con más atención y escrúpulo; ni lo que permanece inexpresado, como los movimientos ocultos del alma; ni lo que, gratuita y perezosamente, afirman que es misterio. Lo invisible es la ofensa que inevitablemente resulta del juicio de la historia visible, incluso si la historia se desarrolla razonablemente. El juicio viril de la historia, el juicio viril de la «razón pura», es cruel. Las normas universales de este juicio hacen callar a la unicidad en la que se mantiene la apología y de la que saca ésta sus argumentos. Lo invisible ordenándose en totalidad ofende a la subjetividad porque, por esencia, el juicio de la historia consiste en traducir toda apología a argumentos visibles y en secar la fuente inagotable de la singularidad de que manan y con la que no hay argumento que pueda acabar. Pues la singularidad no puede encontrar sitio en una totalidad. La idea de un juicio de Dios representa la idea límite de un juicio que tiene en cuenta esta invisible y esencial ofensa que resulta, para la singularidad, del juicio (así sea un juicio razonable e inspirado por principios universales y, por lo tanto, visible y evidente); un juicio, por otra parte, profundamente discreto, que no hace callar con su majestad la voz y la rebeldía de la apología. Dios ve lo invisible y ve sin ser visto. Pero ¿cómo puede cumplirse concretamente esta situación que cabe llamar juicio de Dios y al que se somete la voluntad que quiere en verdad –y no sólo subjetivamente?

La invisible ofensa que resulta del juicio de la historia, juicio sobre lo visible, dará testimonio en favor de la subjetividad anterior al juicio (o de un rehusar el juicio) si se produce sólo como grito y protesta, si la siento en mí. Sin embargo, se produce como el juicio mismo cuando me mira y me concierne y me acusa en el rostro del Otro –cuya epifanía misma está hecha de esta ofensa sufrida, de este estatus de extranjero, viuda y huérfano. La voluntad está bajo el juicio de Dios cuando su miedo a la muerte se invierte en miedo a cometer un asesinato.

Ser juzgado de ese modo no consiste en oír un veredicto que se enuncia impersonal e implacablemente, partiendo de principios universales. Semejante voz interrumpiría el discurso directo del ser sometido al juicio, haría callar la apología; mientras que el juicio en el que la defensa se hace oír tendría que confirmar en verdad la singularidad de la voluntad a la que juzga –pero no mediante la indulgencia, que indicaría un fallo en el juicio. La exaltación de la singularidad en el juicio se produce precisamente en la responsabilidad infinita de la voluntad, que el juicio suscita. El juicio se pronuncia sobre mí, en la medida en que me conmina a responder. La verdad se hace en esta respuesta a la conminación. La conminación exalta la singularidad precisamente porque se dirige a una responsabilidad infinita. *Lo infinito de la responsabilidad no traduce su inmensidad actual, sino un acrecentarse la responsabilidad a medida que es asumida.* Los deberes se amplían a medida que se cumplen. Cuanto mejor cumplo mi deber, menos derechos tengo; cuanto más justo soy, más culpable soy. El yo que hemos visto surgir en el disfrute como ser separado que tiene aparte, en sí, el centro en torno al cual gravita su existencia, se confirma en su singularidad vaciándose de este gravitar que no acaba de vaciarse y que precisamente se confirma en este esfuerzo incesante por vaciarse. A esto se llama bondad. La posibilidad de un punto del universo en que se produce semejante desbordarse de la responsabilidad define quizá, a fin de cuentas, al yo.

En la justicia que encausa mi libertad arbitraria y parcial, no estoy, pues, simplemente llamado a dar mi asentimiento, a consentir y asumir: a sellar mi entrada pura y simple en el orden universal, mi abdicación y el final de la apología, cuya remanencia se interpretaría entonces como un residuo o como una secuela de la animalidad. En realidad, la justicia no me engloba en el equilibrio de su universalidad; la justicia me conmina a ir más allá de la línea recta de la justicia, y nada puede luego señalar el final de tal avance: tras la línea recta de la ley, la tierra de la bondad se extiende, infinita e inexplorada, exigiendo todos los recursos de una presencia singular. Soy, pues, necesario a la justicia, como responsable más allá de todo límite fijado por una ley objetiva. El yo es un privilegio o una elección. La única posibilidad en el ser de pasar la línea recta de la ley, o sea, de encontrar un lugar más allá de lo universal, es ser yo. La moralidad que llaman interior y subjetiva ejerce una función que la ley universal y objetiva no podría ejercer pero reclama. La verdad no puede *ser* en la tiranía, como no puede *ser* en lo subjetivo. La verdad no puede *ser* más que si una subjetividad está llamada a decirla, en el sentido en que el salmista exclama: «El polvo te dará gracias, dirá tu verdad» [Sal 30, 10]. La llamada a la responsabilidad infinita confirma a la subjetividad en su posición apologética. La dimensión de su interioridad es trasladada del rango de algo subjetivo al del ser. El juicio ya no aliena a la subjetividad, porque no la hace entrar y disolverse en el orden de una moralidad objetiva, sino que le deja una dimensión de progresiva profundización en sí misma. Proferir «yo», afirmar la singularidad irreducible en que prosigue la apología, significar poseer un lugar privilegiado respecto de las responsabilidades para las que nadie puede sustituirme y de las que nadie me puede descargar. No poder hurtarse: eso es el yo. El carácter personal de la apología se mantiene en esta elección en que el yo se cumple como yo. El cumplimiento del yo como yo y la moralidad constituyen un solo y mismo proceso en el ser: la moralidad no nace en la igualdad sino en el hecho de que hacia un punto del universo convergen las exigencias infinitas: servir al pobre, al extranjero, a la viuda y al huérfano. Sólo así, por la moralidad, se producen en el universo Yo y los Otros. La subjetividad alienable de la necesidad y la voluntad, que pretende ya poseerse desde un principio, pero de la que se mofa la muerte, se halla trasfigurada por la elección que la inviste haciéndola volverse hacia los recursos de su interioridad: recursos infinitos, en el desbordamiento incesante del deber cumplido, gracias a responsabilidades que van aumentando. La persona se encuentra, pues, confirmada en el juicio objetivo, y no más reducida a su lugar en una totalidad. Pero esta confirmación no consiste en adular sus tendencias subjetivas y consolarla de su muerte, sino en existir para el otro, o sea, en ponerse en cuestión y en temer más el asesinato que la muerte: *salto mortale* del que la paciencia (y éste es el sentido del sufrimiento) abre y mide ya el peligroso espacio, pero que el ser singular por excelencia, un yo, es el único que puede realizarlo. La verdad del querer es su entrada bajo el juicio, pero su entrada bajo el juicio es que se oriente de nuevo modo la vida interior, llamada a responsabilidades infinitas.

La justicia no sería posible sin la singularidad, sin la unicidad de la subjetividad. En esta justicia, la subjetividad no figura como razón formal sino como individualidad: la razón formal sólo se encarna en un ser en la medida en que éste pierde su elección y vale por cualquier otro. La razón formal no se encarna en un ser que no tiene la fuerza de suponer, bajo lo visible de la historia, lo invisible del juicio.

La progresiva profundización de la vida interior ya no se deja guiar por las evidencias de la historia: está entregada al riesgo y a la creación moral del yo –a los horizontes que son más vastos que la historia y en que la historia misma se juzga; horizontes que no pueden sino ocultar los acontecimientos objetivos y la evidencia de los filósofos. Si la subjetividad no puede ser juzgada en Verdad sin apología; si el juicio, en vez de reducirla al silencio, la exalta; es preciso que haya un desacuerdo entre el bien y los acontecimientos; o, más exactamente, es preciso que los acontecimientos tengan un sentido invisible sobre el que sólo puede decidir una subjetividad, un ser singular. Situarse más allá del juicio de la historia, bajo el juicio de la verdad, no es suponer tras la historia aparente otra historia, llamada juicio de Dios, pero que tergiversa por igual la subjetividad. Situarse bajo el juicio de Dios es exaltar la subjetividad, llamada a la superación moral, a más allá de las leyes, y que está entonces en la verdad, porque ésta sobrepasa los límites del propio ser. Este juicio de Dios que me juzga, a la vez me confirma. Pero me confirma precisamente en mi interioridad, cuya justicia es más fuerte que el juicio de la historia. En concreto, ser un yo que se presenta a un proceso que exige todos los recursos de la subjetividad, significa para él, más allá de los juicios universales de la historia, poder ver esta ofensa del ofendido que inevitablemente se produce en el juicio que emana de principios universales. Lo invisible por excelencia es la ofensa que la historia universal hace a los particulares. Ser yo –y no sólo encarnación de una razón– es precisamente ser capaz de ver la ofensa del ofendido o el rostro. La progresiva profundización de mi responsabilidad en el juicio que se pronuncia sobre mí, no pertenece al orden de la universalización: más allá de la justicia de las leyes universales, el yo entra bajo el juicio por el hecho de ser bueno. La bondad consiste en ponerse en el ser de tal manera que el Otro cuente más que yo mismo. La bondad comporta así la posibilidad, para el yo expuesto a la alienación de sus poderes por la muerte, de no ser para la muerte.

Pero la vida interior exaltada por la verdad del ser –por la existencia del ser en la verdad del juicio que es indispensable a la verdad como la dimensión misma en que algo puede oponerse clandestinamente al juicio visible de la historia, que seduce al filósofo–, esta vida interior no puede renunciar a toda visibilidad. El juicio de la conciencia debe referirse a una realidad de más allá de la parada de la historia, que es también parada y final. La verdad exige, pues, como condición última, un tiempo infinito que condiciona tanto a la bondad como a la trascendencia del rostro. La fecundidad de la subjetividad, por la que el yo se sobrevive, condiciona la verdad de la subjetividad como dimensión clandestina del juicio de Dios. Pero para realizar esta condición no basta con darse una línea infinita de tiempo.

Hace falta remontarse hasta el fenómeno primero del tiempo, en que arraiga el fenómeno del «aún no». Es preciso remontarse hasta la paternidad, sin la que el tiempo no es más que la imagen de la eternidad. Sin ella, sería imposible el tiempo que es necesario para la manifestación de la verdad tras la historia visible (pero que sigue siendo tiempo, o sea, que se temporaliza respecto de un presente situado en él mismo e identificable). Se trata de la paternidad de la que la fecundidad biológica no es más que una de sus formas, y que, como efectuación original del tiempo, puede, entre los hombres, apoyarse en la vida biológica pero vivirse más allá de esta vida.

Sección IV
MÁS ALLÁ DEL ROSTRO

La relación con el Otro no anula la separación. No surge en el seno de una totalidad y no la instaura integrando en ella al Yo y al Otro. La coyuntura del cara a cara tampoco presupone en mayor medida la existencia de verdades universales en que pueda absorberse la subjetividad y que baste contemplar para que el Yo y el Otro entren en relación de comunión. En este último punto, hay que sostener la tesis inversa: la relación entre Yo y el Otro comienza en la *desigualdad* de los términos, mutuamente trascendentes, en la que la alteridad no determina al otro formalmente como la alteridad de B respecto de A, que resulta tan sólo de la identidad de B, distinta de la alteridad de A. Aquí, la alteridad del Otro no resulta de su identidad sino que la constituye: Otro es el Otro. El Otro, en tanto que el otro, se sitúa en una dimensión de altura y abajamiento –abajamiento glorioso: tiene la cara del pobre, del extranjero, de la viuda y del huérfano, y, a la vez, la del maestro llamado a investirme con la libertad y a justificarla. Una desigualdad que no aparece al tercero que pueda contarnos; precisamente significa la ausencia de un tercero capaz de abarcarme a mí y a Otro, de modo que la multiplicidad original está constatada en el cara a cara mismo que la constituye. Y se produce para las singularidades múltiples, y no para un ser exterior a todas ellas y que las vaya contando. La desigualdad *está* en esta imposibilidad del punto de vista exterior, que sería el único que podría abolirla. La relación que se establece –relación de enseñanza, señorío, transitividad– es lenguaje, y no se produce más que para el que habla, quien, por tanto, *da la cara* él mismo. El lenguaje no se añade al pensamiento impersonal que domine a Mismo y Otro; el pensamiento impersonal se produce en el movimiento que va de Mismo a Otro y, por tanto, en el lenguaje interpersonal y no sólo impersonal. Un orden común a los interlocutores se establece por el acto positivo que consiste, para uno, en *dar* el mundo, su posesión, al otro; o por el acto positivo que consiste, para uno, a justificarse por su libertad ante el otro, o sea, mediante la apología. La apología no afirma ciegamente al sí mismo, sino que apela ya al otro. Es el fenómeno original de la razón, en su bipolaridad insuperable. Los interlocutores, como singularidades, irreducibles a los conceptos que ellos constituyen al comunicar su mundo o apelando a la justificación del Otro, presiden la comunicación. La razón supone estas singularidades o estas particularidades, no a título de individuos ofrecidos a la conceptualización o despojándose de su particularidad para hallarse mutuamente idénticos, sino precisamente como interlocutores, seres irremplazables, únicos en su género, rostros. La diferencia entre las dos tesis: «la razón crea las relaciones entre Yo y Otro» y «la enseñanza de Mí por el Otro crea la razón», no es puramente teórica. La conciencia de la tiranía del Estado –aunque fuera éste razonable– hace actual esta diferencia. La impersonal razón a la que se eleva el hombre con el tercer género de conocimiento, ¿acaso lo deja fuera del Estado? ¿Le ahorra toda violencia? ¿Le hace confesar que esta coacción no afecta en él más que a lo animal? La libertad del Yo no es ni la arbitrariedad de un ser aislado, ni el acuerdo de un ser aislado con una ley que se impone a todos, razonable y universal.

    Mi libertad arbitraria lee su vergüenza en los ojos que me miran. Es apologética, o sea, se refiere ya, de suyo, al juicio del otro, que ella misma solicita y que, de este modo, no la hiere como un límite. Se revela, pues, contraria a la concepción para la que toda alteridad es ofensa. No es una *causa sui* simplemente aminorada o, como dicen, finita, porque, de estar negada parcialmente, esta libertad quedaría negada totalmente. En razón de mi posición apologética, mi ser no está llamado a comparecer en su realidad, a aparecerse a sí mismo en su realidad: mi ser no se equipara a su aparición en la conciencia.

Pero mi ser tampoco será lo que he sido yo para los otros, en nombre de una razón impersonal. Si se me reduce a mi papel en la historia, quedo tan tergiversado como engañoso era cuando aparecía en mi conciencia. La existencia en la historia consiste en colocar fuera de mí mi conciencia y destruir mi responsabilidad.

La inhumanidad de una humanidad en que el sí mismo tiene su conciencia fuera de sí reside en la conciencia de la violencia (ésta sí, interior a sí misma). La renuncia a su parcialidad de individuo se impone como por una tiranía. Por otro lado, si la parcialidad del individuo, comprendida como el principio mismo de su individuación, es un principio de incoherencia, ¿con qué magia producirá la simple suma de incoherencias un discurso coherente impersonal, y no el ruido desordenado de una muchedumbre? Mi individualidad es, pues, cosa completamente diferente de esa parcialidad animal a la que vendría luego a añadirse una razón salida de la contradicción en que se oponen unos a otros los ímpetus hostiles de las particularidades animales. Su singularidad está en el nivel mismo de su razón: es apología, o sea, discurso personal de mí a los otros. Mi ser se produce produciéndose a los otros en el discurso: es lo que se revela a los otros, pero participando en su revelación, asistiendo a ella, asistiéndola. Soy *en verdad* produciéndome en la historia bajo el juicio que ella pronuncia sobre mí, pero bajo el juicio que ella pronuncia sobre mí en mi presencia, o sea, dejándome la palabra. Mostramos antes que este discurso apologético va a parar a la bondad. La diferencia entre «aparecer en la historia» (sin derecho a la palabra) y aparecer al otro asistiendo a su propia aparición, distingue, de nuevo, mi ser político de mi ser religioso.

En mi ser religioso, yo soy *en verdad*. La violencia que la muerte introduce en este ser, ¿acaso hará imposible la verdad? ¿Es que la violencia de la muerte no reduce al silencio a la subjetividad, sin la que la verdad no puede ni decirse ni ser, o, para expresarlo en una palabra tan frecuentemente empleada en mi exposición y que engloba el parecer y el ser, sin la cual la verdad no podría *producirse*? A menos que la subjetividad pueda no sólo aceptar callarse, sublevada por la violencia de la razón que reduce al silencio la apología, sino que pueda renunciar por sí misma a sí misma, renunciar sin violencia, parar por sí misma la apología (lo cual no sería suicidio ni resignación, sino amor). La sumisión a la tiranía, la resignación a una ley universal, aun cuando sea razonable, pero que detiene la apología, compromete la verdad de mi ser, la pone en riesgo.

Luego nos es preciso indicar un plano que a la vez supone y trasciende la epifanía del Otro en el rostro; un plano en que el yo va más allá de la muerte y además queda relevado de volver sobre sí. Este plano es el del amor y la fecundidad, en el que la subjetividad se pone en función de dichos movimientos.

A. LA AMBIGÜEDAD DEL AMOR

El acontecimiento metafísico de la trascendencia –la acogida del Otro, la hospitalidad; Deseo y lenguaje– no se cumple como amor; pero la trascendencia del discurso está vinculada con el amor. Vamos a mostrar cómo, por el amor, la trascendencia va, a la vez, más lejos y menos lejos que el lenguaje.

¿No tiene el amor más término que una persona? La persona goza aquí de un privilegio: la intención amorosa va hacia el Otro, hacia el amigo, el niño, el hermano, la amada, los padres. Pero igualmente pueden ser objetos de amor una abstracción, un libro. Y es que, por un aspecto esencial, el amor que, siendo trascendencia, va hacia el Otro, nos lanza y rechaza más acá de la inmanencia misma: designa un movimiento por el que el ser busca aquello a lo que se vinculó antes incluso de haber tomado la iniciativa de esta búsqueda y pese a la exterioridad en que lo encuentra. La aventura por excelencia es también una predestinación: elección de lo que no se había elegido. El amor como relación con el Otro puede reducirse a esta honda inmanencia, despojarse de toda trascendencia, no buscar más que a un ser connatural, a un alma hermana –presentarse como incesto. El mito de Aristófanes, en el *Banquete* de Platón, en el que el amor reúne las dos mitades de un ser único, interpreta la aventura como un regreso a sí. El disfrute justifica esta interpretación: pone de relieve la ambigüedad de un acontecimiento que se sitúa en el límite de la inmanencia y la trascendencia. Este deseo –movimiento que se relanza incesantemente, movimiento sin final hacia un futuro que nunca es lo bastante futuro– se quiebra y se satisface como la más egoísta y cruel de las necesidades. Como si la excesiva audacia de la trascendencia amorosa se pagara siendo rechazado más acá de la necesidad. Pero este mismo *más acá* da testimonio de una excepcional audacia por las profundidades de lo inconfesable a las que lleva, por la oculta influencia que ejerce sobre todos los poderes del ser. El amor permanece siendo relación con el otro que se trastorna en necesidad; y esta necesidad aún presupone la exterioridad total, trascendente, del otro, del amado. Pero el amor también va más allá del amado: por eso es por lo que, a través del rostro, se filtra la oscura luz que viene de más allá del rostro, de lo que *aún no es*, de un futuro nunca lo bastante futuro, más lejano que lo posible. Al ser disfrute de lo trascendente, casi contradictorio en sus términos, el amor no se dice con verdad ni en el hablar erótico –en el que se interpreta como sensación–, ni en el lenguaje espiritual, que lo eleva a deseo de lo trascendente. La posibilidad para el Otro de aparecer como objeto de una necesidad mientras conserva su alteridad, o, más aún, la posibilidad de disfrutar del Otro, de situarse, a la vez, más acá y más allá del discurso –esta posición respecto del interlocutor que, al mismo tiempo, lo alcanza y lo adelanta; esta simultaneidad de necesidad y deseo, de concupiscencia y trascendencia; esta tangente de lo confesable y lo inconfesable– constituye la originalidad de lo erótico, que, en este sentido, es lo *equívoco* por excelencia.

B. FENOMENOLOGÍA DEL EROS

El amor apunta al Otro: apunta a él en su debilidad. La debilidad no hace aquí figura del grado inferior de cualquier atributo, de la deficiencia relativa de una determinación común a mí y al Otro: siendo anterior a la manifestación de los atributos, cualifica a la alteridad misma. Amar es temer por el otro, prestar auxilio a su debilidad. En esta debilidad, como en la aurora, se levanta el Amado, que es Amada. Al ser epifanía del Amado, lo femenino no viene a añadirse al objeto y al Tú, previamente dados o encontrados en lo neutro –el único género que conoce la lógica formal. La epifanía de la Amada es uno y lo mismo que su *régimen*: tierno. La *manera* de lo tierno consiste en una fragilidad extrema, en una vulnerabilidad. Se manifiesta en el límite del ser y el no ser, como un dulce calor en que el ser se disipa en irradiación; como en el «encarnado suave» de las ninfas en la *Siesta del fauno*, que «revolotea en el aire dormido de sueños densos»[1], desindividuándose y aliviándose de su propio peso de ser, ya evanescencia y pasmo, huida a sí en el mismo seno de su manifestación. Y en esta huida, el Otro es Otro, ajeno al mundo, demasiado basto e hiriente para él.

Y sin embargo, esta fragilidad extrema está también en el límite de una existencia «sin maneras», «sin ambages», de espesor «no-significante» y crudo, de desorbitante ultramaterialidad. Estos superlativos, más que metáforas, traducen como un paroxismo de materialidad. La ultramaterialidad no indica una simple ausencia de lo humano en una montaña de rocas y arena de algún paisaje lunar; ni la materialidad que se sobrepuja y asoma, bajo sus formas desgarradas, en las ruinas y las llagas; indica la desnudez exhibicionista de una presencia desorbitante, que viene como de más lejos que la franqueza del rostro, ya profanadora y del todo profanada –como si hubiera forzado el sello de un secreto. *Lo esencialmente oculto se arroja*

---

1. Son los versos 2 y 3 de ese célebre poema de Mallarmé [N. del T.].

a la luz sin volverse significación. No la nada, sino lo que aún no es; sin que esta realidad, en el umbral de lo real, se ofrezca como una posibilidad que coger; sin que la clandestinidad describa un accidente gnoseológico que le sucede a un ser. «No ser aún» no es ni esto ni aquello; la clandestinidad agota la esencia de esta no-esencia; clandestinidad que, en el impudor de su producción, confiesa una vida nocturna, que no equivale a una vida diurna pero sencillamente privada de día: no equivale a la simple *interioridad* de una vida solitaria e íntima que esté buscando, sin embargo, expresión para superar sus inhibiciones y represiones. Está referida al pudor que ha profanado sin superarlo. Lo secreto aparece sin aparecer, no porque aparezca a medias o con reservas o confusamente. La simultaneidad de lo clandestino y lo descubierto define, precisamente, la *profanación*. Aparece en lo equívoco. Pero es la profanación la que permite lo equívoco –esencialmente erótico–, y no al revés. El pudor, que no se puede superar en amor, constituye su patetismo. El impudor, siempre atrevido en la presentación de la desnudez lasciva, no viene a añadirse a una percepción neutra, previa, como la del médico que examina la desnudez del enfermo. La manera en que la desnudez erótica se produce –se presenta y es– bosqueja los fenómenos originales del impudor y la profanación. Las perspectivas morales que ambas abren se sitúan ya en la dimensión singular que abre este exhibicionismo desorbitante como producción del ser.

Notemos de paso que esta profundidad en la dimensión subterránea de lo tierno la impide identificarse con lo gracioso, a lo que, pese a todo, se parece. La simultaneidad o lo equívoco de esta fragilidad y este peso de no-significancia, más grave que el peso de lo real informe, es lo que llamamos *feminidad*.

El movimiento del amante ante esta debilidad de la feminidad –ni compasión pura, ni impasibilidad– se complace en la compasión, se absorbe en la complacencia de la caricia.

La caricia, como el contacto, es sensibilidad. Pero la caricia trasciende lo sensible. No que sienta más allá de lo sentido, más lejos que los sentidos; no que se apodere de un alimento sublime mientras conserva, en su relación con eso sentido último, una intención de hambre que se lanza a por el alimento que se promete y se da a esta hambre y la ahonda –como si la caricia se alimentara de su propia hambre. La caricia consiste en no coger nada, en solicitar lo que se escapa sin cesar de su forma hacia un porvenir –nunca lo bastante porvenir–, en solicitar lo que se hurta como si *aún no fuera*. *Busca*, explora. No es una intencionalidad de des-velamiento sino de búsqueda: un ir a lo invisible. En cierto sentido, *expresa* el amor, pero sufre de la incapacidad de decirlo. Tiene hambre de esta expresión misma, hambre que crece sin cesar. Así que va más lejos que a su término: apunta a más allá de un ente, incluso futuro, que precisamente como *ente*, llama ya a las puertas del ser. En su satisfacción, el deseo que la anima renace, alimentado de alguna manera por lo que *no es aún*, y nos retrotrae a la virginidad, inviolada para siempre, de lo femenino. No es que la caricia busque dominar una libertad hostil, hacer de ella su objeto o arrancarle su consentimiento. La caricia busca, más allá del consentimiento o la resistencia de una libertad, *lo que aún no es*, un «menos que nada» encerrado y adormecido más allá del *porvenir* y, por tanto, adormecido de manera totalmente diferente que lo *posible* (que se ofrece a la anticipación). La profanación que se insinúa en la caricia responde adecuadamente a la originalidad de esta dimensión de ausencia. Ausencia que es distinta del vacío de una nada abstracta; ausencia que se refiere al ser, pero que se refiere a él a su manera, como si las «ausencias» de lo porvenir no fueran porvenir, todas al mismo nivel y uniformemente. La anticipación capta posibles; lo que busca la caricia no se sitúa en una perspectiva y en la luz de lo captable y asible. Lo carnal, tierno por excelencia y correlato de la caricia, la amada, no se confunde ni con el cuerpo, cosa del fisiólogo, ni con el cuerpo propio del «yo puedo», ni con el cuerpo-expresión –asistencia a su manifestación– o rostro. En la caricia, que aún es relación sensible por un lado, el cuerpo ya se desnuda de su forma misma para ofrecerse como desnudez erótica. En lo carnal de la ternura, el cuerpo abandona el estatuto de ente.

La Amada, a la vez asible pero intacta en su desnudez, más allá del objeto y del rostro, y, así, más allá del ente, está en la virginidad. Lo Femenino, esencialmente violable e inviolable, lo «Eterno Femenino», es lo virgen o el incesante recomenzar de la virginidad: lo intocable en el contacto mismo del placer, en el presente-futuro. No como una libertad en lucha con su conquistador, que se niega a su reificación y su objetivación, sino una fragilidad en el límite del no-ser; del no-ser en que no sólo se aloja lo que se extingue y no es *ya más*, sino lo que aún no es. La virgen permanece inasible, muriendo sin asesinato, en éxtasis, retirándose a su porvenir, más allá de todo posible prometido a la anticipación. Junto a la noche como murmullo anónimo del *hay*, se extiende la noche de lo erótico; tras la noche del insomnio, la noche de lo oculto, lo clandestino, lo misterioso, patria de lo virgen, simultáneamente descubierto por el *Eros* y negándose al *Eros* –lo que es otra manera de decir la profanación.

La caricia no apunta ni a una persona ni a una cosa. Se pierde en un ser que se disipa como en un sueño impersonal sin voluntad y hasta sin resistencia: una pasividad, un anonimato ya animal o infantil, todo entero ya a la muerte. La voluntad de lo tierno se produce a través de su evanescencia, como arraigada en una animalidad que ignora su muerte, sumergida en la falsa seguridad de lo elemental, en lo infantil que no sabe lo que le pasa. Pero también profundidad vertiginosa de lo que *no es aún*, que *no existe*, pero con una no-existencia que no tiene siquiera con el ser el parentesco que con él mantienen una idea o un proyecto; una no-existencia que no pretende, por ninguno de estos títulos, ser un avatar de lo que es. La caricia apunta a lo tierno, que no tiene ya el estatuto de un «ente»; que, habiendo salido de los «números y los seres», ni siquiera es cualidad de un ente. Lo tierno designa una *manera*: la manera de mantenerse en el *no man's land* entre el ser y el no ser aún. Manera que ni siquiera se señala como una significación; que no brilla en modo alguno, que se extingue y se extasía, debilidad esencial de la Amada, que se produce como vulnerable y como mortal.

Pero precisamente a través de la evanescencia y el arrobo de lo tierno, el sujeto no se proyecta hacia el porvenir de lo posible. El no-ser-aún no se sitúa en el mismo porvenir en que cuanto puedo realizar ya se agolpa y ya centellea a la luz y se ofrece a mis anticipaciones y solicita mis poderes. El no-ser-aún no es precisamente un posible que, sencillamente, esté más lejos que otros posibles. La caricia no *actúa*, no coge posibles. El secreto que ella fuerza no la informa como una experiencia: trastorna la relación del yo consigo y con lo no-yo. Un no-yo amorfo se lleva al yo a un porvenir absoluto en el que se evade y pierde su posición de sujeto. Su «intención» ya no va más hacia la *luz*, hacia lo que tiene sentido: pasión toda ella, compadece la pasividad, el sufrimiento, la evanescencia de lo tierno. Muere con esta muerte; sufre con este sufrimiento. Es enternecimiento, sufrimiento sin sufrimiento, que se consuela ya complaciéndose en su sufrimiento. El enternecimiento es una lástima que se complace, un placer, un sufrimiento trasformado en felicidad: la voluptuosidad. Y en este sentido, la voluptuosidad empieza ya en el deseo erótico y permanece siendo en todo instante deseo. La voluptuosidad no viene a colmar el deseo: es este deseo mismo. Por ello es por lo que la voluptuosidad no sólo es impaciente, sino que es la impaciencia misma: respira impaciencia, se ahoga de impaciencia, sorprendida por su final, porque ella va sin ir a fin alguno.

La voluptuosidad, como profanación, descubre lo oculto como oculto. Una relación excepcional se cumple así en una coyuntura que, para la lógica formal, procedería de la contradicción: lo descubierto no pierde su misterio en el descubrimiento; lo oculto no se des-vela; la noche no se dispersa. El descubrimiento-profanación se mantiene en el pudor, aunque sea bajo las especies del impudor: lo clandestino descubierto no adquiere el estatuto de des-velado. Descubrir significa aquí violar, más que des-velar un secreto. Violación que no se repone de su audacia. La vergüenza de la profanación hace bajar los ojos que habrían debido escrutar lo descubierto. La desnudez erótica dice lo indecible, pero lo indecible no se separa de este decir, como un objeto misterioso, ajeno a la expresión, se separa de la palabra clara que intenta engatusarlo. La propia manera de «decir» o de «manifestar» oculta descubriendo; dice y calla lo indecible; acosa y provoca. El «decir», y no sólo lo dicho, es equívoco. Lo equívoco no se despliega sólo entre dos sentidos de la palabra, sino entre la palabra y la renuncia a la palabra; entre lo significativo del lenguaje y lo no-significativo de lo lascivo, que el silencio aún disimula. La voluptuosidad profana, no ve. Siendo *intencionalidad sin visión*, el descubrimiento no hace luz: lo que descubre no se ofrece como *significación* y no ilumina ningún horizonte. Lo femenino ofrece un rostro que va más allá del rostro. El rostro de la amada *no expresa* el secreto que el *Eros* profana: deja de expresar, o, si así se prefiere, no expresa más que esta negativa a expresar, este final del discurso y la decencia, esta interrupción brusca del orden de las presencias. En el rostro femenino, la pureza de la expresión ya se turba por el equívoco de lo voluptuoso. La expresión se invierte en indecencia, ya casi equívoco que dice menos que nada, ya risa y burla.

En este sentido, la voluptuosidad es una experiencia pura, una experiencia que no se vierte en ningún concepto, que permanece ciegamente experiencia. La profanación –revelación de lo oculto en tanto que oculto– constituye un modelo de ser irreducible a la intencionalidad, que es objetivadora hasta en la praxis, porque no sale «de los números y los seres». El amor no se reduce a un conocimiento mezclado con elementos afectivos que le abran un plano de ser imprevisto. No coge nada, no termina en un concepto, no *termina*, no tiene ni la estructura sujeto-objeto, ni la estructura yo-tú. El eros no se cumple como un sujeto que fija un objeto, ni como una proyección hacia un posible. Su movimiento consiste en ir más allá de lo posible.

La no-significancia de la desnudez erótica no precede a la significancia del rostro, como la oscuridad de la materia informe precede a las formas del artista. Tiene ya tras ella las formas; viene de lo porvenir, de un porvenir situado más allá del porvenir en que centellean los posibles, porque la casta desnudez del rostro no se desvanece en el exhibicionismo de lo erótico. La indiscreción, en la que permanece misterioso e inefable, da testimonio de sí precisamente por la desmesura exorbitante de esta indiscreción. Sólo el ser que tiene la franqueza del rostro puede «descubrirse» en la no-significancia de lo lascivo.

Reiteremos los puntos que se refieren a la significación. El hecho primero de la significación se produce en el rostro; pero no es que el rostro reciba una significación *respecto* de algo. El rostro significa por sí mismo; su significación precede a la *Sinngebung* [donación de sentido]; un comportamiento con sentido surge ya en su luz; difunde la luz en la que se ve la luz. No hay que explicarlo, porque toda explicación empieza partiendo de él. Dicho en otras palabras: la sociedad con el Otro, que señala el final del absurdo murmullo del *hay*, no se constituye como la *obra* de un Yo que presta sentido. Hay ya que ser para el otro –existir, y no sólo obrar–, para que el fenómeno del sentido, correlativo de la intención de un pensamiento, pueda surgir. Ser-para-el-otro no debe sugerir finalidad alguna y no implica la posición previa ni la valoración de no sé qué valor. Ser para el otro es ser bueno. Por cierto, el concepto del Otro no tiene ningún contenido que sea nuevo respecto del concepto de yo; pero el ser-para-el-otro no es una relación entre conceptos cuya intensión coincida, ni la concepción de un concepto por un yo, sino mi bondad. El hecho de que, al existir para el otro, exista yo de otro modo que existiendo para mí, es la moralidad misma. Ella envuelve por completo mi conocimiento del Otro y no se deriva del conocimiento del Otro por una valorización del otro que se añada a ese conocimiento primero. La trascendencia como tal es «conciencia moral». La conciencia moral cumple la metafísica, si es que la metafísica consiste en trascender. En todo lo que precede, hemos intentado exponer la epifanía del rostro como el origen de la exterioridad. El fenómeno primero de la significación coincide con la exterioridad. La exterioridad es la significancia misma. Y únicamente el rostro es exterior en su moralidad. El rostro, en esta epifanía, no resplandece como una forma que reviste a un contenido, como una *imagen*, sino como la desnudez del principio, tras la cual ya no hay nada. El rostro muerto se vuelve forma, máscara mortuoria: se muestra, en vez de dejar ver, pero precisamente así ya no aparece como rostro.

Cabe decirlo de otro modo: la exterioridad define al ente como ente, y la significación del rostro está en la coincidencia esencial del ente y el significante. La significación no se añade al ente. Significar no equivale a presentarse como signo, sino a expresarse, o sea, a presentarse en persona. El simbolismo del signo supone ya la significación de la expresión, el rostro. En el rostro se presenta el ente por excelencia. Y todo el cuerpo puede, como el rostro, expresar: una mano, un bajar la cabeza... La significancia original del ente –su presentación en persona o su expresión–, su manera de sobresalir incesantemente por fuera de su imagen plástica, se produce en concreto como la tentación de la negación total y como la resistencia infinita al asesinato del otro como otro: en la dura resistencia de esos ojos sin protección, de lo más dulce y descubierto que hay. El ente como ente no se produce sino en la moralidad. El lenguaje, fuente de toda significación, nace en el vértigo de lo infinito que nos asalta ante la rectitud y derechura del rostro –que hace posible e imposible el asesinato.

El principio «no cometerás asesinato», la significancia misma del rostro, parece lo opuesto del misterio que *Eros* profana y que se anuncia en la feminidad de lo tierno. En el rostro, el Otro expresa su eminencia, la dimensión de altura y divinidad de la que baja. En su dulzura despuntan ya su fuerza y su derecho. La debilidad de la feminidad invita a la lástima por lo que, en un sentido, no es aún, y a la falta de respeto con lo que se exhibe en el impudor y no se descubre pese a la exhibición –o sea, se profana.

Pero la falta de respeto supone el rostro. Los elementos y las cosas están fuera del ámbito del respeto y la falta de respeto. Es preciso que se haya percibido el rostro para que la desnudez pueda adquirir la no-significancia de lo lascivo. El rostro femenino aúna esta claridad y esta penumbra. Lo femenino es rostro en que la turbación asedia e invade ya la claridad. La relación, en apariencia asocial, del eros, hará referencia, siquiera sea negativa, a lo social. En esta inversión del rostro por la feminidad –en esta desfiguración que se refiere al rostro–, la no-significancia está, se mantiene, en la significancia del rostro. Esta presencia de la no-significancia del rostro, o esta referencia de la no-significancia a la significancia –y en la que la castidad y la decencia del rostro están en el límite de lo obsceno, que aún queda repelido pero está ya muy próximo y prometedor– es el acontecimiento original de la belleza femenina: de ese sentido eminente que toma la belleza en lo femenino, pero que el artista tendrá que convertir en «gracia sin peso» trabajando la materia fría del color o la piedra, en que la belleza se volverá la presencia apacible, lo soberano del vuelo, existencia sin fundamentos puesto que sin fundaciones ni cimientos. Lo bello artístico *invierte* la belleza del rostro femenino. A la profundidad turbadora de lo porvenir de cuanto es «menos que nada» (no un mundo), que la belleza femenina anuncia y oculta, la reemplaza por una imagen. Presenta una forma bella reducida a sí misma en su vuelo y privada de su profundidad. Toda obra de arte es cuadro y estatua, inmovilizados en el instante o en su vuelta periódica. La poesía reemplaza la vida femenina con un ritmo. La belleza se vuelve una forma que recubre la materia indiferente y que no recela misterio.

Así, la desnudez erótica es como una significación a contrapelo, una significación que significa en falso, una claridad convertida en ardor y noche, una expresión que deja de expresarse –que expresa su renuncia a la expresión y a la palabra, que se hunde en la equivocidad del silencio–; palabra que dice no un sentido sino la exhibición. Eso es lo lascivo mismo de la desnudez erótica: la risa que estalla en las reuniones shakespearianas de brujas, llena de sobreentendidos, más allá de la decencia de las palabras –como ausencia de toda seriedad, de toda posibilidad de palabra–; la risa de las «historias equívocas», picantes, en que el mecanismo de la risa no manifiesta únicamente las condiciones formales de lo cómico, tales como, por ejemplo, las ha expuesto Bergson en *La risa*. Se les añade un contenido que nos lleva a un orden en que falta totalmente lo serio. La amada no se opone a mí como una voluntad en lucha con la mía, ni como sumisa a la mía, sino, al contrario, como una animalidad irresponsable que no dice verdaderas palabras. La amada, que ha regresado al nivel de la infancia sin responsabilidad –esta bonita cabeza, esta juventud, esta pura vida «un poco bestia»– ha abandonado su estatus de persona. El rostro se atenúa y, en su neutralidad impersonal e inexpresiva, se prolonga, con ambigüedad, en algo animal. Las relaciones con el otro se practican en plan de juego: se juega con el otro como con un animal joven.

La no-significancia de lo lascivo no equivale, pues, a la indiferencia estúpida de la materia. Como el envés de la expresión de lo que ha perdido la expresión, remite por ello mismo al rostro. El ser que se presenta como idéntico en su rostro, pierde su significación respecto del secreto profanado y juega al equívoco. El equívoco constituye la epifanía de lo femenino: a la vez interlocutor, colaborador y maestro supremamente inteligente, que muy a menudo domina al varón en la civilización masculina en que ha entrado, y mujer que debe ser tratada como mujer, según las reglas que no prescriben de la sociedad refinada. El rostro, todo derechura, rectitud, franqueza, disimula en su epifanía femenina alusiones, sobreentendidos. Ríe bajo capa de su propia expresión, sin llevar a ningún sentido preciso, haciendo alusiones en vacío, señalando a lo que es menos que nada.

La violencia de esta revelación caracteriza precisamente la *fuerza* de esta ausencia, de este *aún no*, de este menos que nada, audazmente arrebatado a su pudor, a su esencia de algo oculto. Un *aún no* más lejano que un porvenir, un *aún no* temporal y que da testimonio de grados en la nada. Y así el *Eros* es un arrobo más allá de todo proyecto, de todo dinamismo; indiscreción profunda, profanación y no des-velamiento de lo que *ya existe* como irradiación y significación. El *Eros* va, pues, más allá del rostro. Y no es que el rostro cubra aún algo con su decencia –como máscara de otro rostro. La aparición impúdica de la desnudez erótica apelmaza el rostro, que pesa con peso monstruoso en la sombra de no-sentido que se proyecta sobre él; y no porque haya de surgir tras él otro rostro, sino porque lo oculto se arranca su pudor. Lo oculto, no un ente oculto o una posibilidad de ente; lo oculto, lo que no es aún y que carece, por tanto, del todo de quididad. El amor no lleva sencillamente, por un camino con rodeos o por otro recto, hacia el Tú. Va por otra dirección que aquella en que se encuentra el Tú. Lo oculto –nunca lo bastante oculto– está más allá de lo personal y es como su envés: refractario a la luz, categoría exterior al juego del ser y la nada, más allá de lo posible ya que es absolutamente inasible. Su *manera*, más allá de lo posible, se manifiesta en la no-socialidad de la sociedad de los amantes, en su negativa a entregarse en el seno de su abandono; en esa negativa a entregarse que constituye la voluptuosidad, alimentada por sus propias hambres que se acercan, en el vértigo, a lo oculto o femenino, a algo no-personal pero en que lo personal no sucumbirá.

La relación que se establece en la voluptuosidad entre los amantes, hondamente refractaria a la universalización, es lo totalmente contrario a la relación social. Excluye al tercero; permanece intimidad, soledad de dos, sociedad cerrada, lo no-público por excelencia. Lo femenino es lo Otro refractario a la sociedad, miembro de una sociedad de dos, de una sociedad íntima, de una sociedad sin lenguaje. Conviene describir esta intimidad, porque la relación simpar que mantiene la voluptuosidad con lo no-significante constituye un nexo que no se reduce a la repetición de este *no*, sino a ciertos rasgos positivos por los que se determina, si cabe decirlo así, lo porvenir y lo que *no es aún* (y no es sencillamente un ente que sigue estando en el estatus de lo posible).

La imposibilidad de reducir la voluptuosidad a lo social, la no-significancia a la que va a parar la voluptuosidad y que se manifiesta en esta indecencia del lenguaje que quiere decir la voluptuosidad, aísla a los amantes, como si estuvieran solos en el mundo. Soledad que no sólo niega, que no sólo olvida el mundo. *La acción común del sintiente y lo sentido* que cumple la voluptuosidad, clausura, cierra y sella la sociedad de la pareja. La no-socialidad de la voluptuosidad es positivamente la comunidad de sintiente y sentido: el otro no es sólo algo sentido, pero en lo sentido se afirma el sintiente, como si un mismo sentimiento fuera sustancialmente común a mí y al otro; no a la manera en que dos observadores tienen en común un paisaje o dos pensadores tienen una idea común. Aquí ningún contenido objetivo idéntico mediatiza la comunidad; y la comunidad tampoco está en la analogía del sentir. Donde está es en la identidad del sentir. La voluptuosidad –referencia del amor «dado» al amor «recibido», amor del amor– no es un sentimiento de segundo grado, como una reflexión, sino que es recta como una conciencia espontánea. Es íntima y está, sin embargo, intersubjetivamente estructurada, y no se simplifica hasta la conciencia una y única. El Otro, en la voluptuosidad, es yo y está separado de mí. La separación del Otro en el seno de esta comunidad del sentir constituye lo agudo de la voluptuosidad. Lo voluptuoso de la voluptuosidad no es la libertad domada, objetivada y cosificada del Otro, sino su libertad sin domeñar, que para nada deseo yo objetivada; pero libertad deseada y voluptuosa no en la claridad de su rostro, sino en la oscuridad y como en el vicio de lo clandestino, o en ese futuro que se mantiene clandestino en el descubrimiento y que, precisamente por ello, es inevitablemente profanación. Nada está más lejos del *Eros* que la posesión. En la posesión del Otro, poseo al otro en tanto que él me posee: a la vez esclavo y dueño. La voluptuosidad se ha de extinguir en la posesión. Pero, por otra parte, la impersonalidad de la voluptuosidad nos prohíbe considerar la relación entre los amantes como complementariedad. Así, la voluptuosidad no apunta al otro, sino a su voluptuosidad: es voluptuosidad de la voluptuosidad, amor del amor del otro. Por ello, el amor no representa un caso particular de la amistad. No es sólo que se sientan el amor y la amistad de modo diferente; es que, además, su correlato difiere. La amistad va al otro; el amor busca lo que no tiene estructura de ente, sino lo infinitamente futuro, lo que hay que engendrar. No amo plenamente más que si el otro me ama; no porque me sea preciso el reconocimiento del Otro, sino porque mi voluptuosidad goza de su voluptuosidad, y en esta coyuntura sin igual de la identificación, en esta *trans-sustanciación*, Mismo y Otro no se confunden sino que, precisamente, más allá de todo proyecto posible, más allá de todo poder con sentido e inteligencia, engendran al hijo.

Si amar es amar el amor que me tiene la Amada, amar es también amarse en el amor y, de este modo, regresar a sí. El amor no trasciende sin equívocos: se com-place, es placer y egoísmo a dos, al alimón. Pero en esta complacencia también se aleja de sí: está en un vértigo por encima de una profundidad de alteridad que ya no ilumina ninguna significación: una profundidad exhibida y profanada. La relación con el hijo –la codicia de hijo, a la vez otro y yo mismo– se bosqueja ya en la voluptuosidad, para cumplirse en el hijo mismo (como puede cumplirse un Deseo que no se extingue en su fin ni se calma en su satisfacción). Henos aquí ante una categoría nueva: ante lo que está tras las puertas del ser, ante el menos que nada que el eros arranca de su negatividad y profana. Se trata de una nada distinta de la nada de la angustia: la nada del porvenir enterrado en el secreto de lo menos que nada.

C. LA FECUNDIDAD

La profanación que viola un secreto no «descubre», más allá del rostro, otro yo más profundo y que ese rostro exprese: descubre al hijo. Gracias a una trascendencia total –la trascendencia de la trans-sustanciación–, el yo es, en el hijo, otro. La paternidad sigue siendo identificación de sí, pero es también una distinción en la identificación –estructura esta imprevisible en lógica formal. En sus escritos de juventud, Hegel pudo decir que el hijo *es* los padres; y en los *Weltalter* [*Las Edades del Mundo*], Schelling, por necesidades teológicas, supo deducir la filialidad de la identidad del Ser. La posesión del hijo por el padre no agota el sentido de la relación que se cumple en la paternidad, en la que el padre vuelve a encontrarse consigo no sólo en los gestos de su hijo, sino en su sustancia y su unicidad. Mi hijo es un extraño (Isaías 49) pero que no sólo es mío sino que es *yo*. Es yo extraño a sí. No es únicamente mi obra, mi criatura, incluso si, como Pigmalión, tuviera yo que ver que mi obra cobra vida. El hijo codiciado en la voluptuosidad no se ofrece a la acción: siempre permanece inadecuado a los poderes. Ninguna anticipación lo representa; ninguna lo proyecta, como se dice hoy. El proyecto inventado o creado, insólito y nuevo, sale de una cabeza solitaria, para iluminar y comprender; se resuelve en luz y convierte la exterioridad en idea. De modo que se puede definir el poder como la presencia en un mundo que, *de iure*, se resuelve en ideas mías. Ahora bien, hace falta el encuentro con el Otro como femenino para que advenga el advenir, el porvenir, del hijo, de más allá de lo posible, de más allá de los proyectos. La relación se parece a la que describimos a propósito de la idea de infinito: no puedo dar cuenta de ella por mí mismo, como sí doy cuenta por mí mismo del mundo luminoso. Este porvenir no es ni el germen aristotélico (menos que el ser, un ser menor), ni la posibilidad heideggeriana, que constituye el ser mismo, pero que trasforma la relación con el porvenir en poder del sujeto. A la vez mío y no mío, una posibilidad de mí mismo pero también posibilidad del Otro, de la Amada, mi porvenir no entra en la esencia lógica de lo posible. A la relación con tal porvenir, irreducible al poder sobre los posibles, la llamamos fecundidad.

La fecundidad incluye una dualidad de lo Idéntico. No indica todo lo que puedo asir (mis posibilidades). Indica mi porvenir, que no es un porvenir de Mismo. No un avatar nuevo, no una historia ni acontecimientos que pueden sobrevenir a un residuo de identidad, a una identidad pendiente de un hilito, a un yo que asegure la continuidad de los avatares.

Y sin embargo, es aún mi aventura y, por lo tanto, mi porvenir en un sentido muy nuevo, pese a la discontinuidad. La voluptuosidad no despersonaliza al yo extáticamente: permanece siempre siendo deseo, búsqueda siempre. No se apaga en un término en que se absorba rompiendo con su origen en mí, incluso si no regresa entera a mí (a mi vejez y a mi muerte). El yo, como sujeto y soporte de poderes, no agota el «concepto» de yo, no manda en todas las categorías en las que se producen la subjetividad, el origen y la identidad. El ser infinito, o sea, el ser que siempre está recomenzando –y que no podría prescindir de subjetividad, porque sin ella no podría recomenzar– se produce bajo las especies de la fecundidad.

La relación con el hijo –o sea, la relación con el Otro no poder sino fecundidad– pone en relación con el porvenir absoluto o el tiempo infinito. El otro que yo seré no tiene la indeterminación de lo posible que, sin embargo, lleva la huella de la fijeza del yo que capta y agarra ese posible. En el poder, la indeterminación de lo posible no excluye la *repetición* del yo, que, al aventurarse hacia este porvenir indeterminado, recae en su mismo sitio y, clavado a sí, confiesa una trascendencia sencillamente ilusoria, en la que la libertad no dibuja más que un destino. Las formas diversas que reviste Proteo no lo liberaron de su identidad. En la fecundidad, el tedio de esta reiteración machacona se detiene: el yo es otro y joven, sin que, no obstante, la ipseidad que daba su sentido y su orientación al ser se pierda en esta renuncia a sí. La fecundidad continúa la historia sin producir vejez; el tiempo infinito no aporta una vida eterna a un sujeto que envejece. Éste es *mejor* a través de la discontinuidad de las generaciones, escandido por las inagotables juventudes del hijo.

En la fecundidad, el yo trasciende el mundo de la luz. No para disolverse en el anonimato del *hay*, sino para ir más lejos que la luz, para ir *a otra parte*. Estar en la luz, mantenerse en ella, ver –asir antes de asir–, no es aún «ser infinitamente»: es volver a sí más viejo, o sea, cargado consigo y de sí. Ser infinitamente significa producirse bajo las especies de un yo que siempre está en el origen pero no encuentra trabas para la renovación de su sustancia, ni aun las que pudieran provenir de su identidad misma. Así se define la juventud como concepto filosófico. La relación con el hijo en la fecundidad no nos mantiene en esta extensión cerrada de luz y sueño, conocimientos y poderes. Articula el tiempo de lo absolutamente otro –alteración de la sustancia misma de quien puede: su trans-sustanciación.

Que el ser infinito no sea una posibilidad encerrada en el ser separado, sino que se produzca como fecundidad, apelando, por tanto, a la alteridad de la Amada, indica la vanidad del panteísmo. Que en la fecundidad el yo personal salga ganando, indica el final de los terrores en que la trascendencia de lo sagrado inhumano, anónimo y neutro, amenaza a las personas con la nada o el éxtasis. El ser se produce como múltiple y como escindido en Mismo y Otro. Ésta es su estructura última. Es sociedad y, por ello, es tiempo. Así salimos de la filosofía del ser parmenídeo. La filosofía misma constituye un momento de este cumplimiento temporal: un discurso que siempre se dirige a otro. La que estamos exponiendo se dirige a quienes quieran leerla. La trascendencia es tiempo y va hacia el Otro. Pero el Otro no es término: no detiene el movimiento del Deseo. Lo otro que el Deseo desea sigue siendo Deseo: la trascendencia trasciende hacia el que trasciende: tal es la verdadera aventura de la paternidad, de la trans-sustanciación, que permite superar la simple renovación de lo posible en la inevitable senescencia del sujeto. La trascendencia –el para el otro, la bondad correlato del rostro– funda una relación más profunda: la bondad de la bondad. La fecundidad engendrando la fecundidad cumple la bondad: más allá del sacrificio que impone un don –el don del poder del don, la concepción del hijo. Aquí, el Deseo, que en las primeras páginas de esta obra opusimos a la necesidad –el Deseo que no es carencia, el Deseo que es la independencia del separado y su trascendencia–, se cumple. No satisfaciéndose y, por tanto, confesando que es necesidad, sino trascendiéndose, engendrando el Deseo.

D. LA SUBJETIVIDAD EN EL EROS

La voluptuosidad, como coincidencia de amante y amada, se alimenta de su dualidad: simultáneamente, fusión y distinción. El mantenimiento de la dualidad no significa que, en el amor, el egoísmo del amante *quiera* recoger, en el amor recibido, el testimonio de un reconocimiento. Amar que me amen no es una *intención*; no es el pensamiento de un sujeto que piensa su deleite amoroso y que se encuentra así exterior a la comunidad de lo sentido (pese a las posibles extrapolaciones cerebrales del deleite erótico; pese al deseo de reciprocidad que lleva a los amantes hasta él). Este deleite –la voluptuosidad– trasfigura al sujeto mismo, que tiene entonces su identidad no de su iniciativa de poder, sino de la pasividad del amor recibido. Es éste pasión y turbación, *iniciación* constante a un misterio, más que *iniciativa*. No puede interpretarse el *Eros* como una superestructura que tiene al individuo como base y como sujeto. El sujeto, en el placer amoroso, se encuentra a sí como el sí mismo (lo que no quiere decir objeto ni tema) de otro, y no sólo como el sí mismo de sí mismo. La relación con lo carnal y lo tierno precisamente hace que resurja sin cesar este sí mismo: la turbación del sujeto no es asumida por su dominio de sujeto, sino que es su enternecerse, su afeminarse, de los que el yo heroico y viril se acordará como de una de esas cosas que rompen con las «cosas serias» y contrastan con ellas. Hay en la relación erótica un característico retorno de la subjetividad que había salido de su puesto: un retorno del yo viril y heroico que, al plantarse, detenía el anonimato del *hay* y determinaba un modo de existencia que abría la luz. En ésta se juega el juego de las posibilidades del yo, y en este juego, bajo las especies del yo, se produce el origen en el ser. El ser no se produce aquí como lo definitivo de una totalidad, sino como una incesante vuelta a empezar y, así, como infinito. Pero, en el sujeto, la producción del origen es producción de vejez y muerte, que se burlan del poder. El yo vuelve a sí, vuelve a encontrarse Mismo, pese a tanto recomenzar; recae solitario en el mismo sitio; sólo dibuja un destino irreversible. La posesión de sí se convierte en la carga y la obstrucción de sí por sí mismo. El sujeto se impone a él mismo, se arrastra, como posesión, a sí mismo. La libertad del sujeto que se pone y se planta, no se parece a la libertad de un ser libre como el viento: implica la responsabilidad –cosa que debería causar asombro, ya que nada se opone más a la libertad que la no-libertad de la responsabilidad. La coincidencia de libertad y responsabilidad constituye al yo, que se dobla consigo, cargado y obstaculizado por sí mismo.

El *Eros* libera de esta carga, detiene el regreso del yo a sí mismo. Aunque el yo no desaparece en el *Eros* al unirse al otro, tampoco produce obra –ni aun perfecta, como la de Pigmalión, pero obra muerta, que deja al yo solo y abandonado a su vejez, que es con lo que se encuentra al final de su aventura. El *Eros* no sólo extiende los pensamientos de un sujeto más allá de los objetos y de los rostros. Va hacia un porvenir que *aún no es* y que no me limitaré a captar y asir, sino que lo *seré*: ya no tiene la estructura del sujeto que regresa a su isla de todas sus aventuras, como Ulises. El yo se lanza para no volver; se encuentra ahora siendo el sí mismo de otro: su placer, su dolor, es placer del placer de otro o placer de su dolor, pero no por simpatía ni compasión. Su futuro no recae sobre el pasado que debía él renovar: queda como futuro absoluto, gracias a esta subjetividad que no consiste en soportar representaciones o poderes, sino en trascender absolutamente en la fecundidad. La «trascendencia de la fecundidad» no tiene la estructura de la intencionalidad, porque no estriba en sus poderes; porque se le asocia la alteridad de lo femenino. La subjetividad erótica se constituye en el acto común del sintiente y lo sentido, como el sí mismo de Otro y, por eso, en el seno de una relación con Otro, en el seno de una relación con el rostro. En esta comunidad se despliega, por cierto, un equívoco: Otro se ofrece como vivido por mí mismo, como objeto de mi disfrute. Por esto es por lo que el amor erótico oscila, como hemos dicho ya, entre lo más allá del deseo y lo más acá de la necesidad, y su disfrute se sitúa entre los demás placeres y gozos de la vida. Pero también se coloca mucho más allá de todo placer, de todo poder; más allá de toda guerra con la libertad de Otro; porque la subjetividad enamorada es la trans-sustanciación misma y esta relación simpar entre dos sustancias –en la que se exhibe un *más allá de las sustancias*– se resuelve en la paternidad. El «más allá de las sustancias» no se ofrece a un poder para confirmar al yo, pero tampoco es que produzca en el ser nada impersonal, neutro, anónimo –ni infra– ni supra-personal. Esto porvenir se sigue refiriendo a lo personal de que, sin embargo, se libera: es hijo; mío, en cierto sentido, o, más exactamente, yo, pero no yo mismo –no cae ni recae en mi pasado para soldarse con él y perfilar un destino. La subjetividad de la fecundidad no tiene ya el mismo sentido. Como necesidad, el *Eros* se vincula a un sujeto idéntico a sí mismo en sentido lógico. Pero la referencia inevitable de lo erótico a lo porvenir a través de la fecundidad revela una estructura radicalmente diferente: el sujeto no es solamente todo lo que hará; no mantiene con la alteridad la relación del pensamiento que posee al otro como tema suyo; no tiene la estructura de la palabra que interpela al otro; será otro que sí mismo permaneciendo *él mismo*, pero no gracias a un residuo que sea común al avatar antiguo y al nuevo. Esta alteración e identificación por la fecundidad, más allá de lo posible y del rostro, constituye la paternidad. En la paternidad, el deseo, que se mantiene como deseo insaciable, o sea, como bondad, se cumple. No puede cumplirse satisfaciéndose. Cumplirse, para el Deseo, equivale a engendrar el ser bueno, a ser bondad de la bondad.

    La estructura de la identidad de la subjetividad que se produce a partir del *Eros* nos lleva fuera de las categorías de la lógica clásica. Cierto que al yo, identidad por excelencia, se le ha solido ver al margen de la identidad (con un yo que se perfilaba tras el yo). El pensamiento se escucha. Musa, genio, demonio de Sócrates, Mefistófeles de Fausto: hablan en el fondo del yo y lo guían. O bien la libertad del comienzo absoluto se revela obediencia a las fuerzas insidiosas de lo impersonal y lo neutro: lo universal de Hegel, lo social de Durkheim, las leyes estadísticas que dirigen nuestra libertad, lo inconsciente de Freud, lo existenciario que sostiene lo existencial en Heidegger. Todas estas nociones no representan una oposición entre diversas facultades del yo, sino la presencia tras el yo de un principio extraño, que no se opone necesariamente al yo, pero que sí puede tomar el aire de un enemigo. A estas influencias se opone Monsieur Teste[1], que no quiere ser *nada sino yo* y estar en el origen absoluto de todas esas iniciativas, sin que haya en ellas personalidad ni entidad alguna tras él que le inspire sus acciones. Aunque nuestros desarrollos deben introducir una noción de sujeto distinta de este yo absoluto de Monsieur Teste, no se orientan hacia la afirmación de un yo tras el yo, desconocido por el yo consciente y que le causa nuevas trabas. Es precisamente en tanto que sí mismo como el Yo, por la relación con el Otro en la feminidad, se libera de su identidad y puede ser otro a partir de sí mismo como origen. Bajo las especies del Yo, el ser puede producirse como volviendo infinitamente a empezar, o sea, como, hablando con propiedad, infinito.

La noción de fecundidad no se refiere a la idea, tan completamente objetiva, de la especie, a la que el yo llega como un accidente. O, si se quiere, la unidad de la especie se deduce del deseo del yo que no renuncia al acontecimiento de origen en que se afana su ser. La fecundidad forma parte del drama del yo. Lo intersubjetivo, obtenido a través de la noción de fecundidad, abre un plano en que el yo, al mismo tiempo, se despoja de su egoidad trágica que vuelve a sí misma y, sin embargo, no se disuelve pura y simplemente en lo colectivo. La fecundidad da testimonio de una unidad que no la opone a la multiplicidad, sino que, en el sentido preciso del término, la engendra.

---

1. El famoso personaje creado por Paul Valéry [N. del T.].

E. LA TRASCENDENCIA Y LA FECUNDIDAD

En la concepción clásica, la idea de la trascendencia es contradictoria: el sujeto que trasciende se lleva a sí mismo a su trascendencia; no se trasciende. Si en vez de reducirse a un cambio de propiedades, de clima o de nivel, la trascendencia comprometiera la identidad misma del sujeto, asistiríamos a la muerte de su sustancia.

Desde luego, cabe preguntarse si la muerte no es la trascendencia misma; si entre los elementos de este mundo –simples avatares en los que el cambio se limita a trasformar, o sea, preserva y supone un término permanente– no representa la muerte el acontecimiento excepcional de un devenir de trans-sustanciación que, sin regresar a la nada, asegura su continuidad de otro modo que mediante la subsistencia de un término idéntico. Pero esto equivaldría a definir el «concepto problemático» de la trascendencia, que conmovería los cimientos de nuestra lógica.

Reposa ésta, en efecto, sobre el vínculo indisoluble entre Uno y Ser; vínculo que se impone a la reflexión, ya que consideramos el existir siempre en un existente uno. El ser en tanto que ser es para nosotros mónada. El pluralismo no se manifiesta en la filosofía occidental más que como pluralidad de los sujetos que existen. Nunca ha comparecido en el existir de estos existentes. El plural, exterior a la existencia de los seres, se da a un sujeto que cuenta: como número, subordinado ya a la síntesis del «yo pienso». Sola la unidad conserva el privilegio ontológico. La cantidad inspira a toda la metafísica occidental el desprecio de una categoría superficial. De este modo, la trascendencia misma nunca será profunda: se sitúa, «simple relación», fuera del *acontecimiento de ser*. La conciencia aparece como el tipo mismo del existir, en que lo múltiple *es* y, sin embargo, por la síntesis, *ya no es*; en la que, por tanto, la trascendencia, simple relación, es menos que el ser. El objeto se convierte en acontecimiento del sujeto. La luz –elemento del conocimiento– hace nuestro todo lo que nos encontramos. Cuando el conocimiento toma una significación extática; cuando, para un Léon Brunschvicg, el yo espiritual se pone a la vez que se niega –afirma generoso su personalidad negando su egoísmo–; el conocimiento va a parar a la unidad espinosista, respecto de la cual el yo no es más que un pensamiento. Y el pretendido movimiento de la trascendencia se reduce a un regreso desde un exilio imaginario.

Al articular el existir como tiempo en vez de fijarlo en la permanencia de lo estable, la filosofía del devenir intenta deshacerse de la categoría de lo uno que pone en riesgo la trascendencia. El brotar del porvenir o el proyectarlo trascienden, y no sólo por el conocimiento, sino por el existir mismo del ser. El existir se libera de la unidad del existente. Reemplazar el Ser por el Devenir es ante todo considerar y afrontar ser fuera del *ente*. Interpenetración de los instantes en la duración; apertura a lo porvenir; «ser-a-la-muerte»: medios todos de expresar un existir que no es conforme a la lógica de la unidad.

Esta separación de Ser y Uno se obtiene mediante la rehabilitación de lo posible. Al no estar ya adosada a la unidad del acto aristotélico, la posibilidad alberga la multiplicidad misma de su dinamismo, indigente hasta entonces en comparación con el acto cumplido, pero a partir de ahora más rica que éste. Sólo que lo posible se invierte inmediatamente en Poder y Dominación. En lo nuevo que brota de él, el sujeto se reconoce: se vuelve a encontrar consigo mismo allí, se hace su dueño. Su libertad escribe su historia, que es una; sus proyectos bosquejan un destino del que él es señor y esclavo. Un existente continúa siendo el principio de la trascendencia del poder. El hombre sediento de poder y aspirando a la divinización y, por lo mismo, abocado a la soledad, aparece al final de esta trascendencia.

Hay en la «última filosofía» de Heidegger una imposibilidad para el poder de mantenerse como monarquía, de asegurarse su total dominio. La luz de la comprensión y la verdad está sumergida en las tinieblas de la incomprensión y la no-verdad; el poder vinculado con el misterio confiesa ser impotencia. De este modo, la unidad del existente parece que se rompe, y el destino, como un errar vagabundo, se burla de nuevo del ser que, mediante la comprensión, cree dirigirlo. ¿En qué consiste esta confesión? Decir, como lo ha procurado De Waelhens en su introducción a *La esencia de la verdad*, que ese errar vagabundo no se conoce como tal sino que se experimenta, quizá sea un juego de palabras. El ser humano, en Heidegger, captado como poder, sigue siendo en realidad verdad y luz. Heidegger no dispone, pues, de ninguna noción con la que describir la relación con el misterio que la finitud del *Dasein* ya implica. Si bien aquí el poder es, a la vez, impotencia, esta impotencia se describe en relación al poder.

Hemos buscado fuera de la conciencia y el poder una noción de ser que funde la trascendencia. Lo agudo del problema reside en la necesidad de mantener el yo en la trascendencia, con la que hasta aquí parecía incompatible. El sujeto, ¿es sólo sujeto de saberes y sujeto de poderes? ¿No se ofrece acaso como sujeto en otro sentido? La relación que buscamos y que él, como sujeto, sostiene, y que satisface a la vez estas exigencias contradictorias, nos ha parecido que está inscrita en la relación erótica.

Cabe dudar de que haya en esto un principio ontológico nuevo. ¿Es que la relación social no se resuelve enteramente en relaciones de conciencia y de poderes? Como representación colectiva, no difiere, en efecto, de un pensamiento más que por su contenido, y no por su estructura formal. La participación supone las relaciones fundamentales de la lógica de los objetos, y hasta en Lévy-Bruhl se la trata como una curiosidad psicológica. Enmascara la originalidad absoluta de la relación erótica, que desdeñosamente, se arroja a lo biológico.

Aquí ocurre algo realmente curioso. La filosofía de lo biológico mismo, cuando supera el mecanicismo, se echa en brazos del finalismo y de cierta dialéctica del todo y la parte. Que el ímpetu vital se propague a través de la separación de los individuos; que su trayectoria sea discontinua –es decir, que suponga en su articulación los intervalos de la sexualidad y un específico dualismo–, es algo que queda sin ser seriamente considerado. Cuando, con Freud, se aborda la sexualidad en el plano humano, se la rebaja al rango de la búsqueda de placer, sin llegar ni a sospechar nunca la significación ontológica de la voluptuosidad y las categorías irreducibles que introduce. Viene a ser darse el placer ya hecho y razonar partiendo de él. Lo que no se ve es que lo erótico, analizado como fecundidad, desglosa la realidad en relaciones que no se pueden reducir a las de género y especie, parte y todo, acción y pasión, verdad y error; que por la sexualidad el sujeto entra en relación con lo que es absolutamente otro: con una alteridad de un tipo imprevisible en lógica formal, con lo que permanece otro en la relación sin convertirse nunca en «mío»; y que, sin embargo, esta relación no tiene nada de extático, ya que lo patético de la voluptuosidad está hecho de dualidad.

Ni saber, ni poder. En la voluptuosidad, el otro –lo femenino– se retira a su misterio. La relación con él es una relación con su ausencia: ausencia en el plano del conocimiento, lo desconocido; pero presencia en la voluptuosidad. Tampoco poder: la iniciativa no se sitúa en el arranque del amor, que brota en la pasividad de la herida. La sexualidad no es en nosotros ni saber ni poder, sino la pluralidad misma de nuestro existir.

En efecto, conviene analizar la relación erótica como característica de la ipseidad misma del yo, de la subjetividad misma del sujeto. La fecundidad debe erigirse en categoría ontológica. En una situación como la paternidad, la vuelta del yo hacia el sí mismo que articula el concepto monista del sujeto idéntico, se encuentra completamente modificada. El hijo no es sólo mi obra, como un poema o un objeto. Tampoco es propiedad mía. Ni las categorías del poder ni las del saber describen mi relación con el hijo. La fecundidad del yo no es ni causa ni dominación. No tengo a mi hijo: soy mi hijo. La paternidad es una relación con un extraño que, siendo el otro –«Tú lo dices en tu alma: ¿Quién ha puesto para mí en el mundo a ésos, cuando yo soy estéril y estoy solo?» (Isaías 49)–, *es* yo: una relación del yo con un sí mismo que, sin embargo, no soy yo. En este «soy», el ser no es ya la unidad eleática. En el existir mismo, hay una multiplicidad y una trascendencia: trascendencia a la que el yo no se lleva a sí mismo, ya que el hijo no soy yo; y sin embargo, yo *soy* mi hijo. La fecundidad del yo es su trascendencia misma. El origen biológico de este concepto no neutraliza en modo alguno la paradoja de su significación y bosqueja una estructura que desborda la empiria biológica.

F. FILIALIDAD Y FRATERNIDAD

El yo se libra de sí mismo en la paternidad sin por ello dejar de ser un yo, porque el yo *es* su hijo.

La recíproca de la paternidad –la filialidad, la relación de hijo a padre– indica al mismo tiempo una relación de ruptura y un recurso.

Siendo ruptura, renegar del padre y comienzo, la filialidad cumple y repite en todo momento la paradoja de una libertad creada. Pero en esta aparente contradicción, y bajo las especies del hijo, el ser *es* infinita y discontinuamente histórico y sin destino. El pasado se retoma a cada momento a partir de un punto nuevo, de una novedad tal que ninguna continuidad –como la que aún grava la duración bergsoniana– puede poner en riesgo. En efecto, en la continuidad, en que el ser soporta toda la carga del pasado (incluso si, en su proyección hacia lo porvenir, tuviera que recomenzar despreciando la muerte), el pasado limita la infinitud del ser, y esta limitación se manifiesta en su senescencia.

El retomar este pasado puede producirse como un recurso: el Yo hace eco a la trascendencia del Yo paterno, que *es* su hijo, existiendo una existencia que todavía *subsiste* en el padre: el hijo *es* sin ser «por su cuenta»; se descarga sobre el otro de su ser y, por tanto, juega a ser, juega su ser. Semejante modo de existencia se produce como infancia, con su esencial referencia a la existencia protectora de los padres. La noción de maternidad debe ser introducida aquí, para dar cuenta de este recurso. Pero este recurso al pasado con el que, sin embargo, el hijo ha roto por su ipseidad, define una noción distinta de la continuidad: una manera concreta de reanudar el hilo de la historia en una familia, en una nación. La originalidad de este reanudar distinto de la continuidad se acredita en la rebelión o la revolución permanente que constituye la ipseidad.

Pero la relación del hijo con el padre a través de la fecundidad no se afana tan sólo en el recurso y la ruptura que el yo del hijo cumple como yo ya existente. El yo tiene su unicidad del yo del *Eros* paterno. El padre no causa sencillamente al hijo. *Ser* su hijo significa ser yo en su hijo: ser sustancialmente en él sin mantenerse, empero, idénticamente en él. Todo nuestro análisis de la fecundidad tendía a establecer esta coyuntura dialéctica que conserva los dos movimientos contradictorios. El hijo retoma la unicidad del padre, pero permanece exterior al padre: el hijo es hijo único. No numéricamente: cada hijo del padre es hijo único, hijo elegido. El amor del padre por el hijo cumple la única relación posible con la unicidad misma de otro y, en este sentido, todo amor debe acercarse al amor paterno. Ahora bien, esta relación del padre con el hijo no viene a *añadirse* al yo del hijo, ya del todo constituido, como una buena suerte. El *Eros* paterno se limita a investir la unicidad del hijo: su yo, en tanto que filial, no comienza en el disfrute sino en la elección. Es único para sí porque es único para su padre. Por ello precisamente es por lo que, cuando niño, puede no existir «por su cuenta». Y es porque el hijo tiene su unicidad de la elección paterna, por lo que puede ser educado, se le puede mandar y puede él obedecer, y es por ello también por lo que la extraña coyuntura de la familia es posible. La creación no contradice la libertad de la criatura más que si la creación se confunde con la causalidad. La creación, como relación de trascendencia –de unión y fecundidad–, condiciona, por el contrario, la posición de un ser único y su ipseidad de elegido.

Pero el yo liberado de su misma identidad en su fecundidad no puede mantener su separación respecto de esto porvenir si se ata a su porvenir en su hijo *único*. Así, el hijo único, como elegido, es a la vez único y no-único. La paternidad se produce como un porvenir innumerable; el yo engendrado existe a la vez como único en el mundo y como hermano entre hermanos. Yo soy yo y elegido, pero ¿dónde puedo ser elegido sino entre otros elegidos, entre los iguales? El yo, en tanto que yo, está, pues, vuelto éticamente hacia el rostro del otro: la fraternidad es la relación misma con el rostro en que se cumplen a la vez mi elección y la igualdad, o sea, el dominio ejercido sobre mí por el Otro. La elección del yo, su ipseidad misma, se revela como privilegio y subordinación, porque no lo pone entre los otros elegidos, sino precisamente cara a ellos para servirlos, y nadie puede reemplazarlo en el medir la extensión de sus responsabilidades.

Si la biología nos proporciona los prototipos de todas estas relaciones, ello prueba, por cierto, que la biología no representa un orden puramente contingente del ser, sin relación con su producción esencial. Pero estas relaciones se liberan de su limitación biológica. El yo humano se pone en la fraternidad: que todos los hombres sean hermanos no se le añade al hombre como una conquista moral, sino que constituye su ipseidad. Es porque mi posición como yo *se afana* ya en la fraternidad, por lo que el rostro puede presentárseme como rostro. La relación con el rostro en la fraternidad, en la que el otro aparece a su vez como solidario de todos los demás, constituye el orden social: la referencia de todo diálogo a un tercero, por la cual el *Nosotros* –o el partido– engloba la oposición del cara a cara, hace que lo erótico desemboque en la vida social –toda significancia y decencia–, que engloba la estructura de la familia misma. Pero lo erótico –y la familia que lo articula– aseguran a esta vida –en la que el yo no desaparece pero está prometido y llamado a la bondad– el tiempo infinito del triunfo, sin el que la bondad sería subjetividad y locura.

G. LO INFINITO DEL TIEMPO

Ser infinitamente, ser-al-infinito –la in-finición–, significa existir sin límites y, por tanto, bajo las especies de un origen, de un comienzo, o sea, aún como un ente. La indeterminación absoluta del *hay* –un existir sin existentes– es una negación incesante, en grado infinito, y, por tanto, una infinita limitación. Contra la anarquía del *hay*, se produce el ente: sujeto de lo que puede suceder, origen y comienzo, poder. Sin el origen que tiene su identidad de suyo, la in-finición no sería posible. Pero la in-finición se produce por el ente que no se enreda en el ser, que puede tomar distancias respecto del ser aun quedando vinculado al ser; en otras palabras, la in-finición se produce por el ente que existe en verdad. La distancia respecto del ser por la que el ente existe en verdad (o infinitamente, al infinito), se produce como tiempo y como conciencia o, también, como anticipación de lo posible. A través de esta distancia del tiempo, lo definitivo no es definitivo; el ser, aun siendo, no es todavía: sigue en suspenso y puede, en todo instante, comenzar. La estructura de la conciencia o de la temporalidad (de la distancia y la verdad) depende de un gesto elemental del ser que se niega a la totalización. Este rechazo se produce como relación con lo no-englobable: como acogida de la alteridad; en concreto, como presentación del rostro. El rostro detiene la totalización. La acogida de la alteridad condiciona, pues, la conciencia y el tiempo. La muerte no viene a poner en riesgo el *poder* por el que se produce la in-finición como negación del ser y como nada: amenaza el poder suprimiendo la distancia. La in-finición por el *poder* se limita en el regreso del poder al sujeto del que emana y al que él *envejece* haciéndolo definitivo. *El tiempo en que se produce el ser-al-infinito va más allá de lo posible*. La distancia respecto del ser por la fecundidad no se desarrolla sólo en lo real: consiste en una distancia respecto del presente mismo que escoge sus posibles pero que se ha realizado y ha envejecido de cierta manera y que, por tanto, fijado en realidad definitiva, ya ha sacrificado posibles.

Los recuerdos, a la busca del tiempo perdido, procuran sueños pero no devuelven las ocasiones perdidas. La verdadera temporalidad, esa en que lo definitivo no es definitivo, supone, pues, la posibilidad no de recuperar cuanto se habría podido ser, sino de no lamentar más las ocasiones perdidas, ante la infinitud ilimitada de lo porvenir. No se trata de complacerse en no sé qué romanticismo de los posibles, sino de escapar a la responsabilidad aplastante de la existencia que se trasmuta en destino; de recobrarse para la aventura de la existencia, para ser-al-infinito. El Yo es a la vez este compromiso y esta falta de compromiso; y, en este sentido, tiempo, drama en varios actos. Sin multiplicidad y sin discontinuidad –sin fecundidad–, el Yo se quedaría siendo un sujeto en el que toda aventura pasaría a ser aventura de un destino. Un ser capaz de otro destino que el suyo, es un ser fecundo. En la paternidad, en la que el Yo, a través de lo definitivo de una muerte inevitable, se prolonga en Otro, el tiempo triunfa, por su discontinuidad, de la vejez y el destino. La paternidad –la manera de ser otro siendo sí mismo– no tiene nada en común ni con una trasformación en el tiempo –que no podría superar la identidad de aquello que la atraviesa–, ni con una metempsicosis cualquiera, en que el yo no puede conocer más que un avatar, y no ser otro yo. Hay que insistir en esta discontinuidad.

La permanencia misma del yo en el ser más ligero, menos sedentario, más gracioso, más lanzado hacia lo porvenir, produce lo irreparable y, por tanto, limita. Lo irreparable no consiste en el hecho de que de cada instante conservemos el recuerdo; por el contrario, el recuerdo se funda en esta incorruptibilidad del pasado, se funda sobre el regreso del yo a sí. Pero el recuerdo, que surge nuevo a cada instante, ¿no da ya al pasado un sentido nuevo? En este sentido, más que injertarse en el pasado, ¿no lo repara ya? En esta vuelta del instante nuevo al instante viejo reside, en efecto, el carácter salutífero de la sucesión. Pero esta vuelta pesa sobre el instante presente, «cargado con todo el pasado», aunque está preñado de todo lo porvenir. Su vejez limita sus poderes y lo abre a la inminencia de la muerte.

El tiempo discontinuo de la fecundidad hace posible una juventud absoluta y un recomenzar, aun dejando al recomenzar una relación con el pasado recomenzado, en una vuelta libre –libre con una libertad distinta de la de la memoria– hacia lo pasado y en una existencia como enteramente perdonada (en la libre interpretación y la libre opción). Este recomenzar del instante, este triunfo del tiempo de la fecundidad sobre el devenir del ser mortal y que envejece, es un perdón: la obra misma del tiempo.

El perdón, en su sentido inmediato, se vincula con el fenómeno moral de la falta; la paradoja del perdón consiste en la retro-acción y, desde el punto de vista del tiempo vulgar, representa una inversión del orden natural de las cosas: la reversibilidad del tiempo. Comporta ésta varios aspectos. El perdón se refiere al instante trascurrido; permite al sujeto, que se había comprometido en alguna forma en un instante ya trascurrido, ser como si ese instante no hubiera trascurrido, ser como si el sujeto no se hubiera comprometido como lo hizo. El perdón, que es activo en un sentido más fuerte que el olvido –que no concierne a la realidad del acontecimiento olvidado–, obra sobre el pasado, repite de algún modo el acontecimiento purificándolo. Pero, además, el olvido anula las relaciones con el pasado, mientras que el perdón conserva el pasado perdonado en el presente purificado. El ser perdonado no es el ser inocente. La diferencia no permite colocar la inocencia por encima del perdón: permite distinguir en el perdón un plus de felicidad –la extraña felicidad de la reconciliación, la *felix culpa*; dato de experiencia corriente de que ya no nos asombramos.

La paradoja del perdón de la falta remite al perdón como constituyendo el tiempo mismo. Los instantes no se van pegando indiferentes unos a otros, sino que se tienden del Otro a Mí. El porvenir me viene no de un pulular de posibles indiscernibles que afluyen hacia mi presente y yo cojo: me viene a través de un intervalo absoluto, cuya otra orilla sólo es capaz de jalonarla (y de reanudar en ella el pasado) el Otro absolutamente otro –aunque sea mi hijo; pero, por eso mismo, también es capaz de retener de ese pasado el viejo Deseo que lo animaba –y que acrecienta y va siempre ahondando más la alteridad de cada rostro. Y si el tiempo no hace suceder momentos a momentos, indiferentes mutuamente, del tiempo matemático, tampoco cumple la *duración continua* de Bergson. La concepción bergsoniana del tiempo explica por qué hay que esperar a que el «azúcar se disuelva»: el tiempo ya no traduce la ininteligible dispersión de la unidad del ser, todo él contenido en la primera causa, en una serie aparencial y fantasmagórica de causas y efectos. El tiempo añade novedad al ser: novedad absoluta. Pero la novedad de las primaveras que florecen en el seno del instante que se parece, en buena lógica, al instante anterior, lleva ya el peso de todas las primaveras vividas. La obra profunda del tiempo libera respecto de este pasado en un sujeto que rompe con su padre. El tiempo es lo no-definitivo de lo definitivo: alteridad de lo cumplido, que siempre recomienza; el «siempre» de este recomenzar. La obra del tiempo va más allá de la suspensión de lo definitivo que la continuidad de la duración hace posible. Son precisas la ruptura de la continuidad y la continuación a través de la ruptura. Lo esencial del tiempo consiste en ser un drama: una multiplicidad de actos en la que el acto siguiente es el desenlace del primero. El ser ya no se produce de golpe, irremisiblemente presente. La realidad es lo que es, pero se la retomará todavía otra vez, otra vez libremente se la recuperará y perdonará. El ser infinito se produce como tiempo, o sea, en varios tiempos, a través del tiempo muerto, el tiempo-muerte, que separa al padre del hijo. No es la finitud del ser lo que hace la esencia del tiempo, como piensa Heidegger, sino su infinito. El paro de la muerte, la condena a muerte, no se acerca como un final de ser sino como una incógnita que, como tal, suspende el poder. La constitución del intervalo que libera al ser de la limitación del destino, llama a la muerte. La nada del intervalo –un tiempo muerto, un tiempo-muerte– es la producción de lo infinito. La resurrección constituye el acontecimiento principal del tiempo. No hay, pues, continuidad en el ser. El tiempo es discontinuo. Un instante no sale de otro sin interrupción, por un éxtasis. El instante, en su continuar, encuentra una muerte y resucita. Muerte y resurrección constituyen el tiempo. Pero semejante estructura formal supone la relación de Mí al Otro y, en su base, la fecundidad a través de lo discontinuo que constituye el tiempo.

El hecho psicológico de la *felix culpa*, el plus que aporta la reconciliación a causa de la ruptura que ella reintegra, remite, pues, al misterio entero del tiempo. El hecho y la justificación del tiempo residen en el recomenzar que él hace posible en la resurrección, a través de la fecundidad, de todos los composibles sacrificados en el presente.

¿Por qué está separado el más allá del más acá? ¿Por qué hacen falta, para ir hacia el bien, el mal, la evolución, el drama, la separación? Recomenzar en el tiempo discontinuo aporta la juventud y, así, la in-finición del tiempo. El existir infinito del tiempo garantiza la situación del juicio –condición de la verdad, tras el fracaso con que se tropieza la bondad de hoy. Por la fecundidad, tengo un tiempo infinito, necesario para que se diga la verdad; para que el particularismo de la apología se convierta en bondad eficaz que mantiene al yo de la apología en su particularidad, sin que la historia rompa y haga migas este acuerdo, pretendidamente aún subjetivo.

Pero el tiempo infinito también es volver a poner en cuestión la verdad que la historia promete. El sueño de una eternidad feliz, que subsiste en el hombre al lado de la felicidad, no es una simple aberración. La verdad exige a la vez un tiempo infinito y un tiempo que pueda ella sellar: un tiempo acabado. El acabamiento del tiempo no es la muerte, sino el tiempo mesiánico, en que lo perpetuo se convierte en eterno. El triunfo mesiánico es el triunfo puro. Está preservado contra la revancha del mal, cuyo regreso no impide el tiempo infinito. ¿Es esta eternidad una nueva estructura del tiempo o una vigilia extrema de la conciencia mesiánica? Este problema desborda el marco de este libro.

CONCLUSIONES

1. De lo semejante a lo Mismo

Todo este trabajo no ha intentado describir la psicología de la relación social, bajo la cual se mantendrá el juego eterno de categorías fundamentales, y que se refleja de manera definitiva en la lógica formal. La relación social, la idea de infinito, la presencia de un contenido en un continente pero superando la capacidad del continente, fue, por el contrario, descrita en este libro como la trama lógica del ser. La especificación de un concepto, en el momento en que desemboca en su individuación, no se produce añadiendo una diferencia específica última, así provenga ésta de la materia. Las individualidades obtenidas así en el interior de la última especie, serían indiscernibles. Contra esta individualidad del τόδε τι, la dialéctica hegeliana es omnipotente para reducirla al concepto, ya que el hecho de designar con el dedo un aquí y un ahora supone referencias a la *situación* en la que se identifica, desde fuera, el movimiento de ese dedo índice. La identidad del individuo no consiste en ser semejante a sí mismo y dejarse identificar *desde fuera* por un dedo índice que lo señala, sino en ser lo *mismo*: en ser sí mismo, en identificarse desde dentro. Existe un paso lógico de lo semejante a lo Mismo; es lógicamente como la singularidad surge a partir de la esfera lógica *expuesta a la mirada* y organizada en totalidad por el giro que da esta esfera a interioridad del yo; por un giro de la convexidad en concavidad, si así cabe decirlo. Y todo el análisis de la interioridad que hemos desarrollado en esta obra describe las condiciones de este giro. Relaciones como la idea de infinito, que la lógica formal de la mirada no puede dejar traslucir sin absurdo y que nos incita a interpretar en términos teológicos o psicológicos (como milagro o como ilusión), recuperan un lugar en la lógica de la interioridad: una especie de micro-lógica en que la lógica se prolonga más allá del τόδε τι. Las relaciones sociales no nos ofrecen sólo una materia empírica superior, que haya que tratar en términos de la lógica de géneros y especies. Son el despliegue original de la Relación que ya no se ofrece a la mirada que abarca sus términos, sino que *se cumple* de Mí a Otro, en el cara a cara.

2. El ser es exterioridad

El ser es exterioridad. Esta fórmula no consiste sólo en denunciar las ilusiones de lo subjetivo y en pretender que únicamente las formas objetivas, opuestas a las arenas en que se empantana y pierde el pensamiento arbitrario, merecen el nombre de ser. Tal concepción, a fin de cuentas, demolería la exterioridad, ya que la misma subjetividad se absorbería en la exterioridad y se revelaría como un momento de un juego panorámico. Entonces la exterioridad ya no significaría nada, puesto que englobaría a la interioridad misma que justifica que se la llame exterioridad.

Pero tampoco se mantiene la exterioridad si se afirma un sujeto insoluble en la objetividad y al que la exterioridad se oponga. Esta vez la exterioridad tomaría un sentido relativo, como lo grande respecto de lo pequeño. Sin embargo, en lo absoluto, sujeto y objeto formarían parte aún del mismo sistema, desplegándose, jugando uno con otro y revelándose panorámicamente. La exterioridad –o, si se prefiere, la alteridad– se convertiría en Mismo; y más allá de la relación entre interior y exterior, habría sitio para que percibiera esta relación una visión lateral, que abarcaría o percibiría (o atravesaría) su juego, o que proporcionaría un último escenario en el que esta relación se pusiera en juego, en el que *verdaderamente* su ser se pondría a la faena.

El ser es exterioridad: el ejercicio mismo de su ser consiste en exterioridad, y ningún pensamiento podría obedecer mejor al ser que dejándose dominar por esta exterioridad. La exterioridad es verdadera no para una visión lateral que la viera en su oposición a la interioridad: es verdadera en un cara a cara que ya no es del todo visión, sino que va más lejos que la visión. El cara a cara se establece a partir de un punto, separado tan radicalmente de la exterioridad, que se sostiene de suyo, que es yo; de modo que toda otra relación que no partiera de este punto separado y, por tanto, arbitrario (pero cuyas arbitrariedad y separación se producen de una manera positiva como yo), no daría con el campo, necesariamente subjetivo, de la verdad. La verdadera esencia del hombre se presenta en su rostro, en el que es infinitamente otro que una violencia semejante a la mía, opuesta a la mía y hostil y ya en combate con la mía dentro de un mundo histórico en el que participamos del mismo sistema. Detiene y paraliza mi violencia con su llamada, que no hace violencia y viene de lo alto. La verdad del ser no es la *imagen* del ser, la *idea* de su naturaleza, sino el ser situado en un campo subjetivo que *deforma* la visión pero precisamente así permite a la exterioridad decirse –toda ella mandamiento y autoridad, toda ella superioridad. Esta curvatura del espacio intersubjetivo cambia la distancia en elevación; no falsea el ser, sino que sólo hace posible su verdad.

No cabe «descontar» esta refracción «operada» por el campo subjetivo, a fin de «corregirla». Ella constituye la manera misma en que se efectúa la exterioridad del ser en su verdad. La imposibilidad de la «reflexión total» no se debe a un defecto de la subjetividad. La llamada naturaleza «objetiva» de los entes, que habría de aparecer al margen de esta «curvatura del espacio» (el fenómeno), indicaría, muy al contrario, la pérdida de la verdad metafísica, de la verdad superior –en el sentido literal del término. Hay que diferenciar esta «curvatura» del espacio intersubjetivo, en la que se efectúa la exterioridad como superioridad (no decimos «en que aparece»), de la arbitrariedad de los «puntos de vista» que se adopta sobre los objetos que aparecen. Pero ésta, fuente de los errores y las opiniones, salida de la violencia opuesta a la exterioridad, paga el precio de aquélla.

La «curvatura del espacio» expresa la relación entre seres humanos. Que el Otro se sitúe más alto que Yo significaría un error puro y simple, si la acogida que le dispenso consistiera en «percibir» una naturaleza. La sociología, la psicología, la fisiología, son, pues, sordas a la exterioridad. El hombre, en tanto que el Otro, nos llega de fuera, separado –o santo–, rostro. Su exterioridad, o sea, su llamada a mí, es su verdad. Mi respuesta no se añade a un «núcleo» de su objetividad como un accidente, sino sólo *produce* su verdad (que su «punto de vista» sobre mí no podría abolir). Este plus de la verdad sobre el ser y sobre su idea, que sugerimos con la metáfora de la «curvatura del espacio intersubjetivo», significa la intención divina de toda verdad. Esta «curvatura del espacio» es quizá la presencia misma de Dios.

El cara a cara –relación última e irreducible, que ningún concepto podría abarcar sin que el pensador que piensa este concepto se halle inmediatamente de cara a un nuevo interlocutor– hace posible el pluralismo de la sociedad.

3. Lo finito y lo infinito

La exterioridad, como esencia del ser, significa la resistencia de la multiplicidad social a la lógica que totaliza lo múltiple. Para esta lógica, la multiplicidad es una degeneración de lo Uno o lo Infinito: una disminución en el ser, que cada uno de los seres múltiples tendría que superar para volver de lo múltiple a lo Uno, de lo finito a lo Infinito. La metafísica, la relación con la exterioridad, o sea, con la superioridad, indica, en cambio, que la relación entre lo finito y lo infinito no consiste, para lo finito, en absorberse en lo que le hace cara, sino en permanecer en su ser propio, mantenerse en él, actuar aquí abajo. La felicidad austera de la bondad invertiría su sentido y se pervertiría si nos confundiera con Dios. Comprender el ser como exterioridad, romper con el existir panorámico del ser y con la totalidad en que se produce, permite comprender el sentido de lo *finito*, sin que su limitación, en el seno de lo infinito, exija una incomprensible degeneración de lo infinito –sin que la finitud consista en una nostalgia de lo infinito, en un mal del retorno. Poner el ser como exterioridad es percibir lo infinito como el Deseo de lo infinito y, por ello, comprender que la producción de lo infinito reclama la separación, la producción de eso arbitrario absoluto que soy yo o el origen.

Los rasgos de la limitación y la finitud que toma la separación no consagran un simple «menos», inteligible partiendo de lo «infinitamente más» y de la plenitud sin desmayo de lo infinito: garantizan el desbordamiento mismo de lo infinito, o, para decirlo en concreto, de todo el plus respecto del ser –de todo el Bien– que se produce en la relación social. A partir de este Bien es como debe comprenderse lo negativo de lo finito. La relación social engendra este plus del Bien sobre el ser, de la multiplicidad sobre lo Uno. No consiste en restablecer, como en el mito del *Banquete*, el todo del ser perfecto del que habla Aristófanes, ni volviéndose a sumergir en el todo y abdicando en lo intemporal, ni conquistando el todo por la historia. La aventura que la separación abre es absolutamente nueva respecto de la beatitud del Uno y su famosa libertad, que consiste en negar o absorber lo Otro, para no tropezarse con nada. Un Bien más allá del Ser y más allá de la beatitud de lo Uno: esto es lo que anuncia un concepto riguroso de la creación, que no sea ni una negación, ni una limitación, ni una emanación de lo Uno. La exterioridad no es una negación sino una maravilla.

4. La creación

La teología trata imprudentemente en términos de ontología la idea de la relación entre Dios y la criatura. Supone el privilegio lógico de la totalidad, adecuada al ser. Así, se da de bruces con la dificultad de comprender que un ser infinito se codee con algo o tolere algo fuera de él, o que un ser libre hunda sus raíces en lo infinito de un Dios. Ahora bien, la trascendencia precisamente niega la totalidad, no se presta a una visión que la englobe desde fuera. Toda «comprensión» de la trascendencia deja, en efecto, fuera lo trascendente y ella misma se pone en juego y se despliega ante su cara. La noción de trascendente nos sitúa más allá de las categorías del ser, si las nociones de totalidad y ser se solapan. Así es como, a nuestro modo, nos encontramos con la idea platónica del Bien más allá del Ser. Lo trascendente es lo que no puede ser englobado. Hay en esto, para la noción de trascendencia, una precisión esencial, que no emplea ninguna noción teológica. Lo que a la teología tradicional le da tantos problemas, por tratar la creación en términos de ontología –Dios saliendo de su eternidad para crear–, se impone como la primera verdad a una filosofía que parte de la trascendencia: nada podría diferenciar mejor totalidad y separación que la distancia entre la eternidad y el tiempo. Pero entonces el otro, por su significación, anterior a mi iniciativa, se parece a Dios. Esta significación precede a mi iniciativa de *Sinngebung* [donación de sentido].

Se trata de reemplazar la idea de totalidad, en la que la filosofía ontológica reúne –o comprende– verdaderamente lo múltiple, por la idea de una separación que se resiste a la síntesis. Afirmar el origen a partir de nada, por la creación, es impugnar la previa comunidad de todas las cosas en el seno de la eternidad, de donde el pensamiento filosófico, guiado por la ontología, hace surgir los seres como de una matriz común. El desfase o desnivel absoluto de la separación que la trascendencia supone no podría decirse mejor que con el término creación, en el que a la vez se afirma el parentesco de los seres entre ellos pero también su heterogeneidad radical, su recíproca exterioridad a partir de la nada. Cabe hablar de criatura para caracterizar a los entes situados en la trascendencia que no se cierra en totalidad. En el cara a cara, el yo no tiene ni la posición privilegiada del sujeto, ni la posición de la cosa, definida por su lugar en el sistema: es apología, discurso *pro domo*, pero discurso de justificación ante el Otro. Éste es el primer inteligible, ya que es capaz de justificar mi libertad, en vez de esperar de ella una *Sinngebung* o un sentido. En la coyuntura de la creación, el yo es para sí sin ser *causa sui*. La voluntad del yo se afirma infinita (o sea, libre) y limitada, en cuanto subordinada. No tiene sus límites por la vecindad con el otro, quien, siendo trascendente, no la *define*. Los yoes no forman totalidad. No existe plano privilegiado en que estos yoes puedan captarse en su principio. Anarquía esencial a la multiplicidad. Existe ésta de tal manera que, falta de plano común a la totalidad que uno se obstina en buscar para referir a ella la multiplicidad, nunca se sabrá qué voluntad, en el libre juego de las voluntades, mueve los hilos del juego: no se sabrá quién juega con quién. Pero cuando el rostro se presenta y reclama justicia, un principio traspasa todo este vértigo, toda esta conmoción.

5. EXTERIORIDAD Y LENGUAJE

Habíamos partido de la resistencia de los seres a la totalización: de una multiplicidad sin suma total que constituyan sus seres, de la imposibilidad de conciliarlos en lo Mismo.

Esta imposibilidad de conciliar a los seres unos con otros –esta heterogeneidad radical– indica en realidad una manera de producirse y una ontología que no equivalen a la existencia panorámica y su des-velamiento. Éstos, para el sentido común, pero también para la filosofía, de Platón a Heidegger, equivalen a la producción misma del ser, ya que la verdad o el des-velamiento es a la vez la obra o la virtud esencial del ser: el *Sein* del *Seiendes* [el ser del ente] y de todo comportamiento humano, que, a fin de cuentas, ella sería la que lo dirigiera. La tesis heideggeriana, según la cual toda actitud humana consiste en «poner a la luz» (la misma técnica moderna no sería más que una manera de extraer las cosas o producirlas, en el sentido de «ponerlas a la plena luz del día»), reposa sobre este primado de lo panorámico. El estallido de la totalidad, la denuncia de la estructura panorámica del ser, concierne al existir mismo del ser, y no a la colocación o la configuración de los entes refractarios al sistema. Correlativamente, el análisis que tiende a mostrar la intencionalidad como mira que apunta a lo visible, a la *idea*, expresa esta dominación de lo panorámico como virtud última del ser, como el ser del ente. Se mantiene esta virtud, pese a todas las contorsiones que se hace sufrir a la noción de contemplación, en el análisis moderno de la afectividad, de la praxis y de la existencia. Una de las tesis principales sostenidas en esta obra consiste en negar a la intencionalidad la estructura noesis-noema a título es estructura primordial (lo cual no equivale a interpretar la intencionalidad como relación lógica o como causalidad).

En efecto, la exterioridad del ser no significa que la multiplicidad carezca de relaciones; tan sólo que la relación que vincula a esta multiplicidad no llena el abismo de la separación sino que lo confirma. Hemos reconocido en esta relación al lenguaje, que no se produce más que en el cara a cara; y en el lenguaje hemos reconocido la enseñanza. La enseñanza es una manera, para la verdad, de producirse tal que no sea obra mía, que no pueda yo tenerla de por mi interioridad. Al afirmar esta producción de la verdad, se modifica el sentido original de la verdad y la estructura noesis-noema como sentido de la intencionalidad.

En efecto, el ser que me habla y a quien yo contesto o pregunto, no se me ofrece, no se *da* de manera que pueda yo asumir esta manifestación, ponerla a la medida de mi interioridad y recibirla como venida de mí mismo. La visión es la que sí opera de esta manera, totalmente imposible en el discurso. En efecto, la visión es esencialmente una adecuación de la exterioridad a la interioridad: en ella, la exterioridad se absorbe en el alma que contempla y, como *idea adecuada*, se revela a priori, como resultado de una *Sinngebung*. La exterioridad del discurso no se convierte en interioridad. El interlocutor no puede encontrar –de ninguna manera– sitio en una intimidad. Está para siempre fuera. La relación entre los seres separados no los totaliza: «relación sin relación», que nadie puede englobar ni tematizar. O, más exactamente: quien la pensara, quien totalizara, marcaría con esa «reflexión» suya una nueva escisión en el ser, ya que le estaría diciendo a alguien esa suma total. La relación entre los «trozos» del ser separado es un cara a cara: relación irreducible y última. Detrás del interlocutor al que el pensamiento acaba de prender, surge otro, como surge la certeza del *cogito* tras toda negación de la certeza. La descripción del cara a cara que aquí hemos intentado, se dice a Otro, al lector que reaparece tras mi discurso y mi sabiduría. La filosofía no es nunca una sabiduría, porque el interlocutor al que acaba de abarcar ya se le ha escapado. Al Otro al que se dice el «todo», maestro o alumno, la filosofía lo invoca, en sentido esencialmente litúrgico. Por ello, precisamente, el cara a cara del discurso no vincula un sujeto a un objeto, difiere de la tematización (esencialmente adecuada); porque ningún concepto se apodera de la exterioridad.

El objeto tematizado permanece en sí, pero pertenece a su esencia el ser sabido por mí, y el plus del en sí sobre mi saber se va progresivamente absorbiendo en este saber. La diferencia entre el saber que se refiere a un objeto y el saber que se refiere al en sí o la solidez del objeto, se va aminorando en el curso de un desarrollo del pensamiento que, según Hegel, es la historia misma. La objetividad se absorbe en el saber absoluto y de este modo el ser del pensador, la humanidad del hombre, se ajusta a la perpetuidad de lo sólido en sí en el seno de una totalidad en que la humanidad del hombre y la exterioridad del objeto se conservan y, a la vez, desaparecen. La trascendencia de la exterioridad, ¿no da testimonio más que de un pensamiento inacabado? ¿Será superada en la totalidad? ¿Tiene la exterioridad que invertirse en interioridad? ¿Es mala?

Hemos abordado la exterioridad del ser no como una forma que el ser revista eventual o provisionalmente, en la dispersión o en su degeneración, sino como su existir mismo: exterioridad inagotable, infinita. Tal exterioridad se abre en el Otro: aleja la tematización. Pero se niega a la tematización porque positivamente se produce en un ser que se expresa. Al contrario que la manifestación plástica o des-velamiento, que manifiesta algo *en tanto que* algo, y en que lo des-velado renuncia a su originalidad, a su existencia de inédito, en la expresión la manifestación y lo manifestado coinciden, lo manifestado asiste a su propia manifestación y, por tanto, permanece exterior a toda imagen que de él pueda retenerse: se presenta, en el sentido en que decimos de alguien que se presenta pero declinando decir su nombre –que permitirá evocarlo, aunque él siga siempre siendo la fuente de su presencia. Presentación que consiste en decir: «yo; soy yo» y ninguna otra cosa con la que haya tentación de asimilarme. A esta presentación del ser exterior que no encuentra para sí en nuestro mundo ninguna referencia, la hemos llamado rostro. Y hemos descrito la relación con el rostro que se presenta en la palabra como deseo: bondad y justicia.

La palabra se niega a la visión porque quien habla no entrega de sí sólo imágenes, sino que está personalmente presente en su palabra, absolutamente exterior a toda imagen que pueda dejar. En el lenguaje, la exterioridad se ejerce, se despliega, pone su afán. El que habla asiste a su manifestación y es inadecuado al sentido que el oyente querría retener de él a título de resultado adquirido y fuera de la relación misma del discurso, como si esta presencia por la palabra se redujera a la *Sinngebung* de quien escucha. El lenguaje es el desbordamiento incesante de la *Sinngebung* por la significación. Esta presencia que desborda en formato la medida del yo no queda absorbida en mi visión. El desbordamiento de la exterioridad inadecuada a la visión que la sigue midiendo constituye precisamente la dimensión de altura o la divinidad de la exterioridad. La divinidad guarda distancia. El Discurso es discurso con Dios y no con los iguales, según la distinción establecida por Platón en *Fedro*. La metafísica es la esencia de este lenguaje con Dios: lleva a más arriba que el ser.

6. EXPRESIÓN E IMAGEN

La presencia del Otro o expresión, fuente de toda significación, no se contempla como una esencia inteligible, sino que se oye como lenguaje y, así, despliega su virtud y su afán exteriormente. La expresión o el rostro desborda las imágenes, siempre inmanentes a mi pensamiento, como si vinieran de mí. Este desbordamiento, irreducible a imagen de desbordamiento, se produce a la medida –o desmedida– del Deseo y de la bondad, como la disimetría moral de mí y el otro. La distancia de esta exterioridad se extiende inmediatamente hacia lo alto. El ojo no puede concebirla más que gracias a la posición, la cual –disposición de arriba abajo– constituye el hecho elemental de la moralidad. Como es presencia de la exterioridad, el rostro nunca se vuelve imagen o intuición. Toda intuición depende de una significación irreducible a la intuición. Viene de más lejos que la intuición y es lo único que viene de lejos. La significación, irreducible a las intuiciones, se mide por el Deseo, la moralidad y la bondad: exigencia infinita respecto de sí, o Deseo de Otro, o relación con lo infinito.

La presencia del rostro o la expresión no se alinea entre las demás manifestaciones con sentido. Las obras del hombre tienen todas un sentido, pero el ser humano se ausenta inmediatamente de ellas y se adivina a partir de ellas: se da, también él, en la articulación del «en tanto que». Entre el trabajo, que va a parar a obras que tienen sentido para los otros hombres y que los otros pueden adquirir –ya mercancías reflejadas en el dinero– y el lenguaje, en el que yo, insustituible y vigilante, asisto a mi manifestación, el abismo es profundo. Pero este abismo se abre por la en-ergía de la presencia vigilante que no *abandona* la expresión. No es a la expresión lo que la voluntad es a su obra –de la que se retira, entregándola a su suerte, y se encuentra con que quiso «un montón de cosas» que no había querido. Pues lo absurdo de estas obras no está en un defecto del pensamiento que las formó: está en el anonimato en que inmediatamente cae este pensamiento y en la tergiversación de quien hizo la obra –que resulta de este esencial anonimato. Jankélévitch tiene razón cuando dice que el trabajo no es una expresión[1]. Al adquirir la obra, desacralizo al prójimo que la ha producido. El hombre no está verdaderamente aparte, no

---

1. V. Jankélévitch, *L'Austérité et la vie morale*, Paris 1956, 34.

es verdaderamente no-englobable, más que en la expresión, en la que puede «prestar auxilio» a su propia manifestación. En la vida política, la humanidad se comprende, sin contrapartidas, a partir de sus obras. Humanidad de hombres intercambiables, de relaciones recíprocas. La sustitución de unos hombres por otros –falta de respeto original– hace posible la explotación misma. En la historia –historia de los Estados–, el ser humano aparece como el conjunto de sus obras; estando vivo, es su propia herencia. La justicia consiste en hacer de nuevo posible la expresión, en la que, en la no-reciprocidad, la persona se presenta única. La justicia es derecho a la palabra. Ahí quizá es donde se abre la perspectiva de una religión. Ésta se aleja de la vida política, a la que la filosofía no lleva necesariamente.

7. Contra la filosofía de lo Neutro

Tenemos así la convicción de haber roto con la filosofía de lo Neutro: con el ser del ente heideggeriano, cuya neutralidad impersonal ha contribuido tanto la obra crítica de Blanchot a ponerla de relieve; con la razón impersonal de Hegel, que no muestra a la conciencia personal más que sus tretas. Filosofía de lo Neutro cuyos movimientos de ideas, tan diferentes por sus orígenes y por sus influencias, se conjuntan para anunciar el final de la filosofía, porque exaltan la obediencia que ningún rostro manda. El Deseo, embrujado en lo Neutro que se habría revelado a los presocráticos, o el deseo interpretado como necesidad y referido, pues, a la violencia esencial del acto, dice adiós a la filosofía y no se complace más que en el arte o la política. La exaltación de lo Neutro puede presentarse como la anterioridad del Nosotros respecto de Mí, de la situación respecto de los seres en situación. La insistencia de este libro en la separación del disfrute estaba guiada por la necesidad de liberar al Yo de la situación en la que, poco a poco, los filósofos lo han disuelto de modo tan total como el idealismo hegeliano, en que la razón se traga al sujeto. El materialismo no está en el descubrimiento de la función primordial de la sensibilidad, sino en la primacía de lo Neutro. Colocar lo Neutro del ser por encima del ente al que ese ser determinaría de alguna manera aunque él no lo quiera ni lo note, colocar los acontecimientos esenciales al margen del querer y el saber de los entes, es profesar el materialismo. La última filosofía de Heidegger se convierte en este materialismo vergonzante: pone la revelación del ser en la habitación humana entre Cielo y Tierra, a la espera de los dioses y en compañía de los hombres, y erige al paisaje o «naturaleza muerta» en origen de lo humano. El ser del ente es un Logos que no es verbo de nadie. Partir del rostro como de una fuente en que aparece todo sentido –del rostro en su desnudez absoluta, en su miseria de cabeza que no encuentra lugar donde reposar–, es afirmar que el ser se pone en juego en la relación entre seres humanos; que el Deseo, más que la necesidad, manda actos. Deseo –aspiración que no procede de falta alguna– metafísico –deseo de una persona.

8. LA SUBJETIVIDAD

El ser es exterioridad y la exterioridad se produce en su verdad en un campo subjetivo, para el ser separado. La separación se cumple positivamente como interioridad de un ser que se refiere a sí y que se tiene de suyo. ¡Hasta el ateísmo! Referencia a sí que en concreto se constituye o se cumple como disfrute o felicidad. Suficiencia esencial y que tiene en su mano hasta su origen, y que se expande en saber, del que la crítica (retomar en mano la propia condición) desarrolla la última esencia.

Al pensamiento metafísico en que algo finito tiene la idea de infinito; en que se produce la separación radical y, simultáneamente, la relación con otro, hemos reservado el término de intencionalidad, de conciencia de... Es atención a la palabra o acogida del rostro; hospitalidad y no tematización. La conciencia de sí no es una réplica dialéctica de la conciencia metafísica que tengo de Otro. Y su relación con el sí mismo tampoco es ya *representación* de sí. Antes que toda visión de sí, se cumple teniéndo*se; se implanta en sí mismo* como cuerpo y se está en su interioridad, en su casa. Así cumple positivamente la separación, sin reducirse a negación del ser del que se separa. Mas es justamente así como puede acogerlo. El sujeto es un anfitrión. La existencia subjetiva recibe de la separación sus grandes líneas. Siendo *identificación* interior de un ser cuya esencia la agota la identidad (identificación de Mismo), la individuación no viene a sacudir los términos de una relación cualquiera, llamada separación. La separación es el acto mismo de la individuación; la posibilidad, de manera general, para una entidad que se pone en el ser, de ponerse en él no definiéndose por sus referencias a cierto todo, por su lugar en un sistema, sino partiendo de sí. El hecho de partir de sí equivale a la separación. Pero el hecho de partir de sí y la separación misma no pueden producirse en el ser más que abriendo la dimensión de la interioridad.

9. Mantenimiento de la subjetividad. Realidad de la vida interior y realidad del Estado. El sentido de la subjetividad

La metafísica o relación con Otro se cumple como servicio y como hospitalidad. En la medida en que el rostro del Otro nos pone en relación con el tercero, la relación metafísica de Mí al Otro se vierte en la forma del Nosotros, aspira a un Estado, a instituciones, a leyes, que son la fuente de la universalidad. Pero la política dejada a sí misma lleva en sí una tiranía. Deforma al yo y al Otro que la han suscitado, porque los juzga según las reglas universales y, por tanto, como en ausencia y a contumaces. En la acogida del Otro, acojo al Altísimo al que mi libertad se subordina, pero esta subordinación no es una ausencia: se pone en afán en toda la obra personal de mi iniciativa moral (sin la cual no puede producirse la verdad del juicio), en la atención al Otro como unicidad y rostro (que deja invisible lo visible de lo político) y que no puede producirse más que en la unicidad de un yo. La subjetividad se encuentra así rehabilitada en la obra de la verdad, y no como un egoísmo que se niega al sistema que lo hiere. Contra esta protesta egoísta de la subjetividad –contra esta protesta en primera persona–, el universalismo de la realidad hegeliana quizá tenga razón. Pero ¿cómo oponer con la misma soberbia los principios universales, o sea, visibles, al rostro del otro, sin retroceder ante la crueldad de esta justicia impersonal? Y ¿cómo no introducir entonces la subjetividad del yo como única fuente posible de toda bondad?

La metafísica nos trae, pues, al cumplimiento del yo como unicidad, respecto del cual debe situarse y modelarse la obra del Estado. La insustituible unicidad del yo que se mantiene contra el Estado, se cumple por la fecundidad. No es a acontecimientos puramente subjetivos, que se pierden en las arenas de la interioridad de la que se burla la realidad razonable, a lo que apelamos cuando insistimos en la irreducibilidad de lo personal a la universalidad del Estado, sino a una dimensión y una perspectiva de trascendencia tan reales como la dimensión y la perspectiva de la política –y más verdaderas que éstas, porque en aquéllas no desaparece la apología de la ipseidad. La interioridad abierta por la separación no es lo inefable de lo clandestino y subterráneo, sino el tiempo infinito de la fecundidad. Ésta permite asumir lo actual como vestíbulo de un porvenir. Hace que vaya a parar al ser lo subterráneo en que parecía refugiarse una vida a la que se da el nombre de interior y nada más que subjetiva.

La subjetividad presente en el juicio de la verdad no se reduce, pues, simplemente a una protesta impotente, clandestina, imprevisible e invisible desde fuera, contra la totalidad y la totalización objetiva. Y sin embargo, su entrada en el ser no se opera como una integración en una totalidad que la separación había roto. La fecundidad y las perspectivas que abre atestiguan el carácter ontológico de la separación; pero la fecundidad no vuelve a soldar en una historia subjetiva los fragmentos de la totalidad quebrada. La fecundidad abre un tiempo infinito y discontinuo. Libera al sujeto de su facticidad situándolo más allá de lo posible que la facticidad supone y no supera; quita al sujeto la última huella de fatalidad permitiéndole ser otro. En el eros se conservan las exigencias fundamentales de la subjetividad, pero en esta alteridad la ipseidad es graciosa, está aliviada de sus pesanteces egoístas.

10. Más allá del ser

La tematización no agota el sentido de la relación con la exterioridad. La tematización u objetivación no se describe sólo como contemplación impasible, sino como relación con lo sólido, con la cosa, término de la analogía del ser desde Aristóteles. Lo sólido no se reduce a las estructuras impuestas por la impasibilidad de la mirada que lo contempla, sino por su relación con el tiempo: lo atraviesa. El ser del objeto es perduración, henchimiento del tiempo vacío y sin consuelo contra la muerte como su final. Si la exterioridad no consiste en presentarse como tema, sino en dejarse desear, la existencia del separado que desea la exterioridad ya no consiste en cuidarse de ser. Existir tiene un sentido en una dimensión distinta que la perduración de la totalidad. Puede ir más allá del ser. Frente a la tradición espinosista, este sobrepasar la muerte no se produce en la universalidad del pensamiento, sino en la relación pluralista: en la bondad del ser para el otro, en la justicia. Sobrepasar el ser partiendo del ser –la relación con la exterioridad– no se mide por la duración. La duración misma se vuelve visible en la relación con el Otro en que el ser se sobrepasa.

11. La libertad investida

La presencia de la exterioridad en el lenguaje, que comienza por la presencia del rostro, no se produce como afirmación cuyo sentido formal se quede sin ser desarrollado. La relación con el rostro se produce como bondad. La exterioridad del ser es la moralidad misma. La libertad, acontecimiento de separación en lo arbitrario, que constituye al yo, mantiene al mismo tiempo la relación con la exterioridad –que resiste moralmente a toda apropiación y a toda totalización en el ser. Si la libertad se pusiera fuera de esta relación, todas las relaciones en el seno de la multiplicidad no llevarían a cabo más que la *toma* de un ser por otro o su participación común en la razón, donde ningún ser mira el rostro de otro, sino que todos los seres se niegan. El conocimiento o la violencia aparecerían en el seno de la multiplicidad como acontecimientos que realizan el ser.

El conocimiento común marcha hacia la unidad, ya sea hacia la aparición, en el seno de una multiplicidad de seres, de un sistema razonable, en que estos seres no serían más que objetos, y en los que encontrarían su ser; ya sea hacia la conquista brutal de los seres, fuera de todo sistema, por la violencia. Bien en el pensamiento científico o en el objeto de la ciencia, bien, si no, en la historia comprendida como manifestación de la razón y donde la violencia se revela ella misma como razón, la filosofía se presenta como realización del ser, o sea, como su liberación por la supresión de la multiplicidad. El conocimiento sería la supresión del Otro por la captación, la toma o la visión (que coge antes de coger). En esta obra, la metafísica tiene un sentido completamente diferente. Si bien su movimiento lleva hacia lo trascendente como tal, la trascendencia no significa apropiación de *lo que es*, sino respeto hacia ello. La verdad como respeto del ser: tal es el sentido de la verdad metafísica.

Si, contrariamente a la tradición del primado de la libertad como medida del ser, impugnamos a la visión su primacía en el ser, y si también impugnamos la pretensión del poder humano de acceder al rango de logos, no es que abandonemos ni el racionalismo ni el ideal de la libertad. No se es irracionalista o místico o pragmatista porque se ponga en duda la identificación de poder con logos. No se está contra la libertad por buscarle justificación. La razón y la libertad nos aparecen como fundadas en estructuras de ser anteriores, cuyo movimiento metafísico (o respeto o justicia, idéntica a la verdad) bosqueja las articulaciones primeras. Se trata de invertir los términos de la concepción que hace descansar la verdad sobre la libertad.

Lo que hay de justificación en la verdad no descansa sobre la libertad puesta como independencia respecto de toda exterioridad. Desde luego, así sería si la libertad justificada debiera sencillamente expresar las necesidades que el orden racional impone al sujeto. Pero la verdadera exterioridad es metafísica: no pesa sobre el ser separado y le manda como a libre. La presente obra ha intentado describir la exterioridad metafísica. Una de las consecuencias que se derivan de su noción misma consiste en poner la libertad como requiriendo justificación. Fundar la verdad en la libertad suponía una libertad justificada por sí misma. No habría entonces habido para la libertad mayor escándalo que descubrirse finita. No haber escogido su libertad: tal sería el absurdo supremo y la tragedia suprema de la existencia; tal sería lo irracional. La *Geworfenheit* [derelicción] heideggeriana caracteriza a una libertad finita y, por ello mismo, a lo irracional. En Sartre, el encuentro con el Otro amenaza mi libertad y equivale al desmayo de mi libertad bajo la mirada de otra libertad. Quizá en ello se manifiesta con máxima fuerza la incompatibilidad del ser con lo que permanece verdaderamente exterior. Pero también es aquí donde sobre todo se nos presenta el problema de la justificación de la libertad: la presencia del otro, ¿es que no pone en cuestión la legitimidad ingenua de la libertad? ¿No se aparece la libertad a sí misma como una vergüenza para sí y, reducida a sí, como usurpación? Lo irracional de la libertad no se debe a sus límites sino a lo infinito de su arbitrariedad. La libertad debe justificarse. Reducida a sí misma, se cumple no en la soberanía sino en la arbitrariedad. El ser que ella debe expresar en su plenitud aparece precisamente a través de ella (y no a causa de su limitación) como no teniendo su razón en él mismo. La libertad no se justifica por la libertad. Dar razón del ser o ser en verdad, no es comprender ni apoderarse de..., sino, por el contrario, encontrarse al otro sin alergia, o sea, en la justicia.

Abordar al Otro es poner en cuestión mi libertad, mi espontaneidad de viviente, mi apoderarme de las cosas, esta libertad de la «fuerza que allá va», el ímpetu de esta corrien-

Conclusiones

te, al que todo le está permitido, incluido el asesinato. El «no cometerás asesinato» que dibuja el rostro en el que el Otro se produce, somete a juicio mi libertad. Entonces, la adhesión libre a la verdad –actividad de conocimiento–, la voluntad libre que, según Descartes, en el seno de la certeza se adhiere a una idea clara, se busca una razón que no coincida con la irradiación de esta idea clara y distinta misma. Una idea clara, que se impone por su claridad, hace apelación a una obra estrictamente personal de una libertad: de una libertad sola que no se pone en cuestión, sino que puede, a lo sumo, sufrir un fracaso. Únicamente en la moral se pone en cuestión. La moral preside, pues, la obra de la verdad.

Se nos dirá que la puesta en cuestión radical de la certeza remite a la búsqueda de otra certeza: la justificación de la libertad quedaría referida, pues, a la libertad. Es verdad, en la medida en que la justificación no puede desembocar en la no-certeza. Pero, en realidad, la justificación moral de la libertad no es ni certeza ni incertidumbre. No tiene el estatuto de un resultado, sino que se cumple como movimiento y vida; consiste en dirigir a la propia libertad una exigencia infinita, en tener para con la propia libertad una no-indulgencia radical. La libertad no se justifica en la conciencia de la certeza, sino en una exigencia infinita para consigo: en sobrepasar toda buena conciencia. Pero esta exigencia infinita para consigo, precisamente porque pone en cuestión la libertad, me coloca y me tiene en una situación en la que no estoy solo, en la que soy juzgado. Socialidad primera: la relación personal está en el rigor de la justicia que me juzga, y no en el amor que me disculpa. En efecto, este juicio no me viene de algo Neutro. Ante lo Neutro soy espontáneamente libre. En la exigencia infinita para consigo se produce la dualidad del cara a cara. Así no se demuestra a Dios, porque se trata de una situación que precede a la demostración y que es la metafísica misma. La ética, más allá de la visión y la certeza, bosqueja la estructura de la exterioridad como tal. La moral no es una rama de la filosofía, sino la filosofía primera.

12. EL SER COMO BONDAD. EL YO. EL PLURALISMO. LA PAZ

Hemos puesto la metafísica como Deseo. Hemos descrito el Deseo como la «medida» de lo Infinito que no detiene término alguno, que no para satisfacción ninguna (Deseo, opuesto a Necesidad). La discontinuidad de las generaciones –o sea, la muerte y la fecundidad– hace salir al Deseo de la prisión de su propia subjetividad y detiene la monotonía de su identidad.

Poner la metafísica como Deseo es interpretar la producción del ser –deseo que engendra el Deseo– como bondad y como más allá de la felicidad; es interpretar la producción del ser como ser para el otro.

Pero «ser para el otro» no es la negación del Yo que se abisma en lo universal. La ley universal misma se refiere a una posición cara a cara, que se niega a todo «vistazo» exterior. Decir que la universalidad se refiere a la posición cara a cara, es impugnar, contra toda una tradición de la filosofía, que el ser se produzca como un panorama, como una coexistencia de la que el cara a cara fuera una modalidad. Toda esta obra se opone a semejante concepción. El cara a cara no es una modalidad de la coexistencia, y ni siquiera lo es del conocimiento, panorámico él mismo, que un término puede tener de otro, sino la producción original del ser, hacia la cual remontan todas las posibles colocaciones de los términos. La revelación del tercero, ineluctable en el rostro, no se produce sino a través del rostro. La bondad no irradia sobre el anonimato de una colectividad que se ofrece panorámicamente, para desaparecer en ella absorbida. Concierne a un ser que se revela en un rostro, pero, de este modo, no tiene eternidad sin principio. Tiene un comienzo, un origen; sale de un yo; es subjetiva. No se regula según los principios inscritos en la naturaleza de un ser particular que la manifiesta (porque, en tal caso, seguiría procediendo de la universalidad y no respondería al rostro), ni en los códigos del Estado. Consiste en ir allí donde ningún pensamiento iluminador –o sea, panorámico– precede: ir sin saber adónde. La bondad, aventura absoluta en una imprudencia primordial, es la trascendencia misma. La trascencia es trascendencia de un yo. Únicamente un yo puede responder a la conminación de un rostro.

El yo se conserva, pues, en la bondad, sin que su resistencia al sistema se manifieste como el grito egoísta de la subjetividad, todavía en procura y cuidado de felicidad o salvación, de Kierkegaard. Poner el ser como Deseo es, a la vez, rechazar la ontología de la subjetividad aislada y la ontología de la razón impersonal que se realiza en la historia.

Poner el ser como Deseo y como bondad no es aislar previamente a un yo que luego tienda a un más allá. Es más bien afirmar que captarse desde lo interior, producirse como yo, es captarse con el mismo gesto que se vuelve ya a lo exterior para extra-versar y manifestar, para responder de lo que capta y coge, para expresar; que tomar conciencia es ya lenguaje; que la esencia del lenguaje es bondad o, incluso, que la esencia del lenguaje es amistad y hospitalidad. Otro no es la negación de Mismo, como quería Hegel. El hecho fundamental de la escisión ontológica en Mismo y Otro es una relación no alérgica de Mismo con Otro.

La trascendencia o la bondad se produce como pluralismo. El pluralismo del ser no se produce como una multiplicidad de una constelación que se exhibe ante una mirada posible, porque así ya se totalizaría, volvería a soldarse en entidad. El pluralismo se cumple en la bondad que va de mí a otro, que es lo único en que el otro, como absolutamente otro, puede producirse, sin que una pretendida visión lateral sobre este movimiento tenga ningún derecho a captar de él una verdad superior a la que se produce en la bondad misma. No se ingresa en esta sociedad pluralista sin quedarse siempre fuera por la palabra (en la que la bondad se produce); pero no se sale de ella tan sólo para *verse* dentro. La unidad de la pluralidad es la paz, y no la coherencia de los elementos que constituyen la pluralidad. De este modo, la paz no puede identificarse con el final de los combates que terminan por falta de combatientes, por la victoria de unos y la derrota de otros, o sea, con los cementerios o los futuros imperios universales. La paz debe ser mi paz, en una relación que parte de un yo y va hacia Otro; en el deseo y la bondad, en que el yo a la vez se mantiene y existe sin egoísmo. La paz se concibe partiendo de un yo que se ha cerciorado de la convergencia entre moralidad y realidad, o sea, de un tiempo infinito que, a través de la fecundidad, es su tiempo. Ante el juicio en que se enuncia la verdad, permanecerá siendo yo personal, y este juicio vendrá de fuera de él, sin venir de una razón impersonal que es toda astucia con las personas y se pronuncia en ausencia de éstas.

La situación en que el yo se pone así ante la verdad situando su moralidad subjetiva en el tiempo infinito de su fecundidad –situación en la que se encuentran reunidos el instante del erotismo y lo infinito de la paternidad–, se concreta en la maravilla de la familia. Ésta no resulta sólo de un razonable acondicionamiento de la animalidad; no señala simplemente una etapa hacia la universalidad anónima del Estado. Se identifica fuera del Estado, aunque el Estado le reserve un lugar. Ella, fuente del tiempo humano, permite a la subjetividad ponerse bajo un juicio pero conservando la palabra. Es una estructura metafísicamente ineluctable, que el Estado no podrá cancelar –con Platón– ni hacer existir, como Hegel, con vistas a su propia desaparición. La estructura biológica de la fecundidad no se restringe al hecho biológico. En el hecho biológico de la fecundidad se bosquejan las grandes líneas de la fecundidad en general como relación de hombre a hombre y de Mí conmigo, que no se parecen a las estructuras que constituyen el Estado; las grandes líneas de una realidad que no se subordina al Estado como un medio, ni tampoco representa un modelo reducido del Estado.

En los antípodas del sujeto que vive en el tiempo infinito de la fecundidad se sitúa el ser aislado y heroico que el Estado produce por sus viriles virtudes. Éste aborda la muerte por pura valentía, sea cual sea la causa por la que muere. Asume el tiempo finito, la muerte-fin o la muerte-transición, que no detiene el continuar de un ser sin discontinuidad. La existencia heroica, el alma aislada, puede fabricar su salvación buscando para sí misma una vida eterna, como si su subjetividad pudiera no volverse contra ella volviendo a sí en un tiempo continuo; como si en este tiempo continuo la identidad misma no se afirmara como una obsesión; como si en la identidad que permanece en el seno de los avatares más extravagantes no triunfara «el tedio, fruto de la triste incuria que toma las proporciones de la inmortalidad»[2].

---

2. Se trata de unos versos de Ch. Baudelaire, «Spleen», en *Las flores del mal*, LXXVI [N. del T.].

ÍNDICE GENERAL

Presentación, de Miguel García-Baró 7
PREFACIO 13

I. MISMO Y OTRO

A. METAFÍSICA Y TRASCENDENCIA 27
  1. Deseo de lo invisible 27
  2. Ruptura de la totalidad 30
  3. La trascendencia no es la negatividad 36
  4. La metafísica precede a la ontología 38
  5. La trascendencia como idea de lo Infinito 45
B. SEPARACIÓN Y DISCURSO 51
  1. El ateísmo o la voluntad 51
  2. La verdad 59
  3. El discurso 64
  4. Retórica e injusticia 72
  5. Discurso y ética 74
  6. Lo metafísico y lo humano 80
  7. El cara a cara, relación irreducible 83
C. VERDAD Y JUSTICIA 85
  1. La libertad puesta en cuestión 85
  2. La investidura de la libertad o la crítica 88
  3. La verdad supone la justicia 94
     a) La anarquía del espectáculo: el genio maligno 95
     b) La expresión es el principio 97
     c) El «cogito» y el Otro 98
     d) Objetividad y lenguaje 99
     e) Lenguaje y atención 105
     f) Lenguaje y justicia 107
D. SEPARACIÓN Y ABSOLUTO 109

II. INTERIORIDAD Y ECONOMÍA

A. La separación como vida 115
   1. Intencionalidad y relación social 115
   2. Vivir de... (disfrute). La noción de cumplimiento 116
   3. Disfrute e independencia 121
   4. La necesidad y la corporeidad 123
   5. Afectividad como ipseidad del Yo 125
   6. El yo del disfrute no es biológico ni sociológico 128

B. Disfrute y representación 130
   1. Representación y constitución 131
   2. Disfrute y alimento 137
   3. El elemento y las cosas; los utensilios 141
   4. La sensibilidad 147
   5. El formato mítico del elemento 154

C. Yo y dependencia 157
   1. El gozar y su día de mañana 157
   2. El amor por la vida 159
   3. Disfrute y separación 161

D. La morada 167
   1. La habitación 167
   2. La habitación y lo femenino 170
   3. La casa y la posesión 172
   4. Posesión y trabajo 174
   5. El trabajo, el cuerpo, la conciencia 180
   6. La libertad de la representación y la donación 186

E. El mundo de los fenómenos y la expresión 194
   1. La separación es una economía 194
   2. Obra y expresión 197
   3. Fenómeno y ser 200

III. EL ROSTRO Y LA EXTERIORIDAD

A. Rostro y sensibilidad 207

B. Rostro y ética 215
   1. Rostro e infinito 215
   2. Rostro y ética 219
   3. Rostro y razón 224

Índice general

4. El discurso instaura la significación	228
5. Lenguaje y objetividad	233
6. El Otro y los Otros	238
7. Asimetría de lo interpersonal	241
8. Voluntad y razón	242
C. LA RELACIÓN ÉTICA Y EL TIEMPO	246
1. El pluralismo y la subjetividad	246
2. El comercio, la relación histórica y el rostro	254
3. La voluntad y la muerte	262
4. La voluntad y el tiempo: la paciencia	268
5. La verdad del querer	272

IV. MÁS ALLÁ DEL ROSTRO

[Introducción]	285
A. La ambigüedad del amor	288
B. Fenomenología del Eros	290
C. La fecundidad	302
D. La subjetividad en el Eros	306
E. La trascendencia y la fecundidad	310
F. Filialidad y fraternidad	314
G. Lo infinito del tiempo	317

CONCLUSIONES

1. De lo semejante a lo Mismo	325
2. El ser es exterioridad	326
3. Lo finito y lo infinito	328
4. La creación	329
5. Exterioridad y lenguaje	331
6. Expresión e imagen	334
7. Contra la filosofía de lo Neutro	336
8. La subjetividad	337
9. Mantenimiento de la subjetividad. Realidad de la vida interior y realidad del Estado. El sentido de la subjetividad	338
10. Más allá del ser	340
11. La libertad investida	340
12. El ser como bondad. El Yo. El pluralismo. La Paz	344